JN415117

Travel & Tourism Industry

관광산업의 이해

김성혁 저

백산출판사

머 리 말

Preface

관광산업은 굴뚝 없는 수출산업으로 성장잠재력이 가장 크고 매우 유망한 서비스분야 중 하나이며, 창조경제에서 고용창출과 소득 증대에 기대를 모으는 분야이다. 그래서 세계의 모든 국가들은 관광산업을 황금알을 낳는 거위로 보고 힘차게 뛰고 있다. 오늘날과 같은 무한 경쟁시대에 호텔관광학도들은 한국의 관광산업을 이끌어가기 위해 철저한 이론무장과 응용력 함양을 위해 노력하지 않으면 안 될 것이다.

본서는 관광학을 본격적으로 배우려는 학생들에게 기초적인 이론과 기존의 연구결과를 초보적인 수준에서 이해시키기 위한 관광학의 기본교재이다. 본서는 관광학과나 관광경영학과, 호텔경영학과, 조리 및 외식경영학과, 관광통역학과, 관광관련 비즈니스학과, 관광산업계 연계학과, 통신대학교, 위탁학과 등에서 충분히 활용될 것이다. 또한 이미 관광학을 공부하였으나 단편적인 지식을 전체적인 흐름에서 다시 정리하려는 대학원생 및 실무자들에게도 유용하리라 생각한다.

필자는 이미 20년 전에 관광학원론을 집필하고 그 후 수차례 개정판을 내었다. 또한 관광사업개론 및 개정판을 낸 바 있다. 그런데 관광경영에 대한 강의와 연구를 진행하다 보니 관광산업에 대한 평이한 입문서가 필요하다는 생각에서 본서를 집필하게 되었다.

본서의 특징은 다음과 같다.

첫째, 관광산업을 쉽게 이해할 수 있도록 구성하였고, 특히 현실에 맞게 관광산업분야에 취업하거나 지도할 때 도움이 되는 자료를 추가하였다.

둘째, 새로운 정보기술을 활용한 관광정보를 마지막 부분에 기술하였다. 또한 새로이 변경된 정부부처와 관광담당 주무부처 및 관광관련 조직들을 기술하였다.

셋째, 최근 관광관련 법규 특히 관광진흥법과 동법 시행규칙의 전면적인 개정에 따라 시대 조류에 맞게 관광산업의 내용과 체계를 제시하였다.

그러나 이러한 의도에도 불구하고 독자들에게 어느 정도 도움을 드릴 수 있을지 두려움이 앞서는 심정이다. 앞으로 관심 있는 분들의 질책을 받아 미흡한 부분은 계속 수정하고 보완해 나갈 것을 약속드린다.

본서를 출간하는 데 많은 분들의 도움이 있었다. 항상 격려와 성원을 아끼지 않은 학회 및 대학교 선후배·동료교수에게도 심심한 사의를 표하며, 특히 본서에 대한 필요를 논의한 동료교수 정유경 박사님께 감사드리며, 교정에 도움을 준 정욱 석사의 노고에 또한 감사한 마음 금할 길 없다.

끝으로 본서가 출간될 수 있도록 기꺼이 승낙해 주신 백산출판사 진욱상 사장님과 더 좋은 교재를 만들기 위해 노력해 주신 편집부 여러분들에게도 감사의 마음을 전한다.

저자 **김성혁** 씀

목 차

Contents

제 1 장

관광의 발달

제 1 절 관광의 개념과 관광형태

01 관광의 어원

관광이라는 말의 어원은 중국 주(周)시대(B.C. 12~A.D. 3)의 『역경(易經)』 가운데 "관국지광, 이용빈우왕(觀國之光 利用賓于王)"이라는 구절에 그 유래를 두고 있다. 이 '국(國)의 광(光)을 본다'는 의미는 타국을 돌아다니며 그 지방의 풍속・제도・문물을 두루 관찰한다는 뜻이다.

관광(Tourism)이라는 단어는 1746년 turn이 1760년 tour로 바뀌었고, 이 turn과 tour는 라틴어의 tornus(돌다, 순회하다)에서 파생되었다. 반면에 여행(travel)이라는 단어는 유럽에서 여행이 위험하고 힘들었던 암흑기(A.D. 500) 이후에 생겨난 것으로 travail(수고, 노고)과 마찬가지로 중노동(heavy labor)을 뜻하는 어원에서 파생되었다.

관광을 나타내는 독일어의 Fremdenverkehr는 '외국의' 또는 '외국인'의 뜻을 지닌 'Fremden'과 '왕래, 교통'이라는 의미를 지닌 'verkehr'의 합성어로 외래객의 왕래를 의미하고 있다.

한편 관광이라는 어휘가 우리나라에서 최초로 사용된 공식기록으로는 고려 예종 11년(1115년, 국역 고려사절요 제8권)으로 이것은 다분히 사회적・문화적 활동으로서 '상국을 조빙하여 문물제도를 시찰하는 것'이었다.

02 관광의 개념

관광의 정의는 학자에 따라 그리고 시대에 따라 매우 다양하게 발전해 왔다. 관광연구에 있어서 다양한 관광의 정의를 체계화하는 것은 매우 중요한 일이다. 그러나 지면관계상 이 부분에 대해서는 기존의 연구에 맡기고 다음과 같이 본서의 정의를 내리기로 한다.

본서에서는 관광이란 '인간이 일상생활권을 떠나 타 지역으로의 이동 및 체재로 인해 일어나는 현상 및 행위'로 정의하고자 한다.

관광은 우선 직장 및 주거지라는 일상생활권을 떠나 타 지역으로 이동하거나 체재하는 것을 전제로 한다.

여기서 현상은 관광객의 이동 및 체재로 인하여 발생하는 경제적·사회적·문화적·환경적인 측면에서 나타나는 관광의 영향을 말하며, 행위의 의미는 그 이동 및 체재 중에 발생하는 여러 가지 오락 및 활동을 말한다. 이러한 현상 및 행위로 인하여 관광사업체는 여러 가지 전략 및 계획을 수립하고 관광객의 유인 및 소비를 자극하고 있다. 또한 중앙정부나 지방자치단체 등 공공부문은 자국민의 건강증진, 피로회복 및 노동생산성 향상을 위해 그리고 타 국민의 자국 방문을 촉진하기 위해 전력을 다하고 있다.

이러한 관광의 정의는 장소, 방향, 활동, 기간, 성격 등의 측면에서 그 특징을 다음과 같이 요약할 수 있다.

첫째, 장소이다. 관광에는 관광객이 이동하여야 한다. 관광행위는 관광객의 주거지나 직장 이외의 다른 지역에서 발생하게 된다. 이는 관광이 일상생활권을 벗어나 타 지역에서 이루어진다는 장소적인 전제를 뜻하고 있다.

둘째, 방향이다. 관광은 여러 목적지로의 이동과 체재로 시작된다. 그리고 관광이 종료되면 반드시 원래의 주거지로 돌아오게 된다.

셋째, 활동이다. 관광에는 목적지로의 이동행위, 목적지에서의 체재행위, 휴식 및 오락행위 등 여러 활동이 포함된다.

넷째, 기간이다. 목적지로의 이동 및 체재는 일시적이고 단기적이다. 관광의 이러한 성격은 거주목적의 장기적 인구이동뿐만 아니라 계절적·일시적인 노동인구의 이동 등 단기이주를 관광에서 제외하고 있다.

다섯째, 성격이다. 여행지나 체류지에서의 보수를 얻기 위한 활동은 관광에서 제외된다. 관광은 여가활동이다. 즉 순수한 위락관광 및 사업관광이라야 한다. 사업관광에는 문제의 소지가 있으나 사업 목적으로 체류지에서 소비행위를 하게 되므로 이것 또한 관광에 포함시킬 수 있다. 사업관광은 최근 관광업계의 중요한 소득원으로 부상하고 있다.

03 관광객의 개념

1) 관광객의 정의

관광객과 관광자는 동의어이나 관점에 따라 용어를 달리 부르고 있다. 즉 '관광객'은 일반적으로 비즈니스의 대상이 되는 것이고, '관광자'는 관광하는 주체인 인간의 행위를 강조한다. 관광경영학의 측면에서 보면 관광객이 그 연구대상이 될 것이며, 관광사회학 및 관광심리학의 측면에서 보면 관광자가 그 연구대상이 될 것이다. 본서에서는 관광객을 주로 사용하고자 한다.

관광객이란 '일상생활의 근거지를 떠나 다시 돌아올 목적으로 이동 및 체재하여 정신적·육체적 휴식을 즐기는 소비자'이다. 여기에는 이사, 통근을 제외한 모든 이동행위를 포함하며 이러한 사람들이 내국인일 경우에 이를 '국내관광객'이라 부른다.

2) 국제관광객

'국제관광객'이란 타국을 관광하는 사람을 일컫는다. 국제관광객을 정의한다면 다음과 같다.

통상 거주하고 있는 이외의 나라를 최소한 24시간 이상 방문하는 자로서,

1. 위락, 가사, 건강상의 이유로 여행하는 자
2. 회의 또는 회합(과학, 행정, 외교, 종교, 스포츠 등)에 참석할 목적으로 한 나라의 대표 또는 수행원의 자격으로 여행하는 자
3. 상용목적으로 여행하는 자
4. 해상유람선의 기항지에서 내방하는 자(이 경우에는 24시간 이내의 체재

도 포함된다.)

⑤ 한 나라에 상주하는 외교관, 군인들의 휴가 및 건강상의 이유 등으로 국내에서 여행하는 자

이러한 정의는 국내의 경우에도 적용이 가능하다. 이 경우의 관광객은 적어도 24시간 이상 걸쳐 그 장소를 방문하는 자를 말한다.

3) 관광객의 분류

관광객에 대한 분류는 학자 및 국제기관에 따라 다양하게 발전해 왔다. 여기서는 일반적인 하나의 분류를 제시하기로 한다([그림 1-1] 참조).

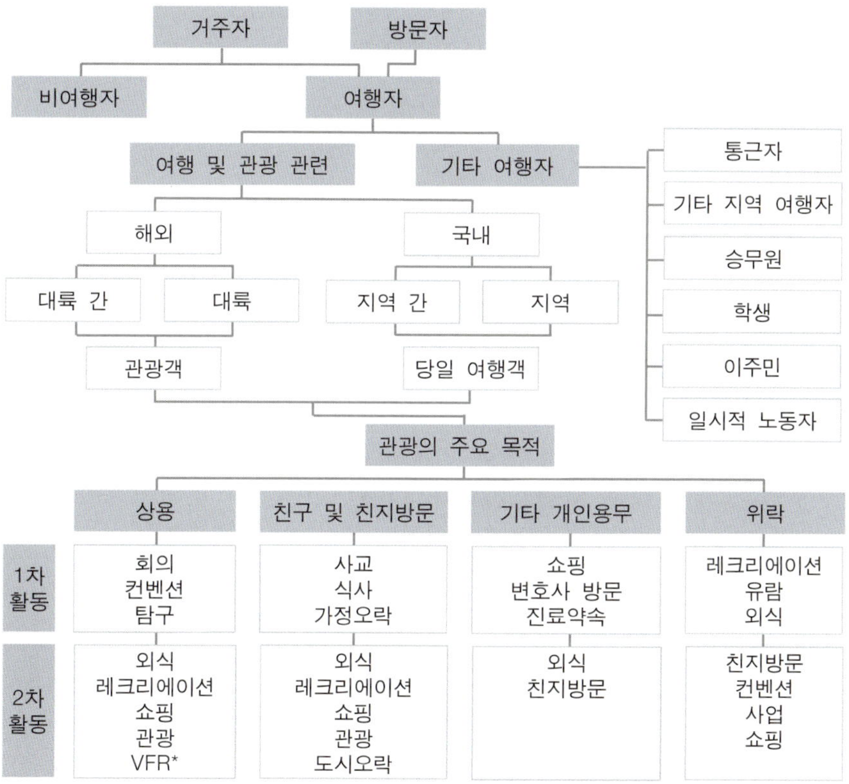

자료 : R. A. Chadwick, "Concepts, Definitions and Measures used in Travel and Tourism Research", Edited by J. R. B. Ritchie and C. R. Goeldner, *TRAVEL, TOURISM, AND HOSPITALITY RESEARCH*, John Wiley & Sons, 1987, p. 50.

* VFR : Visit Friends & Relatives.

그림 1-1 관광객의 분류

4) 관광객이 아닌 경우

다음에서 관광객이 아닌 사람을 살펴봄으로써 관광객의 정의를 명확히 해보자.

1. 계약의 유무를 불구하고 보수를 위해 취직이나 영업을 목적으로 타국에 입국한 자
2. 거주를 목적으로 입국한 자
3. 국경지대에 거주하는 자, 또는 한 나라에 거주하면서 인접국에서 일하기 위해 수시 출국하는 자
4. 24시간 이상을 여행할 경우라도 그 나라에 체재하지 않고 다만 통과에 그치는 여행자(통과객) 등이다.

04 관광형태의 발달

1) 기본적 욕구를 위한 여행

역사를 통해 볼 때 대부분의 여행은 유희가 아닌 필요에 의해서 이루어졌다. 사람들은 생존을 위한 기본적인 욕구를 충족시키기 위해 여행하였는데 그들은 음식과 거주지를 찾기 위해, 또는 적으로부터 피신하기 위해 여행하였다. 많은 사람들은 보다 나은 삶을 찾기 위해 여행하였고 한편으로는 부자가 될 수 있는 금, 은, 보물을 찾기 위해 여행을 하였다. 일부는 비옥한 토지를 찾으러 다녔고 그곳으로 그들의 가족들을 이주시켰다.

2) 고대의 위락여행

어느 한 사람도 위락여행을 하지 않았다고 말할 수는 없다. 고대에도 위락여행이 일부 발생하였다. 어느 시즌에는 70만 명의 관광객이 소아시아에 있는 에페소스(소아시아 서부 이즈미아의 남쪽에 있었던 고대도시로 세계 7대 불가사의의 하나인 아르테미스신전의 소재지)로 몰려들었고 그들은 그곳에서 곡예와 동물쇼, 요술과 마술 공연을 즐겼다. 부유한 로마사람들은 올림픽게임과 연극구경 및 페스티벌을 참관하기 위해 그리스로 여행하였다.

3) 지적 여행

일부 사람들은 지적 호기심을 충족시키기 위해 자신이 살고 있는 세계 밖의 사람 및 풍물을 보고자 여행을 한다. 일부의 중세사람들은 수평선 너머에 무엇이 있는지를 알고자 하였다. 아마도 1492년 출항한 니나(Nina), 핀타(Pinta), 산타 마리아(Santa Maria)호의 승무원들은 그 배가 이 세상 끝에 도달했을 때 어떤 일이 일어나는지 알기 위해서 그 배에 승선했을 것이다.

4) 순례여행

중세시대에 사람들은 신성한 도시와 신전으로 가기 위해 순례여행을 하였다. 그들은 성인에게 존경을 표시하거나 맹세를 이행하기 위해 순례여행을 떠났는데 일부 순례자들은 삼베옷을 입었고 속죄의 뜻으로 맨발로 걸었다. 1388년 리차드 2세는 영국 순례자들에게 그들이 프랑스로 여행하기 전에 허가를 얻고 허가증을 갖고 다니도록 요구하였는데 그것이 패스포트의 시초가 되었다. 기독교인들이 이슬람교도로부터 성지(Holy Land)의 통치권을 빼앗기 위한 십자군 원정(1095~1291)이 가장 커다란 종교여행이었다.

5) 상용여행

무역을 위한 여행, 현대적으로 말하면 상용여행이 수세기 동안 계속되었다. B.C. 1100년에서 B.C. 332년까지 존재했던 페니키아의 무역상들은 지중해 국가의 항구를 여행하였다. 중국과 인도의 초기여행은 상업에 기초한 것이다. 중세에도 상인과 무역상들은 상품을 판매하고 구매할 수 있는 장소로 끊임없이 여행하였다.

유명한 여행가인 마르코 폴로는 그의 일기에서 13세기 중국 베이징으로 상업적 여행을 했다고 기술하고 있다. 당시 중국에서 무역상들은 베이징 교외지역에 그들을 위해 건립된 호스텔에 체류하였다. 어떤 호스텔은 보안상의 이유로 각각의 국적(독일, 프랑스, 롬바드 등)에 따라 특별히 건립되었고 중국 황제는 고객의 이름과 출발 및 도착시간을 기록하도록 호스텔에 명령하였다. 이것은 현대의 숙박계의 기원으로 볼 수 있다.

6) 요양여행

신체의 병을 치료하려는 생각이 여행에 영향을 미치게 되었다. 류머티즘을 치료하기 위해 로마황제 카라칼라(Caracalla, A.D. 188~217)는 로마 북쪽에 위치한 온천지역으로 여행하였다. 스페인 탐험가 주안 폰세(Juan Ponce De Leon)는 젊음의 샘을 찾던 중 미국의 플로리다를 발견하였다. 1800년대에 유럽의 상류계층 사이에서는 독일의 여러 온천장을 방문하는 것이 유행이었다. 또한 지중해 연안과 아드리아 해안에 걸쳐 북서유럽의 귀족과 유한계급의 사치스런 별장이 들어섰다. 이런 사람들은 하루종일 광천수를 마셨고 밤새도록 춤추며 연회와 도박을 즐겼다.

7) 교육여행

역사적 · 문화적으로 중요한 목적지는 시대를 불문하고 여행자들을 끌어들였다. 이러한 여행이 17세기에 들어서 그랜드 투어(Grand Tour)의 시초를 이루었다. 영국의 젊은 귀족들은 교육을 목적으로 유럽대륙을 여행하였다. 가정교사와 하인을 동반한 청년신사들은 유럽 특히 프랑스와 이탈리아의 성당과 성(城), 미술관 등을 방문하였다. 그들은 여러 외국어를 배우고 유럽의 귀족들에게 소개되었다. 이러한 그랜드 투어는 일반적으로 3년이 걸렸다.

8) 대중관광의 개막

18세기 후반에 일어난 산업혁명은 여행의 추이에 커다란 변화를 초래하였다. 그것은 무역과 원자재에 대한 과학적 지식을 향상시켰고 한편으로는 제국주의 세력을 고취시켰다. 게다가 부분적으로는 영국 및 프랑스 귀족사회의 신고전적 전원주의에서 유래된 자연을 찬미하는 낭만주의를 불러일으켰다. 소수 엘리트들의 그랜드 투어의 의미가 상실되면서 새로운 형태의 교통수단, 정치적 재편성으로 중산층을 위한 좀더 값싸고 안전한 대중관광시대가 개막되었다.

9) 대중관광시대

오늘날 대중관광의 무대가 된 문화혁명은 제1차 세계대전에 의해 촉발되었다. 이에 따른 대변혁으로 소수 엘리트들의 명승지를 없애버렸고 많은 지배계층과 생활이 윤택해진 다른 유럽 귀족층들이 몰락하게 되었다. 1920년경 신흥부유층 미국인들이 파리뿐만 아니라 코트다쥐르에 이르기까지 주요한 고객이 되었다. 소수 엘리트들의 겨울휴가 은거지인 국제휴양지는 여름휴양지가 되었다.

이미 사람들은 자연을 겁내지 않았고 하얀 피부도 동경의 대상이 아니었다. 플로리다, 카리브해안에서 경험한 미국인들의 일광욕이 건강측면에서 유행하게 되었다. 이 일광욕은 1차 대전 때 비타민 D의 발견과 독일의 실험으로 장려되게 되었다.

자유가 만연되고 구시대의 고지식한 귀족층이 사라짐에 따라 1920년대 이후 생활의 모든 측면에서 관광객을 증가시키는 원인이 되었다. 검은 피부와 성적 매력을 결부시키는 경향은 보편적인 태도의 변화를 가져왔다. 이 기간 동안에 민족관광과 인류학적 관점이 널리 퍼지게 되었다. 대공황에도 불구하고 자연에 대한 주제, 휴양, 민족에 대한 흥미는 이전의 문화적·역사적·교육적 동기에 부가하여 오늘날 대중관광의 기초가 되었다.

10) 패키지관광

관광산업이 크게 약진하게 된 것은 무엇보다도 제트기 운항의 도래였다. 그때까지 프로펠러기로 24시간, 여객선으로 6일이 걸리던 미국과 유럽 간의 대서양 횡단노선이 7시간으로 단축되었다. 부의 증가와 저요금, 거기에 시간단축 등은 휴가기간이 겨우 이틀 내지 3일인 일반인들의 해외여행을 가능하게 만들었다. 국제관광은 더 이상 부유층만의 전유물이 아니고 모든 사람들이 향유할 수 있게 된 것이다. 패키지관광은 제트기시대의 도래로 더욱 활성화되었고 그 이후 관광시장의 확대와 더불어 패키지관광을 모체로 해서 부분적인 패키지상품이 다양하게 선보이게 되었다. 결국 젊은이들의 배낭여행이 등장하기에 이르렀다.

11) 관광시장의 다양화

지난 세기의 관광산업이 패키지관광과 같이 대량화·표준화되었다면, 오늘날의 관광객들은 개인들의 개성에 맞춰 여행상품을 선택하고 있다. 관광객들은 자신의 기호에 맞춰 스스로 노선을 결정하고, 호텔이나 관광지를 선택할 수 있게 되었다.

이러한 관광시장의 흐름에 맞춰 관광지가 더욱 세분화되면서, 생태관광, 체험관광, 의료관광, 필름투어리즘, 템플스테이, 마라톤 관광, 봉사관광 등의 새로운 여행시장이 대거 등장하였다.

특히 2000년대에는 웰빙(Well-Being)열풍과 더불어 사람들의 인식이 크게 변하고 있는데 환경의 피해를 최대한 억제하면서 자연을 관광하고 이해하며 여행을 즐기는 생태관광에 대한 관심이 증가하고 있다. 생태관광(eco tourism)은 친환경적 관광을 통해 도시와 농어촌 지역 사이의 교류를 확대함으로써 도시와 지역사회 모두에게 도움이 되는 새로운 관광형태로서 1960년대부터 환경에 미치는 영향을 최소화하자는 운동의 일환으로 나타나기 시작하였다. 생태관광은 자연과 문화를 즐기고 배우는 소규모 그룹의 여행, 자연보호와 지역 전통문화에 대한 인식과 경이, 환경윤리를 익힌 전문 가이드의 동행, 출입제한 구역이나 자연휴식년제가 적용되는 시설 등 특별지역에 대한 훼손 금지, 보호지역과 주민을 위한 관광이익의 환원 등이 포함되며, 진정한 의미의 생태관광은 관광으로 인해 발생되는 이익이 자연보존을 위해 사용되는 것을 전제로 한다.

제2절
관광의 세계사

01 기원전

역사를 통틀어 볼 때 관광객은 항상 존재하고 있었다. 구약성서에는 이스라엘 사람들이 이집트에서 약속의 땅으로 여행한 것이 기록되어 있고 이집트 룩소르(Luxor)의 성전벽에는 하트셉수트(Hatshepsut) 여왕이 고대 Punt(지금의 소말리아)까지 유람선여행을 했다고 기록되어 있으며 역사서적들은 바이킹족, 마르코 폴로, 콜럼버스와 같이 유명한 여행가들을 기술하고 있다. 한편 호모 에렉투스(Homo-erectus)의 화석이 서유럽, 아프리카, 중국에서 발견되었는데 이것은 그들이 선사시대 이전의 여행객들이었음을 말해준다.

02 로마시대

로마제국시대에 부유한 시민들은 쉽게 여행할 수 있었다. 로마 정부가 광범위한 도로망을 구축하여 5~6마일마다 새 말로 바꿔서 달릴 수 있었고 전 제국을 통일한 단일통화체제는 식량과 숙박제공을 가능하게 만들었다. 가장 중요한 것은 Pax Romana(로마의 지배에 의한 평화)가 여행객들의 안전을 보장한 점이었다.

여행이 번창하기 위해서는 적절한 교통체계와 평화 그리고 정치적 안정이 있어야 한다. 여행 중에서도 특히 위락여행에는 경제적 번영과 여가시간이 필요하다. 로마제국이 기울기 시작하면서 여행도 쇠퇴하기 시작하였다. 부유층은 사라지고 도로는 파괴되고 지방에는 도둑이 득실거렸다.

03 암흑시대

암흑기(A.D. 500~A.D. 1450)에도 여행은 이루어졌으나 위험하고 힘들었다. 사실 여행(travel)이라는 단어는 이 시기에 나온 것이며 중노동(heavy labor)이라는 의미를 지닌 어원에서 파생된 것이다.

농부들은 거의 그들의 마을을 떠나지 않았다. 소수의 상인과 성직자들만이 여행을 했고 그들이 여행할 때는 도보로 하거나 험한 곳은 우마차를 이용하였다.

04 중세 이후

산업혁명이 시작된 후 여행이 보다 일반화되었다. 역마차, 증기선, 철도 등 교통수단의 발달은 여행을 보다 용이하게 만들었고 기술적인 변화와 더불어 사회적인 변화가 여행의 증가에 크게 이바지하였다. 점차로 돈과 여가시간을 소유한 중간계층이 대두하게 되면서 답답한 도시생활을 벗어나고 싶은 이들의 욕구는 해변가 휴양지로의 이동을 촉진시켰다.

05 20세기

20세기에 들어서 자동차와 버스가 등장함에 따라 보다 좋은 도로가 필요하였고, 마침내 사람들은 미국 전역으로 차를 몰고 여행할 수 있게 되었다.

1950년대 말 최초로 대서양 횡단여객기의 출항과 함께 빠르고 안락하고 저렴한 해외여행이 가능해졌다.

지난 50년간 여행의 양은 엄청나게 증가하였다. 이러한 증가는 교통수단의 발달에 인한 것이지만 또한 경제적인 번영과 사회적인 변화도 여행증가에 크게 공헌하였다. 과거에는 부유층만이 위락여행을 즐겼지만 오늘날에는 대부분의 사람들이 여행을 할 수 있게 되었다. 오늘날 사람들은 높은 학력을 가지고 있다. 일반적으로 교육을 많이 받은 사람일수록 여행을 많이 한다. 산업사회에서 보통사람들 또한 여행에 소비할 돈을 가지고 있다. 많은 여성들이 직업을 가짐으로써 여행을 위한 추가적인 수입원천이 발생하였다. 연간 유급휴가는 사람들에게 여행할 수 있는 여가시간을 제공한다. 사람들의 수명이 연장되고 직장에서 은퇴한 사람들은 어느 때건 여행을 할 수 있다. 이와 같이 수많은 사람들에게 여행은 좋은 생활과 깊은 연관이 있는 일상적인 기대가 되었다.

06 21세기

21세기에 들어 정보화 및 현대기술의 급격한 발달과 소득증대로 인해 전 세계 여행이 훨씬 용이하게 되었고, 인터넷과 스마트폰의 급격한 발달은 여행지와 여행상품에 관한 정보를 손쉽게 획득하게 하고 여행상품의 선택이 용이하게 되어 관광을 더욱 활성화하는 데 기여하게 되었다. 국제회의나 컨벤션, 올림픽과 월드컵 등 스포츠 투어리즘의 인기로 인해 여행이 더욱 활발해졌지만, 9.11 테러와 지역분쟁으로 인해 여행지에 대한 제약을 받게 되었고 SARS나 신종플루 등으로 인해 지역 간 이동이 심각한 제약을 받게 되었다.

IT를 기반으로 하는 새로운 관광산업이 계속 등장하고 있고 관광의 특징도 자유관광, 지역관광, 특별목적관광, 재방문의 증가 등으로 다양화되고 있으며 목적지에 대한 가상공간관광 이후에 체험관광을 실시하는 경향이 더욱 강화될 것이다.

제 3 절

한국관광의 발달사

01 삼국시대

우리나라는 삼국시대에도 일부 특권층의 여행이 이루어졌다. 이를테면 임금이나 관료 및 승려나 학생으로 대표되는 지배계층들은 외교나 학문탐구, 수양을 위해 국내명승지 및 국외로 나갈 수 있는 특혜가 주어졌다. 여행목적지는 중국 본토에서 서역, 페르시아에 이르기까지 매우 광범위하였다.

정기적·공식적인 여행은 주로 정치적·외교적·군사적인 목적으로 신년하례, 화친, 서약, 세공, 왕위책봉 등의 동기나 목적이 대부분이었고, 비정기적·비공식적인 여행은 산천구경, 신체단련과 활쏘기, 수렵, 말타기, 연회, 가무관람 등이었다.

한편 고구려, 백제, 신라 삼국은 불교문화권으로서 여행이나 관광활동도 불교가 정착되면서 산중의 사찰을 찾는 종교적인 목적의 순례관광이 생겨났다. 종교적 의미에서 사찰의 참배와 유명사찰의 순례는 고대 유럽에서의 신전 및 성지참배와 유사한 성격을 띠는 원시관광형태라 할 수 있다.

통일신라시대 후기(서기 830년경)에는 청해진(완도)에 여러 곳의 청해관이 설치되어 무역관의 기능뿐만 아니라 신라, 당나라, 일본 3국의 무역선이 정박하고 상인들을 유숙·접대하는 숙박시설로서의 기능을 충분히 발휘하였다. 이것은 중국 산동반도의 등주(登州)에서 신라, 발해 사신들을 유숙·접대하던 신라관, 발해관이 운영된 시기와 비슷하다.

삼국시대의 관광형태는 일상생활권을 벗어난 인간의 단순한 장소적 이동에서 출발하여 종교의식에의 참가, 무속신앙적인 산신각(山神閣), 신목사당(神木祠堂) 등의 탐방, 사찰행사 또는 민속행사에의 참관, 신라시대의 화랑도에 의한 심신수련여행 등으로 요약할 수 있다.

삼국시대의 여행은 일반적으로 봄, 가을철에 행해졌고 여행기간도 5, 7, 10, 50일로 다양하였다.

02 고려시대

통일신라시대에는 불교의 영향으로 주요 도시와 사찰을 연결하는 도로가 생겨났고, 고려시대에 들어서는 이것이 더욱 발달하여 전국에 22개의 도로망과 528개에 이르는 역참(驛站)이 생겨났으며 이로 인해 국민의 이동이 점점 늘어나게 되었다. 그러나 신분적 차별이 철저하여 여행은 귀족과 특권계층에 한정되었다. 그 당시 귀족 자제인 학생은 삼국시대와 마찬가지로 국내외로 유학 및 명산사찰 유람, 사냥, 뱃놀이, 격구, 바둑, 활쏘기를 즐겼다.

고려시대에는 외국사신들의 숙소로 신창관(新倉館)을 운영하였다는 기록이 있다.

03 조선시대

조선시대의 여행은 이전의 삼국, 고려시대와 유사하였다. 조선시대는 유교를 숭상하는 계급사회로서 양반, 중민, 상민, 천민 등 네 계층의 봉건적 신분제도로 엄격히 구분되었고, 양반인 사대부는 시와 풍류를 즐기면서 학문적 교양의 확대를 위해 단체여행에 참가하였다. 또 점차로 평민계층의 여행과 여가활동이 부분적으로 나타나기 시작하였다.

여행자의 숙식을 해결하는 숙박형태는 완전히 관용(官用)으로 출장가는 관원(官員)들을 위한 관용여관인 역(驛)과, 반관반민의 성격으로 평민이 관리하고 관용여행자의 숙식 외에 일반민중이 이용하는 여사(旅舍) 그리고 빈자(貧者)에게는 음식을, 여행자에게 약을 무료로 제공하였던 원(院)제도가 발달하였으나 임진왜란과 병자호란을 거치면서 유명무실하게 되었다.

그 후 객상(客商)을 숙박시켰던 객주(客主)와 여상(旅商)을 숙박시켰던 여각(旅閣) 그리고 주막이 등장하여 그 기능을 담당하게 되었다. 이때의 객주나 여각은 주로 상인을 대상으로 한 여관이었고, 주막은 임진왜란 때부터 성행하여 주로 시골의 길거리에서 술과 음식을 팔고 나그네가 쉬는 여관의 성격을 띠고 있던 대중적인 숙박형태였다.

교통수단은 조선 초기에는 소나 말을 이용한 우마차, 유선(遊船) 등에 불과하여 많은 사람이 여행에 참여하거나 이용하지 못하였고 매우 부족한 실정이었다.

04 19세기 말

우리나라 관광의 본격적인 출발은 19세기 말이라고 할 수 있다. 조선 말기 발발한 운양호사건(雲揚號事件)으로 인해 문호개방의 시대를 맞이하였다. 1876년에 일본과의 강화조약, 병자수호조약 체결을 계기로 부산항, 원산항 및 인천항이 개항되고 많은 해외열강과의 통상과 접촉을 통하여 기존의 전통적인 여행에 많은 변화를 가져왔다.

개항과 더불어 외국과의 교역을 통한 경제적 침투와 함께 외국인이 입국하면서 기존 숙박시설의 모습이 변화하였고 근대적 여관이 서울, 인천을 비롯하여 전국적으로 생겨나게 되었다.

우리나라에서 최초로 세워진 근대적 호텔은 인천의 대불(大佛)호텔이라 전해지고 있다. 3층으로 양식시설을 갖춘 이 건물은 일본인 호리 료쿠타로우(堀力太郎)가 1887년 착공하여 1888년에 완성시킨 호텔이다.

그리고 그 당시 영업이 번창하는 것을 본 청국인(淸國人) 이태(怡泰)라는 사람은 대불호텔 바로 길 건너에 있는 2층 건물의 아래층에 서양 잡화상을 하면서 2층에 스테워드(Steward)호텔을 개업하였다.

최초의 서양식 숙박시설은 구한말 서울 정동에 세워진 손탁호텔(Sontag Hotel, 孫澤)이었다. 1902년 10월에 개업한 손탁호텔은 위층은 귀빈들의 객실로 사용하였고 아래층은 보통 객실과 식당으로 사용하였다.

1909년에는 프랑스 여인이 고종황제로부터 하사받은 하남(何南)호텔을 이화여고 정문 앞에 세웠다.

서양식 숙박시설들은 처음에는 인천, 부산과 같은 개항지를 중심으로 발생하였는데 철도교통의 발달로 전국의 주요 철도역 부근을 중심으로 번창해 갔다. 이에 따라 개항 무렵에 흔히 볼 수 있었던 행랑과 짚신 신은 괴나리봇짐의 나그네 그리고 보통 여염집과 다름없는 초가지붕 여인숙의 전경은 교통과 도시의 발달로 인하여 점점 근대적인 관광사업형태로 발전을 거듭하였다.

05 일제시대

일본의 통치는 우리나라 관광산업에 커다란 변화를 초래하였다. 철도가 일본의 대륙침략목적으로 부설되었고 철도여행이 주를 이루게 됨에 따라 1912년 부산과 신의주에 최초의 철도호텔(Station Hotel)이 세워졌고, 1914년 서울에 조선호텔(4층 65객실), 1915년 금강산에 금강산호텔, 장안사호텔이 각각 세워졌다. 그 후 1925년에는 평양철도호텔, 1938년에 당시 최대규모를 자랑하던 서울의 반도호텔(현 롯데호텔자리, 8층 111실)이 장안의 화제를 모으면서 개업하였다.

한편, 일본은 노일전쟁의 승리로 인하여 대륙진출이 활발해지자 1914년에 재팬 투어리스트 뷰로(Japan Tourist Bureau: J.T.B, 일본교통공사의 전신)의 한국지사를 개설하여 관광사업 및 국제경제상의 중요성을 알리고 일제강점시대 동안 일본인의 여행편의를 돌보게 되었다.

이때는 참으로 암울하였다. 모든 관광시설은 일본인과 외국인을 위한 것이었고 우리 국민은 여행이 극도로 제한되었으며 관광사업 역시 일본인이 독점하고 있어 민족자본이 형성되지 못한 치욕의 시기였다.

06 해방 후부터 1960년까지

해방이 되고 1948년 우리 정부가 수립되었으나 우리의 관광사업은 걸음마단계에 있었다. 1948년 우리나라를 방문한 최초의 외국인관광단(Royal Asiatic Society, 70명)이 2박 3일의 일정으로 경주를 비롯하여 국내 주요 관광지를 여행하였다. 같은 해 서울과 온양온천 간 관광전세버스 운행면허가 처음 발급되었고 미국의 노스웨스트 항공사(NWA)와 팬 아메리칸 항공사(PANAM) 등의 서울영업소가 조선호텔에 사무실을 차리고 영업을 개시하였다. 뒤이어 1950년에는 온양·대구·설악산·서귀포·무등산·해운대 등지에 교통부 직영 관광호텔이 개업하였으나 한국전쟁으로 인하여 곧 문을 닫았다.

그 후 전쟁에서 피해를 받지 않은 호텔들은 한국에 파병된 UN군의 휴가를 위한 휴식과 위안장소로 사용되었다. 또한 한국의 관광사업은 1957년에 설립된 코리아 하우스에서 UN군 휴가장병을 대상으로 위안회를 개최하고, 한국의 풍광(風光)을 영화로 소개하는 정도의 것이었으나 2박 3일의 카메라여행을 조직하는 등 차츰 활기를 더해갔다. 또한 UN군의 휴가장병이 일본이나 홍콩 등지에서 지내는 휴가를 한국에서 지낼 수 있게 하는 R & R(Rest and Recreation) 지구로의 지정이 필요하였으나 UN군 당국에 의해 시설의 미비, 보안 등의 이유로 제외되었다가 1960년에 이르러 지정이 결실을 보았다.

제도적으로는 1953년 근로기준법이 제정·공포되어 모든 근로자에게 연간 12일의 유급휴가를 보장하는 법적 뒷받침이 만들어졌고, 1954년 2월 17일 교통부 육운국(陸運局)에 관광과가 설치됨으로써 처음으로 한국관광을 육성·지도하는 기능을 수행하여 한국관광의 산실역할을 담당하게 되었다. 1958년도에는 온양, 해운대, 불국사 등에 철도호텔을 개업하게 되었으며 관광직행열차 및 관광버스 등도 운행하기 시작하였고, 이 무렵부터 관광에 대한 출입국절차의 간소화, 국내외에 걸친 관광선전 등 관광행정 본연의 사무가 미미하나마 실천에 옮겨지게 되었다. 또한 1958년에는 대통령령 제1850호에 따라 중앙에는 교통부장관 자문기관으로 중앙관광위원회, 지방에는 도지사의 자문기관으로 지방관광위원회가 설치되었다.

07 1960년대

한국관광 발전에 있어서 획기적 사건으로 정부는 1961년 8월 22일에 관광사업진흥법을 제정・공포하였고, 동법 시행령(1962.7.9 공포)과 시행규칙(1962.12.23 공포)을 제정하였다. 또한 관광과 관련되는 문화재보호법을 1962년 1월에 제정하였다.

관광행정조직에서는 1962년 4월에 관광공사법이 제정되고 같은 해 6월에 새로운 국영기관으로서 관광공사가 발족하여 한국관광의 해외선전, 관광객의 편의제공 및 관광객 유치업무 등 해외진흥사업을 본격적으로 개시하였다. 또한 같은 해에 통역안내시험제도가 처음으로 실시되었다.

1963년 9월에는 교통부의 육운국 관광과가 관광국(기획과, 업무과)으로 승격되어 관광행정의 범위가 넓어지게 되었고, 같은 해 3월에는 관광사업진흥법 제48조에 의거 특수법인인 대한관광협회 중앙회(현 한국관광협회)가 설립되어 동경과 뉴욕에 최초로 해외선전사무소를 개설하였다.

이어 1965년 4월에는 제14차 태평양지역 관광협회(PATA) 연차총회 및 워크숍을 유치하였고 같은 해 국제관광공사, 세방여행사 등 6개 단체가 ASTA에 정회원으로, 교통부 등 18개 업체가 준회원으로 가입하였고 1966년에는 대한관광협회, 국제관광공사, 대한항공이 각각 동아세아관광협회(EATA)에 가입하여 세계적인 도약의 발판으로 삼았다.

그 밖에 1969년에 대한항공공사가 한진상사에 불하되어 민영화되었다.

1964년 제19회 동경올림픽과 그 이듬해 한국과 일본의 국교정상화로 많은 일본인이 방한하면서 한국의 관광시장은 종래의 미국으로부터 일본으로 바뀌는 전환점이 되었다. 이처럼 60년대의 한국관광은 발전과정의 기반조성시대로서 관광사업이 정착・발전하기 시작하고 종합산업으로 체계적인 발전의 초석을 놓은 시기라고 할 수 있다.

08 1970년대

70년대 초는 우리나라 관광산업에 있어서 최초의 호경기를 누렸던 시기로서 일본인의 대폭적인 방한으로 막대한 외화획득을 기록하였다.

1970년에는 국립공원과 도립공원이 지정되고 한미합작투자로 조선호텔이 개관하였다. 또한 1971년에 개통된 경부고속도로를 계기로 전국적으로 관광지 개발이 촉진되었고 청와대에 관광개발계획단이 설치되었으며 전국의 관광지를 10대 관광권으로 설정하여 관광지 조성사업이 본격적으로 추진되기 시작하였다. 같은 해 11월에는 한국관광학회가 발족하였다.

1972년 정부는 관광진흥개발기금법을 설치하고, 75년에는 관광기본법을 제정하여 관광개발에 박차를 가하였다. 이 밖에도 관광사업법, 동법 시행령, 동법 시행규칙, 관광정책심의위원회 규정 등이 제정되는 등 70년대는 관광관련법규의 확충 및 정비의 시기라고 할 수 있다.

한편 1973년부터 국제관광공사의 기구가 민영화되었고, 같은 해 4월에는 대한관광협회 중앙회도 기구를 개편하고 조직을 강화하여 한국관광협회로 그 명칭을 바꾸었다.

교통부 관광국도 1972년부터 기구를 개편·확장하여 기획과, 진흥과, 지도과, 시설과를 설치하고 관광행정을 확대함으로써 보다 전문적으로 관광진흥 및 사업의 지도업무에 임하게 되었다.

1978년에는 사상 처음으로 외국관광객이 100만 명 목표가 달성되었고(1,079,397명), 1979년에는 제28차 PATA총회가 서울에서 개최되었다.

09 1980년대

1980년대 초의 정국불안은 일본인 방문객의 급감으로 이어져 한국관광시장은 커다란 타격을 입게 되었다. 이러한 불경기를 타파하기 위해 1980년 제주도 무사증(무비자)이 시행되었고, 1982년에는 전국의 야간통행금지가 해제되었다. 같은 해에 국제여행알선업이 허가제에서 등록제로 바뀌었고, 국제관광공사가 자본금 500억 원으로 증자하여 한국관광공사로 명칭을 변경하였다.

1981년 해외여행의 부분적 허용과 1983년 50세 이상의 관광목적 해외여행에 대한 자유화가 실시되었고 그 이후 단계적으로 해외여행자유화가 이루어졌다. 같은 해 9월 서울에서 열린 제53차 ASTA(미주여행업자협회) 총회는 세계 각국의 여행업자에게 한국관광의 이미지를 올바로 심어주어 일본인과 미국인에 편중되었던 외래관광객층이 다원화할 수 있는 좋은 계기를 마련하였다.

1986년에는 아시안게임이 서울에서 개최되었고 1988년에는 개도국이면서 분단국가인 한국에서 제24회 서울올림픽이 열리게 되어 한국의 경제력을 과시하고 우리의 역사적 문화를 세계만방에 소개하게 되었다.

1989년에는 제2의 민항기업으로 아시아나항공이 설립되어 복수민항시대로 접어들었다.

10 1990년대

1990년대의 커다란 전환점은 독일통일과 구소련의 붕괴, 남한과 북한의 유엔 동시가입 그리고 1992년 여름에 이루어진 중국과의 국교정상화 등이다. 냉전시대의 종식으로 인해 우리나라의 외교, 무역 및 관광의 세계화·국제화가 성큼 다가오게 되었다.

또한 1993년 대전 엑스포는 세계에 우리나라의 저력을 과시한 또 하나의 축제였다. 이는 이제 우리가 참가국이 아닌 엑스포 개최국이 되었다는 것을 전 세계에 알렸고, 국제적으로뿐만 아니라 내국인들에게도 과학적인 지식을 일깨워준 커다란 행사였다.

그러나 1997년 말부터 불어닥친 불경기는 IMF구제금융체제하에서 관광산업에 막대한 영향을 미쳤다. 레저산업개발에 투자한 대기업들이 도산 및 해체되고 이 와중에 많은 신규관광개발이 중단되면서 많은 수의 관광전문인들이 퇴사하는 등 인력시장에도 커다란 변화를 보이게 되었다.

전반적으로 보면 1990년대는 외국인의 방한만이 아니고 내국인의 해외여행 증가로 인하여 외래문물을 보고 느껴 식견을 높이고 우리의 삶을 살찌우는 데 새로운 장을 여는 전환의 시기였다고 말할 수 있다.

11 2000년대

2000년대는 우리나라를 방문하는 외래관광객이 1,000만을 돌파하고 우리나라 해외여행자 수가 1,000만 명 시대에 돌입하면서 관광선진국으로 도약한 시기이다. 또한, 2001년 IMF 관리체제를 벗어나면서 우리나라의 관광산업도 활성화되기 시작했다.

2000년 APEC 관광장관회의 개최, 2001년 WTO 총회 개최, 2003년 ICCA 총회 개최, 2008년 RAMSAR 총회 등의 굵직한 국제회의의 성공적인 개최는 우리나라 컨벤션 산업의 발전 가능성을 더욱 높였다.

또한, 2000년 6.15 남북공동선언을 계기로 금강산 관광의 확대, 경의선 철도 연결, 개성공단 개발, 육로를 통한 북한관광 등 남북 관광교류의 확대를 위한 중요한 토대가 이루어진 해라고 할 수 있다.

무엇보다 2002년 개최한 한일 FIFA월드컵 개최는 국가경제·사회·문화 등 여러 부문에 광범위한 영향을 끼쳤는데 특히 관광부문에 있어서는 직·간접적인 효과가 어느 부문보다 컸으며, 월드컵기간뿐만 아니라 우리나라 관광발전을 위한 전기를 마련하였다.

1990년대에 시작된 한류는 2000년대에 K-pop 열풍으로 이어졌고, 이러한 한류열풍은 경제적 효과는 물론이고 외국인들에게 한국인에 대한 친밀감을 형성시키고, 한국의 국가적 이미지를 상승시켜 사회·문화적으로도 큰 효과를 내고 있다.

우리나라는 2010~2012 한국방문의 해를 기점으로 외래관광객 1천만 시대로 돌입하였고, 2020년 2천만 명을 목표로 관광의 세계화를 향해 나아가고 있다.

제 4 절

관광구조와 관광의 효과

01 관광의 구조

관광구조에 대한 가장 일반적인 주장은 관광주체, 관광매체, 관광객체 등 3가지 요소가 결합 및 상호작용을 한다고 보는 견해이다. 이는 오스트리아 출신 학자 베르네카(P. Bernecker, 1962)의 『관광원론』에서 본 관광의 주체 및 객체를 구분하여 관광학을 체계화하려는 노력에서 한 걸음 더 나아가 관광경영의 입장에서 관광매체를 분리하여 삼각도를 체계화하였다.

관광주체, 관광객체, 관광매체에 대해서 보기로 하자.

첫째 요소로 관광주체는 관광을 행하는 주체, 즉 관광객을 말한다. 관광객은 일상생활의 근거지를 떠나 다시 돌아올 목적으로 이동을 하고 목적지에서 체류하며, 결국에는 정신적·육체적 휴식을 얻으려는 소비자이다. 그러는 과정에서 관광객은 목적지에 경제적, 사회적, 환경적인 영향을 미치고 또한 영향을 받기도 한다.

둘째 요소로 관광객체는 관광대상을 말한다. 관광대상은 관광객의 관광욕구를 충족시켜 주는 모든 것이다. 관광객체에는 보통 자연자원(기후·풍토·지형·지질·천상·기상·생물 등)과 인문자원(생활·민속·분위기·행사·예능·사적·도시·전원·문화재·향토음식·정원·산업 등) 이외에도 양자를 바탕으로 하여 행하게 되는 활동(위락·스포츠 등) 자체도 포함된다.

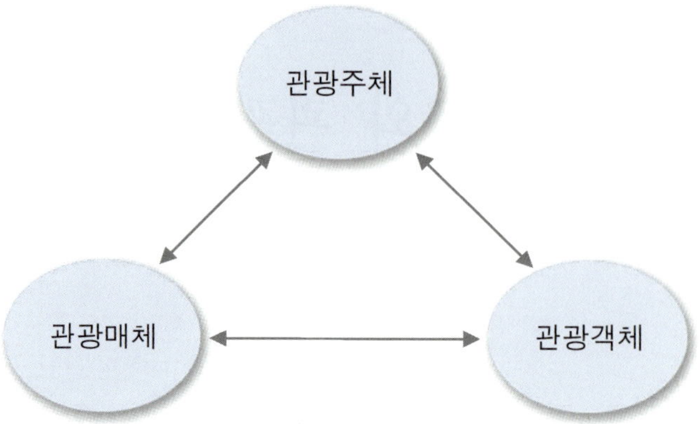

그림 1-2 관광의 구조

셋째 요소로 관광매체는 관광주체(시장)와 관광객체(관광대상)를 연결시키는 기능을 한다. 관광매체의 기본은 이동수단과 정보에 있다. 이동수단을 담당하는 것은 항공, 육상, 해상 등의 교통운송업이고 정보를 담당하는 것은 여행사를 비롯한 중개기업이다. 또한 매체에서 빼놓을 수 없는 것이 숙박시설, 식음료시설, 유흥시설 등이다.

교통운송업, 여행업, 숙박업, 위락시설의 기업군을 관광매체, 환언하면 관광사업이라고 부른다.

02 관광의 효과

1) 관광의 경제적 효과

관광은 즐거움을 위한 여행이지만, 관광객은 일련의 소비활동으로 이루어지는 복합적인 현상이기도 하다. 관광객은 관광행위를 수행하면서 여러 가지 소비활동을 수반하게 되는데, 이러한 과정에서 발생하게 되는 경제적 효과에는 국제수지개선과 외화획득, 경제발전에의 기여, 지역개발의 촉진 등이 있다.

(1) 국제수지의 개선

외래관광객의 외화소비는 수용국의 국민경제에 직접 기여하게 되고, 국제관광에 따른 외화수입은 무형의 수출이라 하여 해운수지, 보험수지, 기술수지와 함께 무역외 수입의 중요한 몫을 차지하고 있으며, 국제수지 개선에 큰 역할을 담당하고 있다. 더욱이 부존자원(賦存資源)과 자본이 빈약하고 공업제품의 수출이 곤란한 나라에 있어서는 국제관광객을 받아들이는 것은 외화를 획득하는 데 매우 유효한 수단이 되고 있다.

(2) 경제발전에 기여

국제관광 왕래는 한 나라의 외화수입을 가져오게 하고 국제수지의 상한을 끌어올리는 데 기여할 뿐만 아니라, 관광객이 국내에서 소비하는 소비지출은 그 나라의 경제활동을 확대시키고, 산업을 번창하게 하며, 경제의 발전에 공헌한다. 다시 말해서 관광에 수반되는 직접적 또는 간접적 관광수요에 따라 광범위한 영역에 걸쳐서 관광투자와 소비가 이루어지기 때문에 새로운 수요가 발생하고 국내산업의 모든 분야에 자극을 주게 되므로 경제활동에 효과적이다. 지역경제효과로는 고용효과, 소득효과, 산업관련효과, 조세효과, 산업기반시설의 정비효과 등을 들 수 있다.

(3) 지역개발의 촉진

관광이 지역개발의 역할에서 주목되는 점은 주로 관광투자효과와 관광소비효과로 구성되는 지역경제적 효용이다. 이 가운데서 관광투자효과는 개발사업에 대한 투자효과이기 때문에 그 효과는 단기적이면서도 불연속적이라 할 수 있다.

이에 반하여 관광소비효과는 관광기업이 가동함에 따라 생기는 관광소비의 파급효과이기 때문에 그 효과는 연속적이며 장기적인 것을 기대할 수 있다. 다시 말하면, 관광소비는 관광객으로부터 관광기업체에, 기업체는 거래처에, 거래처는 다시 자사 거래처로 지역경제권 내를 순차적으로 순환하면서 생산액의 증대를 초래함은 물론 지역소득 증대와 고용촉진에 기여하게 된다.

2) 관광의 사회 · 문화적 효과

(1) 문화적 · 교육적 효과

관광은 인간의 정신활동에 대하여 많은 영향을 미치고 있는데 이를 문화적 효과라고 한다. 인류는 끊임없이 이상을 추구해 가고 있는 가운데 문화의 진전이라는 결실을 얻을 수 있다. 그러나 현실적으로는 민족에 따라, 지역에 따라 문화의 양상이 각기 다르고 또한 빠르고 느린 차이가 생겼다. 폐쇄적인 지역사회에 있어서도 문화의 진보는 있을 수 있으나, 그것은 자연적으로 스스로의 고유문화와 전통을 유지하는 것이 위주가 된다.

그러나 관광으로 말미암아 세계 각국 국민 상호 간의 왕래는 빈번해지고, 아울러 타국의 국민을 이해하고 국정을 알게 됨으로써 친선의 정이 생기게 된다. 그리고 관광에 의해서 습득한 지식과 체험은 다른 여러 사람들에게 자연스럽게 전해짐으로써 사회에 대하여 커다란 영향을 미치게 된다. 관광은 직접적인 체험을 통해서 사물에 접할 수 있다는 점에서 많은 교육적 효과를 기대할 수 있는데, 관광이 사회에 주는 것이 문화적 효과라 한다면 그것을 개인단위로 보면 교육적 효과라고도 말할 수 있다.

(2) 레크리에이션 효과

관광은 레크리에이션을 수반한 사람의 이동이고 관광을 하는 사람은 항상 넓은 의미의 레크리에이션을 추구하여 심신의 함양을 얻으려 한다는 데서 일반여행과 구별되고 있다.

레크리에이션을 인간이 자기충실을 지향하는 기본적인 욕구를 충족시키는 행위로 본다면, 광의의 레크리에이션에는 감상 · 지식 · 견학 · 시찰 · 체험 · 활동 · 휴양 · 참가 · 사교 · 체육 등 여러 가지 형태가 있을 수 있다. 그러므로 생활의 변화를 찾아 이동하는 관광에도 휴양관광 · 유람관광 · 교양관광이나 학술조사관광 등 많은 유형이 있을 수 있다.

따라서 관광을 통하여 심신의 안정과 향상을 가져오고 상실해 가는 인간성의 회복과 인간생활의 활력을 증강시킨다는 의미에서 관광도 레크리에이션 효과를 지니고 있다고 할 수 있다.

(3) 국제친선효과

관광은 국제교류를 통하여 국가 간의 친선을 도모할 수 있다. 오늘날 관광에 부과된 기본적 사명 중에서 국제친선의 증진은 국가 간의 상호이해를 꾀할 수 있어 매우 중요시되고 있다. 이에 따라 각국의 국민이 될 수 있는 한 많은 기회를 만들어 해외여행을 하여 그 나라 국민과 광범위하게 접촉하고, 또한 모든 사정을 관찰하는 것이 요망된다.

이처럼 관광의 국제친선효과는 매우 광범위하게 나타나며, 특히 인적 교류를 통한 상호 이해의 증진, 한국을 이해하고 도와주는 친한인사(親韓人士) 증가, 국제화시대의 국제활동의 원활화 등에 크게 기여하게 된다. 아울러 관광종사원과 해외여행자는 민간외교관의 역할을 수행하게 된다.

따라서 관광산업은 평화산업으로 인식되고 있으며, 실제로 관광을 통해 세계평화에 이바지한다고 볼 수 있다. 무엇보다도 이해집단 간의 분쟁은 서로에 대한 오해와 불신에서 비롯된다는 점을 고려할 때, 국제관광은 세계를 하나의 우호적인 공동체로 만드는 데 기여하게 될 것이다.

(4) 국가홍보효과

관광의 활성화는 관광지 국가를 내외국인에게 홍보하는 효과를 꾀할 수 있다. 이는 오늘날의 관광이 단순히 경제적 효과만을 위해 발전시키는 것이 아님을 의미한다. 특히 관광을 통한 국가홍보효과는 자국의 민족적 우수성을 세계에 알리는 역할을 담당한다. 지난 70년대 정부에서 실시한 참전용사 유치사업은 6·25전쟁의 폐허와 가난의 참상에서 놀랍게 발전한 우리나라의 재건모습을 세계적으로 유감없이 홍보하였다고 할 수 있다. 따라서 관광은 언론 없는 통신 즉 Communication without a press라고 한다.

이와 같은 국가홍보효과를 달성하기 위해서는 무엇보다도 우리나라를 찾는 외국인에게 우수한 전통문화와 문물을 체계적으로 소개해야 한다. 고려자기, 거북선, 인쇄(금속활자) 등 다양한 한국의 전통문화는 관광상품 개발에도 유용하게 활용될 수 있으며, 이와 같은 전통문화를 효과적으로 외래 관광객들에게 소개할 수 있는 관광수용태세를 정비해야 할 것이다.

제2장

관광산업

제 1 절 관광산업과 관광상품

01 관광산업

1) 관광산업이란

하나의 산업은 사업체 또는 법인 그리고 그들을 위해 일하는 사람들의 집단이다. 자동차산업, 보험산업 그리고 컴퓨터산업은 이미 잘 알려진 산업의 본보기이다. 산업(Industry)이란 제품 및 서비스 또는 그것을 혼합한 것을 생산하고 있다. 제품이란 개발되고 제조되고 성장되고 만들어진 물건이다. 그것은 구매자에 의해서 소비 또는 사용되어진다. 자동차, 트랙터, 철광석 등은 제품의 예이다. 반면에 서비스는 누군가에게 혜택을 주는 행위 또는 실행이다. 소득세를 계산하기 위해 계리사를 고용한다거나 가슴이 답답하여 의사에게 진찰을 받는다면 서비스를 구매하는 것이 된다. 관광산업의 주요 핵심부분은 고객에게 제공되는 서비스이다.

관광산업(Travel Industry, Tourism Industry, Tourist Industry)은 글자 그대로 관광을 이루고 있는 산업을 지칭하며 협의의 제3차 산업을 말할 때 주로 관광산업을 가리킨다. 특히 관광산업은 국제관광에 한정해서 사용되는 경우가 적지 않고 때때로 관광사업과 동의어로 쓰이고 있다.

2) 관광산업의 구성요소

관광산업은 관광객들에게 상품과 서비스를 제공하는 수많은 기업들로 구성된다. 이러한 기업은 중소기업에서 다국적기업에 이르기까지 매우 다양하다. 길가의 조그만 여행사 대리점에서부터 세계적인 항공사에 이르기까지 관광산업은 매우 방대하다. 기업의 기능에 따라 관광기업들은 7가지로 분류될 수 있다.

그림 2-1 관광산업의 구성요소

관광산업 가운데 다음의 세 가지 요소는 관광객들에게 위락, 휴식, 위안을 제공한다.

❶ 숙박 서비스

② 회의 서비스
③ 여가 서비스

다음의 세 가지 요소는 가장 기초적인 서비스를 제공하는 교통운송분야이다. 이들은 관광객을 가고자 하는 장소로 운반해 준다.

④ 항공교통 서비스
⑤ 육상교통 서비스
⑥ 해상교통 서비스

다음의 두 가지 요소는 관광객에게 상기의 여섯 가지(숙박, 회의, 여가, 항공, 육상, 해상) 구성요소들의 상품과 서비스를 유통・전달・소비하는 역할을 담당한다.

⑦ 관광마케팅・광고・정보 서비스
⑧ 관광유통 서비스

02 관광상품

1) 관광상품의 정의

대부분의 산업은 제품과 서비스를 생산한다. 여기서 제품은 공장에서 생산되고 그것이 유통경로를 통해 소매점에서 서비스와 결합하여 판매되고 있다. 즉 생산과 서비스가 분리되어 있다. 그러나 관광산업은 이와는 달리 제품과 서비스가 동시에 생산된다.

관광상품은 관광에 관련된 제품과 서비스가 결합된 상품을 말한다. 우리가 관광상품을 구매할 때 우리는 거기에서 많은 서비스를 구매하고 있는 것이다.

2) 관광상품의 특성

관광상품은 대부분의 산업제품과는 다른 몇 가지의 특성을 가지고 있다. 무형성, 생산과 소비의 동시성, 소멸성, 계절성, 동질성, 독특성, 보완성 등의 특징이다. 이러한 각각의 특성은 관광상품이 시장에서 어떻게 교환되는가에 영향을 미친다.

(1) 무형성

대부분의 산업제품은 유형의 것이다. 그러한 제품은 보여지고 만져지고 때로는 냄새가 있고 맛이 있다. 또한 공간을 차지하고 무게가 있다. 자동차, 구두, 세탁기 등은 유형의 제품이다.

반면에 관광상품은 비행기의 항공, 해안유람선 승선, 호텔에서의 숙박, 미술관의 방문, 산악에서의 전망, 나이트클럽에서의 즐거운 시간 등을 포함하고 있다. 이들 상품은 경험이다. 또한 경험이 생성되면 경험은 결국 기억으로 남게 된다. 비행기의 좌석, 호텔객실의 침대, 레스토랑의 음식과 같은 유형적인 대상은 경험을 창조하나 이러한 것들은 고객이 지불하려고 하는 대상물이 아니다. 그 대신에 고객은 경험에 따르는 무형적인 혜택, 즉 즐거움, 휴식, 편의, 흥미 등을 위해 지불하고 있다. 관광상품에서 유형적 부분은 무형적 부분에 덧붙여져 제공되고 있다.

(2) 생산과 소비의 동시성

대부분의 관광상품은 먼저 판매되어지고 그 다음에 생산과 소비가 동시에 발생한다. 예를 들면 어느 사람이 유람선패키지상품을 구입한다고 하자. 그때 그들은 유람선이 1마일 1마일씩 나아가는 것처럼 그 상품을 사용하고 또한 경험한다. 이와 유사하게 항공사의 승객은 먼저 구매를 하고 항공기 탑승이 생산되어질 때 그것을 소비한다. 호텔의 손님은 야간 취침이 가능케 되어야 비로소 객실을 사용한다고 말할 수 있다.

관광상품이 동시에 생산되고 소비된다는 사실은 공급자와 고객 간에 어떠한 상호의존적 관계를 창조하게 한다. 관광상품의 생산과 소비는 공급자의 설비나 공급자의 약속에 의해 발생되므로 고객과 공급자는 상호작용하여야 하고 그들의 상호작용은 여행경험을 만들어낸다.

선박 선원들의 행위와 태도 그리고 유람선 여행 시의 여행자의 행동과 기대감은 모든 사람들이 어떠한 여행을 하는가를 결정하는 데 많은 도움을 준다. 선박 선원들이 친절하고 도움을 많이 주고, 동료승객들이 명랑하고 사려깊은 사람들이라면 고객들은 매우 즐거운 여행이 될 것이다. 여행사의 종사원과 여행자 간의 상호의존관계는 서비스가 여행산업에서 가장 중요하다는 사실을 말하는 이유 중의 하나인 것이다.

(3) 소멸성

소멸성은 관광상품의 하나의 커다란 특징이다. 관광상품이 생산되는 즉시 소비된다는 사실과 소멸성은 깊은 관련이 있다.

항공기가 한 번 비행할 때마다 팔 수 있는 항공기의 좌석은 일정하게 정해져 있다. 호텔은 주말 투숙객을 위해 판매할 수 있는 객실의 수가 일정하다. 비행기 출발시간에 특정항공좌석을 구매하는 사람이 없고 밤이 되기 전에 특정호텔객실을 예약하는 일이 없다면 그때 그 상품을 팔기 위한 기회는 지나가고 상품도 없어지고 영원히 소멸되어 버린다. 그것을 그 관광회사의 재고자산으로 저장해 둘 수가 없다.

(4) 계절성

대부분의 관광상품은 계절의 영향을 받는다. 계절성은 매년 다른 시간대에서 관광수요의 변동을 말한다. 겨울에 북쪽지방 사람들이 추운 날씨를 피하여 남쪽의 부산이나 제주도 또는 해외의 따뜻한 지역으로 이동한다. 호텔이나 리조트의 객실과 같은 관광상품의 수요는 그러한 지역에서 증가한다. 북쪽지방 사람들이 자기들의 따뜻한 기후를 즐기기 위해 집에 머무르게 될 여름에는 그 수요가 감소한다.

계절성은 일반적으로 관광상품이 기상조건에 의해 영향을 받는 것을 말하지만 계절성은 그 주의 요일 또는 그날의 시간대로부터 발생되는 수요의 변동을 말하기도 한다. 이러한 것은 항공사에서 명백하게 나타난다. 대부분의 사람들 특히 상용여행자가 주말을 집에서 보내기를 원하기 때문에 월요일이나 금요일의 항공수요는 화요일이나 목요일에 항공기를 이용하는 것보다 높게 나타난다. 낮의 항공수요는 대부분의 여행자가 낮 동안에 목적지에 도착하기 때문에 오히려 저녁의 항공기 이용보다 높게 나타난다. 휴일 또한 여행상품수요에 영향을 미친다. 예를 들어 스키리조트지역은 크리스마스 휴가 때 사람들로 더욱 붐빈다.

(5) 동질성

일부의 관광상품 특히 운송회사의 상품은 본질적으로 그 비교가 가능하다.

즉 그들 상품은 동질성을 지니고 있다. 동질성의 의미는 경쟁기업이 동일한 기초상품을 제공한다는 것이다. 한 항공사의 비행기는 다른 항공사의 비행기와 거의 유사하다. 모든 항공사는 유사한 장비를 사용한다. 사실상 항공사는 미국의 보잉사와 같은 동일 기업에서 제조한 비행기로 비행을 하고 있다. 정부는 모든 조종사들이 동일한 훈련 규범을 준수하도록 규정하고 있다. 항공사에서 제공되는 음식조차도 같은 공항의 주방에서 조리되고 있다. 만약 승객이 눈을 감고 있었다면 그들이 어떠한 비행기로 날아왔는지 잊어버릴 수도 있다.

그렇게 많은 상품이 동질적이라는 사실은 동 업종 간에 경쟁상태를 더욱 심각하게 만들고 있다. 호텔이나 항공사는 동일한 경쟁사 간에서 타사와 차별화하여 소비자들이 어떻게 자사의 상품을 선택하도록 만들 것인가? 시장에서 성공하기 위해 모든 관광기업은 이러한 동질성의 문제를 해결해야만 한다.

(6) 독특성

물론 동질성은 관광상품이 독특한 경우에는 문제가 되지 않는다. 예를 들어 관광지나 관광오락물들은 서로 다르고 독특한 면이 있기 때문에 판에 박은 듯한 소구를 한다. 하와이, 워싱턴, 옐로스톤 국립공원, 에펠탑, 버킹검 궁전, 자유의 여신상 같은 관광매력물은 비교적 프로모션활동을 거의 하지 않지만 서로 유사하지 않아서 수많은 고객들을 매혹한다. 이와 같이 독특성은 많은 여행객을 끌어들일 수가 있다. 반면에 많은 사람들이 비표준화된 상품의 매력에 이끌리는 경우도 있다. 시설이 균일한 체인호텔보다 별난 침실과 아침식사가 제공되는 인(여관)에서 머무르는 것을 더욱 좋아하는 사람들도 있다.

(7) 보완성

하나의 관광상품 구매는 관광구매의 연쇄반응(a chain reaction)을 구성한다. 그 결과로 하나의 상품이 다른 상품에 더욱 좋거나 더욱 나쁜 영향을 주게 된다. 만일 리조트로 스키 타는 사람들을 실어 나르는 항공사가 노선을 변경한다거나 망한다면 스키리조트사업은 고전할 것이다. 만일 스키리조트에 오는 스키 타는 사람이 줄어든다면 근처의 레스토랑과 상점에는 손님이 줄어들 것이다. 이런 모든 사업은 비록 별도로 소유되고 있을지라도 서로 밀접하게 연관되어 있다.

이와 같이 관광상품들의 밀접한 관계를 보완성이라고 부르며 이것은 모든 관광상품의 하나의 특징이다.

제 2 절 관광산업의 발전요인

일반적으로 인간은 노동소득 중에서 생활을 영위하는 데 필수적인 의식주(衣食住)에 소요되는 예산을 공제한 가처분소득 내에서 관광여행이 가능한 것으로 인식되어 왔다. 그러나 오늘날 선진국을 비롯한 세계 각국은 휴가와 레저를 위한 여행의 구매는 삶의 질을 높이는 데 필수적인 것으로 보고 있고, 그중에서도 건강 및 교육·휴가를 위한 여행의 증가추세가 뚜렷이 나타나고 있다. 이러한 관광산업의 성장요인들을 살펴보면 다음과 같다.

01 라이프스타일의 변화

라이프스타일(life style)이란 전체사회 또는 그 사회의 특정 집단이 가지고 있는 독특하고 특징적인 생활방식으로서 항상 고정된 것은 아니고 개인들의 가치, 태도, 신념 및 외부의 사회·문화적 환경변화로 인해서 변경될 수 있는 하나의 생활양식을 의미한다. 현대인은 생활의 질을 중요시하면서 관광을 생활의 필수품으로 보고 생활 속에서 관광을 계획하고 있다.

02 가계소득의 증대

산업기술의 발달과 기계화로 인한 대량생산과 대량소비가 이루어지면서 생활수준은 질적·양적 측면에서 높아졌으며, 국민소득의 향상으로 개인의 가처분소득도 증대되었다.

경제적 생활수준의 향상과 더불어 가처분소득 중에서 의식주(衣食住)를 위한 비용에 비해 여행비용을 포함하는 이른바 문화성비용(cultural expense)이 증가하였는데, 그중에서 특히 관광소비가 현저히 증가하여 여행수요를 확대하는 요인으로 작용하였다.

03 여가시간의 증대

선진국에서는 사회복지정책에 힘입어 국민대중의 증대된 여가욕구는 관광대중화현상으로 발전하였다. 대부분의 선진국에서는 주5일 근무제가 일반화되어 있고, 우리나라도 대부분의 기업에서 이 제도를 시행하고 있으며, 머지않아 이 제도의 정착이 전망되고 있다.

최근 들어 특히 해외여행에 대한 욕구가 일반대중에게 확산되고 있다. 해외여행은 점차로 국제교류 대중화의 실현에 공헌할 것이며, 민간차원에서 이루어지는 국제교류 확대는 세계평화의 유지에도 크게 기여하게 될 것이다.

04 교육수준의 향상

사회교육수준의 향상과 국민소득의 증대에 따라 사람들은 부(富)로부터 만족을 얻는 데만 그치지 않고 간접적으로 인식하고 있던 역사와 문화에 관한 지식을 직접 그 현장에서 확인하고 재인식하려고 하는 욕구가 강렬해진다. 이러한 지식욕구는 해외관광의 경우에 더욱 현저해지며, 이러한 움직임은 결국 국민들이 민간차원에서 국제교류의 대열에 참여하여 문화교류에 일익을 담당하는 역할을 수행하도록 만든다.

05 교통운송수단의 발달

제2차 세계대전이 끝난 후 항공기 제작기술의 발달은 항공교통수단의 고속성·쾌적성·안정성·경제성을 향상시키는 한편, 대량 운송능력의 보유 및 고속운항에 의한 시간절약 및 운임의 저렴화를 가능하게 만들었다. 항공사는 여행자들이 비행 중에 향유하게 될 정신적인 만족감, 즉 쾌적성을 높이기 위해 기내시설과 기내서비스 향상에 한층 세심하게 배려함으로써 관광객들의 욕구에 적합하도록 노력하고 여행자들의 해외여행 욕구를 더욱 자극하게 되었다.

한편, 육상교통수단과 해상교통수단도 자동차의 보급, 도로의 정비뿐만 아니라 고속화의 추진, 객차 및 객선설비의 개선, 그리고 세련되고 다양한 서비스를 추가함으로써 승객들의 욕구를 만족시켜, 관광의 저변확대가 실현되었다.

06 관광촉진활동의 강화

관광사업자들에 의해 수행되는 관광과 관련한 광고, 판매촉진, 홍보 및 인적판매와 같은 상업적인 촉진활동의 전개는 관광소비 확대에 커다란 영향을 미친다.

07 관광사업의 확충

호텔객실 수의 증대와 대규모 항공사의 등장 및 유람선회사의 참여 그리고 수십만 명의 종사원이 이들 관광사업에 종사하므로 관광사업의 규모가 확충되었다. 이러한 확충은 관광사업체들 간의 경쟁을 심화시켜 촉진활동의 강화, 서비스품질의 향상, 가격인하 등으로 관광수요를 확대시키는 요인이 되었다.

08 세계의 지구촌화

국제 간의 교역량 및 정보통신의 발달은 인적 교류의 확대를 수반하기 마련이다. 국가 간에는 자원과 기술보유의 정도가 상이하므로 세계경제가 원활하게 운용되려면 국가 간의 거래는 필수적인 것이 된다. 그렇게 되면 상담을 위한 비즈니스 여행자의 왕래가 빈번해지기 마련이고, 세계가 마치 하나의 좁은 시장으로 간주되는데, 이는 관광을 증대시키는 요인으로 작용하게 되며 관광사업의 발전을 유도하게 된다.

제 3 절 관광사업의 특성과 분류

01 관광사업의 특성

관광사업은 여러 가지 업종으로 구성되어 있는 복합적인 사업이며 그 효과도 단순히 경제적인 측면에 국한되는 것이 아니라 경제외적인 효과를 촉진하는 것을 목적으로 하기 때문에 공익성과 기업성을 동시에 달성해야 한다. 따라서 관광사업은 다음과 같은 여러 가지 기본적인 특성을 가지고 있다.

1) 복합성

관광객이 관광여행을 출발할 때부터 도착할 때까지 그들의 여행일정이 수행되는 과정에 여러 관련 업종의 관광사업이 복합적으로 관여하는 것을 알 수 있다. 사업주체로 보더라도 정부 및 지방자치단체 등의 공적 기관과 민간기업이 역할을 분담하여 추진하는 복합성을 이루고 있다. 이 복합성을 다르게 설명하면 관광상품의 이질성이 되는 것으로, 관광상품은 이와 같은 여러 개의 이질적 구성요소들이 모여서 만들어진 하나의 통합된 사업활동으로서 관광사업을 성립시키고 있다.

이와 같이 관광사업은 관광객에게 직접 서비스를 제공하는 사업 이외에 간접적으로 대처하는 여러 업종과 기관에 의해 구성되는 복합성을 기본적 특성으로 하고 있다.

2) 입지의존성

관광사업은 원래 관광자원에 의존하여 성립되기 때문에 입지의존성(立地依存性)이 매우 강한 사업이라고 하겠다. 그러나 관광사업은 관광자원의 우열 여하에도 의존하는 바가 크며, 동시에 그 경영적 입지조건에 의해서 크게 영향을 받는다. 그것은 관광사업의 산업적 측면이 기본적으로 다음과 같은 특성을 가지고 있기 때문이다.

첫째, 관광사업은 계절의 변동에 따라 영향을 받는 사업이다. 관광사업은 관광객의 내방에 의하여 경제활동이 시작되지만, 관광객의 내방은 계절별, 월별, 주별 등에 따라 변동이 크기 때문에 사업의 연속성이 불투명한 특성을 갖는다.

둘째, 관광사업은 상품의 저장이 불가능한 사업이다. 관광사업은 생산과 소비의 동시성을 기본적 특징으로 하고 있다. 예를 들어 호텔객실과 같은 관광상품은 저장이 불가능하여 경영상의 탄력성이 적다는 것이다.

셋째, 관광사업 가운데 호텔 및 항공사와 같은 장치산업은 고정자산의 투자비율이 높고 많은 인력이 필요한 사업이다. 또한 투자자본의 회임기간이 길며 많은 종업원을 필요로 하기 때문에 타 산업에 비해 경영상 어려운 특성을 가지고 있다.

이상의 세 가지 특성은 관광사업의 경영에 있어 상호 간에 관련되는 성질의 것이지만, 어느 것이나 경영상 불안정 요소가 되는 것뿐이다. 그래서 사업경영의 합리화를 위해서는 이들의 불안정 요소를 해소하기 위한 노력이 경주되어야 하겠지만, 기본적으로는 많은 관광객이 평균적으로 내방하는 관광지를 최우선적으로 택하는 입지의존성을 중시해야 할 것이다.

3) 공익성과 기업성

관광사업은 여러 관련업종의 복합체로 성립되는 특수성 때문에 사적(私的) 관광기업까지도 포함해서 공익목적을 달성하는 사업체이다. 그래서 관광사업은 공익성(公益性)과 기업성(企業性)을 내포하며 사적 관광기업을 통해서 공익목적을 달성하려고 하는 데 특색이 있다.

관광기업에 있어서 공익적인 측면은 관광효과와 관광경제효과 및 경제외적 효과라는 면이 지적된다. 먼저 관광효과는 국제관광에 있어서 국제친선의 증진이나 국제문화의 교류 촉진을 들 수 있고, 국내관광에 있어서는 보건의 증진, 근로의욕의 증진, 교양의 향상 등을 들 수 있다.

다음에 관광의 경제적 효과 면에서는 국민경제적 효과로서 외화획득효과를 들 수 있고, 지역경제적 효과로서는 고용효과, 소득효과, 산업관련효과, 조세효과, 산업기반시설 정비효과 등을 들 수 있으며, 지역개발상 중요시되고 있다.

또한 경제외적 효과로는 이른바 관광산업의 진흥에 따른 부차적 효과이긴 하지만, 자연의 보존이나 문화재의 보존 및 공원의 정비나 교통시설·상하수도시설·의료시설 등 생활환경시설의 정비향상이나 관광객과 지역주민과의 교류효과 등을 들 수 있다.

그런데 이상에서 든 여러 효과는 어느 것이든 간에 공익적인 면에서 인식되고, 관광사업진흥의 기조가 되어 있지만, 다른 한편으로 이와 같은 효과를 실질적으로 거둘 수 있는 위치에 있는 사적(私的) 관광기업은 경합적인 개별기업활동을 원칙으로 하고 있어 반드시 공익적(公益的) 성과에 기능한다고는 볼 수 없다. 그래서 관광사업은 개별기업활동의 특징을 살리면서 공익적 효과를 높이도록 관광기업을 유도하는 일이 큰 과제가 되며, 공익성과 기업성의 조화적 발전을 도모해 나가는 데서 그 존재의의를 찾을 수 있다고 하겠다.

4) 변동성

일반인의 관광에 대한 충족욕구는 필수적인 것이 아니고 임의적인 성격을 띠고 있기 때문에 관광활동은 외부사정의 변동에 매우 민감하여 영향을 받기 쉽다. 변동성의 요인으로는 사회적 요인, 경제적 요인 및 자연적 요인을 들 수 있다.

첫째, 사회적 요인은 사회정세의 변화, 국제정세의 긴박함, 정치불안, 폭동, 질병발생 등과 그 밖에 인간의 안전에 불안감을 주는 것들이다.

둘째, 경제적 요인은 경제불황, 소득의 불안정, 환율변동, 운임변동과 외화사용 제한조치 등이다.

셋째, 자연적 요인은 기후, 지진, 태풍, 폭풍우 등과 같은 자연의 변동현상을 들 수 있다.

5) 서비스성

관광사업을 서비스업이라 하는 것은 관광사업이 생산·판매하는 상품의 대부분이 눈에 보이지 않는 서비스이기 때문이다. 서비스는 관광객의 심리에 지대한 영향을 미치고 있으므로 서비스의 질적 수준 여하에 따라 기업 자체는 물론이고 관광지 전체, 국가 전체 관광사업의 성패에 중대한 영향을 미치게 된다.

따라서 이러한 서비스의 제공은 비단 관광사업 종사자뿐만 아니라 지역주민이나 국민 전체의 친절한 서비스 제공도 필요하기 때문에, 일반국민에게 관광에 대한 인식을 적극적으로 계몽시킬 필요가 있다.

02 관광사업의 분류

1) 사업주체에 의한 분류[1)]

관광사업은 사업주체에 의해서 공적 관광기관과 사적 관광기업으로 나눌 수 있다. 공적 관광기관은 정부나 지방자치단체 등의 관광행정기관과 관광협회나 업종별 협회 등 관광공익단체로 나누어지며, 영리목적인 사적 관광기업은 직접관련 관광기업과 간접적 관광관련 기업으로 나누어볼 수 있다.

(1) 관광행정기관

공적 관광사업으로 관광정책 관련 기관을 의미하는데, 국가·정부·지방자치단체 등 관광행정기관을 가리킨다. 이는 관광객·관광기업·관광관련 기업들과 직간접적으로 영향을 주고받으며 관광개발업무와 관광진흥업무를 담당한다.

(2) 관광공익단체

공적 관광기관으로 관광공사·관광협회 등의 공익법인과 관광인력을 양성하는 교육기관 및 관광연구소 등이 있다.

대표적인 공익단체로는 관광진흥, 관광자원개발, 관광사업의 연구, 관광요원의 양성 및 훈련을 목적으로 설립된 한국관광공사(KNTO), 정부의 관광정책 대

1) 김미경 외 4인 공저, 신관광학(서울 : 백산출판사, 2012), pp.148~150.

안제시 및 효율적 지원정책과 관련한 조사·연구를 수행하기 위하여 설립된 한국문화관광연구원, 그리고 우리나라 관광업계를 대표하는 한국관광협회중앙회와 업종별·지역별 관광협회 등이 있다.

(3) 관광기업

관광객과 직접적으로 관계되어 영리를 목적으로 하는 기업들 즉 관광객의 소비활동을 주된 수입원으로 하는 기업들을 말한다. 여기에는 여행업, 숙박업, 교통업, 쇼핑업, 관광정보제공업, 관광개발업 등 대부분의 관광사업이 포함되며, 「관광진흥법」에 의한 자영업들도 여기에 포함된다.

(4) 관광관련 기업

관광객과 직접 대면하지는 않으나 관광기업과 직접적인 관계를 가짐으로써 관광객과는 간접적(2차적)으로 관련을 갖는 간접관광사업 또는 2차 관광사업이라 지칭되는 기업을 말한다.

호텔에서 외주를 받은 세탁업자, 청소업자, 경비업자와 식품납품업자 등이 여기에 포함되며, 일반적인 소매상점, 요식업체, 숙박업체, 오락업체 등도 관광객이 이용할 때에는 여기에 해당된다.

2) 관광법규에 의한 분류

우리나라의 관광사업은 1960년대에 들어서서 비로소 조직과 체제를 갖추고 정부의 강력한 정책적 뒷받침 아래 관광사업 진흥을 위한 기반을 구축하기 시작하였다. 이에 정부는 관광사업의 중요성을 인식하고, 이를 진흥시키기 위하여 우리나라 최초의 관광법규인 「관광사업진흥법」을 제정하여 관광질서를 확립함과 동시에 관광행정조직의 정비, 관광사업의 국제화 추진 등 관광사업 발전에 필요한 기반을 조성하였다.

1970년대에 접어들면서 국민의 관광수요가 점차 증가해 갔으며, 우리나라 기업의 경제무대가 빠른 속도로 국제화되어 가는 가운데 외국관광객이 급속히 증가하였다. 그래서 정부는 관광법규의 재정비에 착수하여 1975년 12월 31일 우리나라 최초의 관광법규인 「관광사업진흥법」을 발전적으로 폐지함과 동시에 동법의 성격을 고려하여 「관광기본법」과 「관광사업법」으로 분리 제정하였다.

그 후로 개정과 명칭변경, 관광업무의 소관이 변경되다가, 2013년 1월 현재 「관광진흥법」에서 규정하고 있는 관광사업의 종류는 여행업, 관광숙박업, 관광객이용시설업, 국제회의업, 카지노업, 유원시설업, 관광편의시설업 등 크게 7개 업종으로 구분하고 있으며, 동법 시행령에서는 이를 각각의 종류별로 다시 세분하고 있다. 이를 정리하면 <표 2-1>과 같다.

표 2-1 「관광진흥법」에 따른 관광사업의 분류

<table>
<tr><th>종 류</th><th colspan="2">세분류</th></tr>
<tr><td>여행업</td><td colspan="2">일반여행업, 국외여행업, 국내여행업</td></tr>
<tr><td rowspan="2">관광숙박업</td><td>호텔업</td><td>관광호텔업, 수상관광호텔업, 한국전통호텔업,
가족호텔업, 호스텔업</td></tr>
<tr><td colspan="2">휴양콘도미니엄업</td></tr>
<tr><td rowspan="6">관광객
이용시설업</td><td>전문휴양업</td><td>민속촌, 해수욕장, 수렵장, 동물원, 식물원, 수족관,
온천장, 동굴자원, 수영장, 농어촌휴양시설, 활공장,
등록 및 신고 체육시설업시설, 산림휴양시설, 박물관,
미술관</td></tr>
<tr><td>종합휴양업</td><td>제1종 종합휴양업, 제2종 종합휴양업</td></tr>
<tr><td colspan="2">자동차야영장업</td></tr>
<tr><td colspan="2">관광유람선업(일반관광유람선업, 크루즈업)</td></tr>
<tr><td colspan="2">관광공연장업</td></tr>
<tr><td colspan="2">외국인전용 관광기념품판매업</td></tr>
<tr><td>국제회의업</td><td colspan="2">국제회의시설업, 국제회의기획업</td></tr>
<tr><td>카지노업</td><td colspan="2">—</td></tr>
<tr><td>유원시설업</td><td colspan="2">종합유원시설업, 일반유원시설업, 기타 유원시설업</td></tr>
<tr><td>관광편의시설업</td><td colspan="2">관광유흥음식점업, 관광극장유흥업, 외국인전용 유흥음식점업,
관광식당업, 시내순환관광업, 관광사진업, 여객자동차터미널시설업,
관광펜션업, 관광궤도업, 한옥체험업, 외국인관광 도시민박업</td></tr>
</table>

자료 : 조진호 외 3인 공저, 관광법규론(서울 : 현학사, 2013), p.132.

제 4 절

관광사업자와 관광종사원

01 관광사업자

1) 관광사업자의 자격

관광사업자란 관광사업을 경영하기 위하여 등록·허가 또는 지정을 받거나 신고한 자를 말한다. 즉 관광진흥법에 의한 등록을 받아 여행업, 관광숙박업, 관광객이용시설업, 국제회의업, 카지노업, 유원시설업, 관광편의시설업을 경영하는 자이다.

모든 관광사업자는 관광사업을 신의에 따라 성실하게 경영하여야 한다. 더욱이 관광사업자는 관광객이라는 사람 특히 외국인을 상대로 영업을 하는 경우가 많기 때문에 정상적인 판단능력을 가져야 하고, 경제적인 지위 또한 확고하여야 하며, 관광관계 법령을 준수하여 관광진흥에 이바지할 수 있는 자라야 한다. 이와 같이 관광사업의 특수성과 공공성 때문에 관광사업자의 자격을 법규로 제한할 필요가 있게 되는 것이다.

현행 관광진흥법은 관광사업자의 자격에 관한 규정을 두고 있으나, 그것을 적극적으로 규정하지 않고, 다만 소극적으로 관광사업자의 결격사유를 정하여 일정한 자를 관광사업에서 배제시키고 있을 뿐이다. 즉 관광진흥법은 모든 관광사업자에게 일률적으로 적용되는 결격사유와 카지노업자에 한해 특별히 추가 적용하는 결격사유로 구분하여 규정하고 있다. 카지노업자에 대해 이중적으로 결격사유를 적용케 한 것은 카지노업의 특수성을 감안하여 다른 관광사업자보다 이를 강화하려는 데 그 입법취지가 있다고 본다.

2) 관광사업자의 의무

관광사업자는 민간인 또는 민간기업이지만 우리나라의 관광진흥이라는 중대한 역할의 일부를 담당하고 있다. 이에 관광진흥법에서는 관광사업자에 의한 관광진흥의 도모 또는 관광객의 권리구제를 위하여 관광사업자에게 특별한 의무를 부과하고 있다.

관광사업자의 의무는 모든 관광사업자에게 부과되는 일반적 의무와 여행업자 및 카지노사업자 등에게 부과되는 특별의무가 있다. 일반적 의무에는 관광사업자의 지위승계 시 신고의무, 관광사업자의 휴업 또는 폐업 때 알릴 의무 등이 있고, 여행업자의 경우에는 보증보험 등의 가입의무, 기획여행 광고 표시내용 의무화, 유자격 국외여행 인솔자에 의한 인솔의무, 여행자에 대한 여행계약서 교부의무 등이 있다. 그리고 특별히 카지노사업자의 경우에는 관광진흥개발기금 납부의무가 있다.

02 관광종사원

1) 관광종사원 자격제도의 필요성

관광사업의 최일선에서 관광객에게 서비스를 직접 제공하는 자는 관광종사원이기 때문에 관광산업의 중추적 역할을 담당해 나갈 유능한 관광종사원을 확보하는 것은 중요한 과제라고 하겠다. 이와 같은 필요성에서 관광객에게 직접 서비스를 제공하는 여행업과 관광숙박업 종사원에 한하여 자격제도를 실시하고 있다.

2) 관광종사원 자격의 종류

관광종사원의 자격제도는 여행업과 관광숙박업에 종사하는 자에 한정하여 적용된다. 여행업에는 관광통역안내사·국내여행안내사, 관광숙박업에는 호텔경영사·호텔관리사·호텔서비스사 자격이 있고, 비록 시험에 의하지 않고 취득하지만 국외여행인솔자 자격이 있다. 한편, 컨벤션기획사 1급과 2급은 이 자격취득자가 주로 국제회의업에 종사하게 되지만, 자격취득 근거법이 관광진흥법이 아닌 「국가기술자격법」으로 관광종사원 국가자격과 구별되는 국가기술자격임을 유의하여야 한다.

3) 관광통역안내자격자의 관광안내 의무화

관광업무(여행업 및 관광숙박업)에는 관광종사원의 자격을 가진 자가 종사하도록 해당 관광사업자에게 권고할 수 있다. 다만, 외국인 관광객을 대상으로 하는 여행업자는 관광통역안내의 자격을 가진 사람을 관광안내에 종사하게 하여야 한다.

이는 종래 무자격 관광종사원이 외국인 관광객들에게 우리나라의 역사와 문화를 왜곡하여 설명하는 등의 부작용이 많았으므로, 관광통역안내자격자가 관광안내를 함으로써 이러한 부작용을 해소하고, 우리나라의 이미지와 우리나라 관광의 만족도를 높일 수 있을 것으로 기대하여 의무고용제를 부활한 것으로 본다.

4) 관광종사원의 자격시험

(1) 시험실시기관

관광종사원 자격시험에 관한 사항은 문화체육관광부장관의 권한사항이나, 다음과 같이 한국관광공사 또는 협회에 위탁하고 있다.

① 관광통역안내사·호텔경영사 및 호텔관리사의 자격시험, 등록 및 자격증의 발급에 관한 권한은 한국관광공사에 위탁한다. 다만, 자격시험의 출제, 시행, 채점 등 자격시험의 관리에 관한 업무는 한국산업인력공단에 위탁한다.

② 국내여행안내사 및 호텔서비스사의 자격시험, 등록 및 자격증의 발급에 관한 권한은 한국관광협회중앙회에 위탁한다. 다만, 자격시험의 출제, 시행, 채점 등 자격시험의 관리에 관한 업무는 「한국산업인력공단법」에 따

른 한국산업인력공단에 위탁한다.

따라서 관광종사원의 자격을 취득하려는 자는 한국산업인력공단이 실시하는 시험에 합격한 후 한국관광공사 또는 한국관광협회중앙회에 등록하여야 한다.

(2) 응시자격

관광종사원 중 호텔경영사 또는 호텔관리사 시험에 응시할 수 있는 자격은 다음과 같이 구분한다.

❶ 호텔경영사 시험

가. 호텔관리사 자격을 취득한 후 관광호텔에서 3년 이상 종사한 경력이 있는 자

나. 특2등급 이상 호텔의 임원으로 3년 이상 종사한 경력이 있는 자

❷ 호텔관리사 시험

가. 호텔서비스사 또는 조리사 자격을 취득한 후 관광숙박업소에서 3년 이상 종사한 경력이 있는 자

나. 「고등교육법」에 따른 전문대학의 관광분야 학과를 졸업한 자(졸업예정자를 포함한다) 또는 관광분야의 과목을 이수하여 다른 법령에서 이와 동등한 학력이 있다고 인정되는 자

다. 「고등교육법」에 따른 대학을 졸업한 자(졸업예정자를 포함한다) 또는 다른 법령에서 이와 동등 이상의 학력이 있다고 인정되는 자

라. 「초・중등교육법」에 따른 고등기술학교의 관광분야를 전공하는 과의 2년 과정 이상을 이수하고 졸업한 자(졸업예정자를 포함한다)

❸ 관광통역안내사, 국내여행안내사, 호텔서비스사 시험의 응시자격은 별도로 규정하지 않고 있어, 연령・학력・경력・국적 등의 제한 없이 누구나 응시할 수 있도록 하였다.

(3) 시험의 실시 및 공고, 응시원서 제출

❶ 시험실시 및 공고 - 시험은 매년 1회 이상 실시한다. 한국산업인력공단은 시험의 응시자격・시험과목・일시・장소・응시절차, 그 밖에 시험에 필요한

사항을 시험시행일 60일 전에 일간신문에 공고하여야 한다.

② 응시원서 제출 - 시험에 응시하려는 자는 별지 제36호서식의 응시원서를 한국산업인력공단에 제출하여야 한다.

(4) 시험실시방법

관광종사원의 자격시험은 필기시험(외국어시험을 제외한 필기시험을 말한다), 외국어시험(관광통역안내사 · 호텔경영사 · 호텔관리사 및 호텔서비스사 자격시험만 해당한다) 및 면접시험으로 구분하되, 평가의 객관성이 확보될 수 있는 방법으로 시행하여야 한다. 그리고 면접시험은 필기시험 및 외국어시험에 합격한 자에 대하여 시행한다.

(5) 시험과목 및 합격결정기준

① 필기시험 : 필기시험과목 및 합격결정기준은 <표 2-2>와 같다.

표 2-2 필기시험의 시험과목 및 합격결정기준

1. 시험과목 및 배점비율

구 분	시 험 과 목	배점비율
가. 관광통역안내사	국 사	40%
	관광자원해설	20%
	관광법규(관광기본법 · 관광진흥법 · 관광진흥개발기금법 · 국제회의산업육성에 관한 법률 등의 관광관련 법규를 말한다)	20%
	관광학개론	20%
	계	100%
나. 국내여행안내사	국 사	30%
	관광자원해설	20%
	관광법규	20%
	관광학개론	30%
	계	100%

구 분	시 험 과 목	배점비율
다. 호텔경영사	관광법규 호텔회계론 호텔인사 및 조직관리론 호텔마케팅론	10% 30% 30% 30%
	계	100%
라. 호텔관리사	관광법규 관광학개론 호텔관리론	30% 30% 40%
	계	100%
마. 호텔서비스사	관광법규 호텔실무(현관 · 객실 · 식당중심)	30% 70%
	계	100%

2. 합격결정기준 : 필기시험의 합격기준은 매 과목 4할 이상, 전 과목의 점수가 위의 배점비율로 환산하여 6할 이상이어야 한다.

❷ 외국어시험 : 다른 외국어시험의 종류 및 합격에 필요한 점수 및 급수는 따로 정해져 있다(김성혁 · 오재경 저, 『개정판 관광사업개론』(백산출판사)을 참조할 것).

관광종사원의 외국어 시험의 종류, 면접시험, 시험의 면제, 합격자의 공고 등은 『관광사업개론』을 참조하면 좋다.

제3장

항공업

제 1 절
항공교통의 발달

01 세계 항공교통의 발달

인간은 예로부터 하늘을 날기를 꿈꾸어왔다. 1783년에 두 프랑스인(몽골피에 형제)이 만든 열기구 풍선을 타고 파리의 300피트 상공을 부상한 것이 유인항공기의 첫 번째 성공적인 비행으로 기록되어 있다. 열기구 풍선의 계속된 실험들은 비행선, 즉 공기보다 가벼운 항공기를 탄생시켰다.

실제로 승객과 화물수송을 위해 비행하는 것이 가능하게 된 것은 20세기에 들어서이다. 제1차 세계대전은 강력한 엔진과 동체 전체가 금속으로 된 전투기와 폭격기를 개발함으로써 비행기의 발달을 크게 진보시켰다. 1920년대와 1930년대에는 엔진과 프로펠러가 장착된 비행선들이 장거리 항공운송을 가능케 하는 수단으로 등장하였다. 그러나 1937년 독일이 제작한 힌덴부르크의 폭발로 승객운송기로써의 비행선에 대한 관심이 급격하게 저하되었다.

제2차 세계대전은 상용항공기 산업을 촉진시키는 중요한 역할을 하였다. 제트기가 개발되고 그 후 점보제트기, 에어버스, 초음속 여객기가 등장하였다.

02 한국 항공의 발달

우리나라에서 비행기가 최초로 등장한 것은 1913년 일본 해군기술장교 나라

하라(奈良原)가 용산에 위치한 조선군 연병장에서 '나라하라 4호' 비행기로 공개비행행사를 가진 때이다.

우리나라 최초의 비행사는 안창남이다. 안창남은 1922년 12월 10일 12시 22분 뉴포트 15형 단발쌍엽 1인승 비행기 '금강호'로 여의도 간이비행장을 이륙하여 남산을 돌아 창덕궁 상공을 거쳐 서울을 일주했다.

1925년에는 한국 최초의 여류비행사가 탄생하였다. 당시 권기옥이 중국 운남여학교 제1기생으로 졸업하면서 비행사 자격을 획득한 것이다.

우리나라에 처음으로 민간항공이 등장한 것은 1926년 이기연 비행사가 서울에 경성항공사업사를 설립하면서부터이다.

해방 후 1948년 10월에 신용욱이 대한국민항공사(Korea National Airlines: KNA)를 설립하였다. 대한국민항공사는 동년 10월 10일 교통부로부터 국내선 면허를 취득하고 미국 스티슨 항공기 5인승 3대를 도입하여 서울-부산 간 여객수송을 시작하였다. 1953년에 동사는 주식회사로 체제를 전환하고 국제선 취항을 위해 더글러스사로부터 장거리용 72인승 DC-4 항공기 1대를 도입, 동년 연말연시를 이용하여 서울-홍콩 간을 임시 운항하였고, 다음해 8월 2일부터 서울-대만-홍콩을 주 1회 운항함으로써 처음으로 동남아 국제노선에 취항하게 되었다.

그 후 1960년 11월 한진상사가 한국항공(Air Korea)을 설립하고, 한일노선을 비롯한 국제선 정기노선 취항을 목표로 '콘베어 240' 기종 1대를 도입, 1961년 3월 서울-부산 간 정기편을 취항하였다.

1962년 우리나라 민간항공의 일대 전기를 마련할 목적으로 국영항공사로서 대한항공공사가 설립되었으나 계속되는 누적적자와 재정난으로 경영부진을 면치 못하다가 결국 1969년 3월 1일 한진그룹에 인수되어 민간항공회사로 새로이 출발하게 되었다. 또한 동년 8월 4일 KAL의 공식명칭을 대한항공으로 변경해 세계의 민간항공으로 재출발하였다.

그로부터 우리나라 민항사 20년 만인 1988년 2월 13일, 금호그룹이 제2민항으로 출발해 사명(社名)을 서울항공으로 결정하였고 1988년 8월 8일 사명을 아시아나항공으로 바꾸었다. 그리고 1988년 12월 23일 서울-부산 노선과 서울-제주 노선에 취항함으로써 국내선 운항을 개시하였다. 이로써 복수 민항시대가 개막되었다.

아시아나항공은 1990년 2월 10일 첫 국제노선인 서울-동경 노선 취항을 계기로 의욕적으로 국제노선 취항이 증가하고 있다.

2000년대에 들어서 우리나라 항공산업은 여객운송과 항공화물에서 세계적으로 인정받기에 이르렀다. 우리나라 항공산업의 발달과정을 요약한 것이 <표 3-1>이다.

표 3-1 우리나라 항공산업 발달과정

1927. 6. 1	조선항공법 시행(일본항공법 준용)
1946. 3. 1	조선항공공업사, 정기운송사업면허 취득 및 대한국제항공사로 개칭
1947. 7. 15	노스웨스트항공 서울 취항
1948. 10. 1	대한국민항공사(KNA) 설립
1948. 10. 30	대한국민항공사(KNA), 서울-부산 노선 해방 후 최초로 민항 운송
1949. 6. 29	한·미 잠정항공협정 체결
1952. 7. 27	국제민간항공조약(시카고조약) 가입, ICAO회원국으로 등록
1957. 4. 24	한·미 항공협정 체결
1957. 9. 19	김포국제공항 개항
1961. 3. 7	신항공법 공포(법률 제591호)
1962. 3. 23	대한항공공사법 공표(법률 제1040호)
1962. 12. 2	대한항공공사 국내선 정기운송업 실시
1963. 12. 28	대한항공공사 일본공항(주)과 상무협정 체결
1964. 4. 15	일본공항(주) 서울-동경 노선 취항
1967. 7. 23	우리나라 최초의 제트여객기 DC-9 도입
1968. 2. 20	지상조업 목적의 한국공항(주) 설립
1969. 2. 28	대한항공공사를 한진상사(주)로 민영화함
1971. 1. 12	항공운송사업진흥법 공표
1972. 4. 19	대한항공(주), 최초로 미주 정기노선에 취항(서울-도쿄-호놀룰루-LA)
1979. 3. 1	한·미 항공협정 개정
1988. 2. 12	정부, 금호그룹에 제2민항 인가
1989. 1. 1	해외여행 전면자유화 실시

1997. 10. 8	남북한 영공개발을 위한 양해각서 서명
1999. 2. 1	인천국제공항공사 출범
2001. 3. 29	인천국제공항 개항
2001. 10. 3	제33차 총회에서 ICAO이사국으로 선출
2002. 6	대한항공 국내 항공사상 최초로 미 정부로부터 반독점면제 승인 획득
2003. 3	대한항공 휴대용 DVD 기내 서비스 시작
2005. 1	대한항공 국제항공운송협회로부터 안전인증서(ISO) 획득
2005. 6	아시아나항공 2005세계 최고의 승무원상 Skytrax로부터 수상
2006. 7	대한항공 2년 연속 국제 항공화물 부문 세계 1위 달성
2007. 1	아시아나항공 미국 BT 잡지사 최고 기내 승무원 및 서비스상 수상
2007. 7	대한항공 영국 OAG사로부터 '세계 최우수 이코노미클래스운영항공사'상 수상
2007. 8	에어부산 창립
2007. 10	이스타항공 창립
2008. 1	진에어 창립
2010. 3	대한항공 중국 내셔널 지오그래픽 트래블러 잡지 '2010 골드 리스트 어워드 최고 항공사' 선정
2010. 7	아시아나항공 '아시아 최고 항공 고객서비스(Best Airline Customer Service-Asia)'상 수상(미국 이그제큐티브 트래블(Executive Travel)지)
2010. 9	티웨이항공 창립
2010. 11	대한항공 기내식 권위지 팩스 인터내셔널 주최 '2010 팩스 인터내셔널 리더십 어워드'에서 '아시아 최고 기내식 항공사'로 선정
2011. 1	아시아나항공 미국 Global Traveler잡지로부터 7년 연속 '최고 기내서비스 및 승무원(Best Onboard Service & Flight Attendants)'상 수상. 2년 연속 '동북아시아 최고 항공사(Best Airline in North Asia)'상 수상. '환태평양 최고 항공사(Best Trans-Pacific Airline)'상 2회째 수상
2013. 1	아시아나항공 미국 Business Traveler잡지 선정 '2012년 올해의 항공사'상(2012 Best Overall Airline in the World) 수상
2013. 3	인천공항 공항서비스 8년 연속 세계 1위 달성

여기서 특히 주목할 것은 저가항공기의 등장이다. 저가항공시장은 1971년 미국의 사우스웨스트항공(Southwest Airline)이 운항을 시작한 이래 유럽, 북미, 아

시아 지역에서 가파른 성장을 하고 있으며, 오늘날 전 세계에서 운항되는 여객기의 8대 중 1대가 저가항공으로 운항되고 있다.

저가항공사의 효시는 미국의 PSA(Pacific Southwest Airline)로 알려져 있다. PSA는 캘리포니아의 샌디에이고에 본사를 두고 1949년 5월 6일 DC-3기로 샌디에이고에서 버뱅크를 경유하여 오클랜드를 주 1회 왕복하는 항공사로 출발하였다. 1978년 미국의 규제완화조치 이후 캘리포니아 내의 Air California Western Airlines, Unted Airlines와의 지나친 운임경쟁에 휘말리면서 1987년 UA에 합병되어 1988년 4월 8일 마지막 비행으로 문을 닫았다. 국제선으로 최초의 저가항공사는 1966년에 Freddie Laker가 본사를 영국에 두고 설립한 Laker Airways로 알려져 있는데, 1982년 2월 6일 파산할 때까지 대서양을 횡단하여 운항하였고, 전 세계에서 유행하고 있는 저운임을 실현하기 위하여 기내식을 판매하는 전략을 도입하였다.

그 후 미주, 유럽을 시작으로 전 세계에 저가항공사가 난립하면서 국내에도 2005년 제주에어가 취항하면서부터 에어부산, 이스타항공, 진에어, 티웨이항공 등 5개의 항공사가 운항하고 있다. 이것을 요약한 것이 <표 3-2>이다.

표 3-2 한국의 대표적인 저가항공사

항공사	에어부산	이스타항공	제주에어	진에어	티웨이항공
항공사 콜사인	AIR BUSAN	EASTAR	JEJU AIR	JIN AIR	T'WAY AIR
IATA	BX	ZE	7C	LJ	TW
ICAO	ABL	ESR	JJA	JNA	TWB
창립일	2007년 8월	2007년 10월	2005년 1월	2008년 1월	2010년 9월
허브공항	김해국제공항	김포국제공항 제주국제공항	제주국제공항 (국내선) 인천국제공항 (국제선))	김포국제공항	김포국제공항 인천국제공항
보유항공기	7	6	8	5	5
취항지 수	6	6	12	4	10
모기업	아시아나항공	(주)새만금관광개발	애경산업	대한항공	신보종합투자
본사	부산	군산	제주	서울	서울

제 2 절

항공기와 항공서비스의 유형

01 항공기의 유형

1) 엔진의 유형

현대 비행기는 제트엔진을 장착하거나 프로펠러로 추진된다. 이 두 가지 유형이 전 세계에 걸쳐 운영되고 있다.

(1) 제트엔진 항공기

대단한 추진력을 내는 터보엔진의 제트항공기는 시속 500마일로 운항할 수 있도록 객실은 기압을 정상적으로 유지한다. 기압은 객실 내 공기압력의 인위적인 증가를 의미하며, 지상에서의 공기압력과 거의 같다. 제트기들이 속도와 안락함을 제공하기 때문에 장거리와 중거리의 국내 및 국제 비행편에 이용된다. 보다 적은 가동부품으로 된 제트엔진은 프로펠러 비행기들이 사용하는 가솔린으로 추진되는 피스톤엔진보다 더 적은 보수관리를 필요로 하며, 하루에 더 많은 시간 동안 운행할 수 있다.

터보제트는 제트엔진 중 첫 번째 성공적인 것이다. 아직도 이 터보제트가 일부 비행기에서 사용되고 있지만 점차 비행속도가 보다 효율적이고, 보다 조용하게 작동하는 터보팬엔진으로 대체되었다.

전 세계적으로 현재 약 7천 대의 제트항공기가 비행 중에 있다. 그 대부분은 보잉사와 맥도널드 더글러스사에 의해 미국에서 제조되었다. 최근에 브리티시 에어로스페이스(British Aerospace)사와 에어버스 인더스트리(Airbus Industrie)사와 같은 유럽 제조업체들은 제트항공기산업에서 이러한 미국의 2개의 거대기업에 대해 강력한 경쟁력을 보이기 시작했다.

(2) 프로펠러 항공기

프로펠러 추진 항공기는 제트기보다 더 느리고, 보다 더 낮은 상공에서 비행한다. 이러한 프로펠러 비행기들은 두 개의 범주로 나눌 수 있다. 첫째, 한 개 또는 그 이상의 프로펠러 외에 피스톤 추진 엔진을 가진 비행기(소형비행기)이고, 둘째, 터보프롭엔진 비행기로 알려져 있는 것으로 터빈엔진과 프로펠러를 가진 비행기(중형비행기)이다. 대부분 터보프롭 비행기(터보프로펠러 추진 비행기의 약어)와 일부 피스톤 추진 항공기는 밀실의 기압을 정상적으로 유지시킨다. 그러나 일부 비행기는 밀실의 기압유지가 불가능한 관계로, 이따금 기상으로 인해 1만 2천 피트 이하로 비행해야 한다.

최초 50년 동안 현대의 모든 비행기들은 피스톤 추진식이었다. 터보프로펠러 엔진으로 추진되는 비행기들은 1950년대에 비로소 상업서비스를 시작했다. 제트항공기는 1960년대에 장거리 비행을 위해 터보프로펠러엔진을 대신했지만, 많은 터보엔진 비행기들은 단거리(400마일 이하)에 걸쳐 아직도 사용 중에 있다. 일부 터보프로펠러 비행기들은 밀실기압의 정상적 유지가 가능하게 되어 악천후에도 비행할 수 있다.

새로운 프로펠러 추진 항공기가 비행지역의 증가로 인해, 또한 통근정기항공사를 위해 설계되고 있다. 이를테면 엠브레어(Embraer)사의 반데란테(Bandeirante), 즉 쌍발터보프로펠러엔진의 경여객기는 브라질에서 제조되어 32개국에 판매되어 왔다. 기타 제조업체로는 캐나다의 드 하빌랜드(De Havilland), 스페인의 카사(Casa), 네덜란드의 포커(Fokker), 북아일랜드의 쇼트 브러더스(Short Brothers)사 등이 있다.

2) 항공목적에 의한 분류

항공기는 서비스가 계획되어 있는 특정시장에 따라 분류할 수 있다.

(1) 단거리용 비행기

지역통근자 시장은 100마일 이하의 단거리 비행에서 12명 내지 60명의 승객을 운송하는 단발엔진 및 쌍발엔진 비행기들에 의해 서비스가 제공된다.

(2) 중거리용 비행기

맥도널드 더글러스사의 DC-9와 보잉 737과 같은 쌍발제트기는 중거리(1,000마일 이하)에서 운행하며, 100명에서 160명을 수송한다. 삼발엔진제트기인 보잉 727은 180명 승객을 수송하고 2,000마일 이하의 비행에 사용된다. 오늘날 다른 유형의 상용항공기보다 보잉 727이 더 많이 비행하고 있다.

(3) 장거리용 비행기

장거리 대륙횡단 및 대륙 간 시장은 가장 큰 제트기에 의해 서비스가 제공되고 있다. 그것은 쌍발제트기(보잉 767과 에어버스 A-300), 삼발제트기(DC-10과 록히드 L-1011), 사발제트기(보잉 747과 맥도널드 더글러스 DC-8)가 포함된다. 이 비행기들의 수송력은 180명에서 500명까지 운송가능하며 3,000마일에서 7,000마일 범위 내에서 비행한다.

가. 대한항공

B747-400 (30대)		
	Full Length	70.66m
	Wing Span	64.44m
	Full Height	19.41m
	Max. Operating Altitude	13,747m
	Max. Fuel Capacity	57,285gallons
	Economic Cruise Speed	916km/hr
	Max. Range	12.821km
	Seating Capacity	376~384

B747-300 (2대) • B747-200 (11대)		
	Full Length	70.66m
	Wing Span	59.64m
	Full Height	19.33m
	Max. Operating Altitude	13,747m
	Max. Fuel Capacity	53,985gallons
	Economic Cruise Speed	916km/hr
	Max. Range	11,324km
	Seating Capacity	385

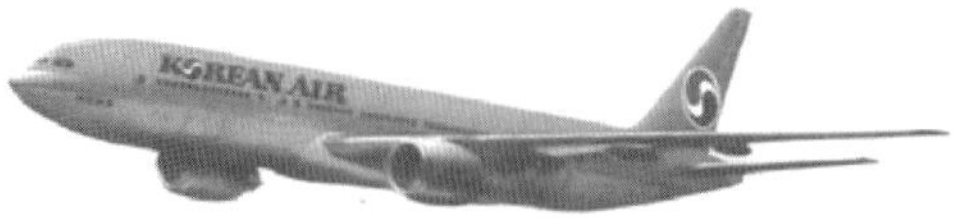

B777-200 (3대)		
	Full Length	63.73m
	Wing Span	60.93m
	Full Height	18.44m
	Max. Operating Altitude	13,137m
	Max. Fuel Capacity	45,220gallons
	Economic Cruise Speed	905km/hr
	Max. Range	12,531km
	Seating Capacity	301

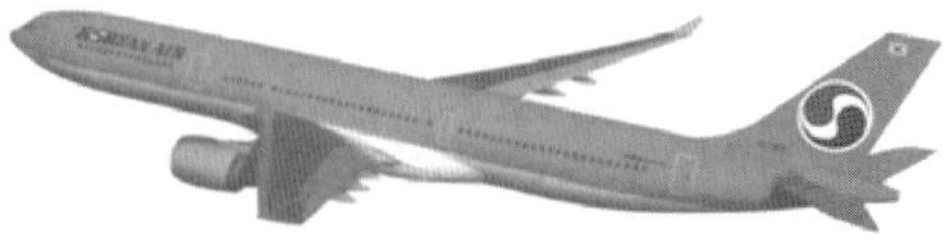

A330-300 (5대) • A330-200 (3대)		
	Full Length	63.69m
	Wing Span	60.30m
	Full Height	16.83m
	Max. Operating Altitude	12,527m
	Max. Fuel Capacity	25,669gallons
	Economic Cruise Speed	883km/hr
	Max. Range	7,524km
	Seating Capacity	296

MD 11 (5대)		
	Full Length	61.24m
	Wing Span	51.97m
	Full Height	17.91m
	Max. Operating Altitude	13,168m
	Max. Fuel Capacity	38,615gallons
	Economic Cruise Speed	883km/hr
	Max. Range	11,519km
	Seating Capacity	308

A300-600 (25대) • A300B (2대)		
	Full Length	54.08m
	Wing Span	44.84m
	Full Height	16.53m
	Max. Operating Altitude	12,192m
	Max. Fuel Capacity	18,005gallons
	Economic Cruise Speed	840km/hr
	Max. Range	6,120km
	Seating Capacity	220~292

MD 82(14대) / F100(12대)

※ ( )안은 보유대수 • 표기된 B747, A330 및 A300기종은 재원이 다소 상이

나. 아시아나항공

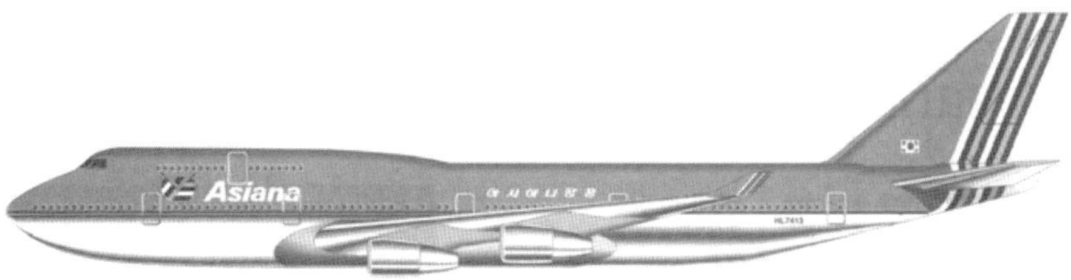

Boeing 747-400 보잉 747-400은 보잉사의 747 시리즈 중에서 가장 최근에 개발된 기종으로 767 시리즈를 통해 이미 우수한 성능이 증명된 조종장비를 더욱 발전시킨 최첨단 조종장치를 장착하고 있다. 특히 양 날개 끝에 수직으로 부착된 윙릿(Winglet)은 공기 역학적 기능을 통해 화물 적재량을 증가시켜줄 뿐만 아니라 항속거리도 늘려주는 역할을 하는 새로운 디자인에 의해 개발되었다.

아시아나항공이 운항하고 있는 B747-400 여객기는 418석(퍼스트 16, 비즈니스 36, 이코노미 366)의 좌석을 갖추고 있으며, B747-400 콤비 기종은 292명의 승객을 태울 수 있으며 최대 이륙 무게는 360톤이다.

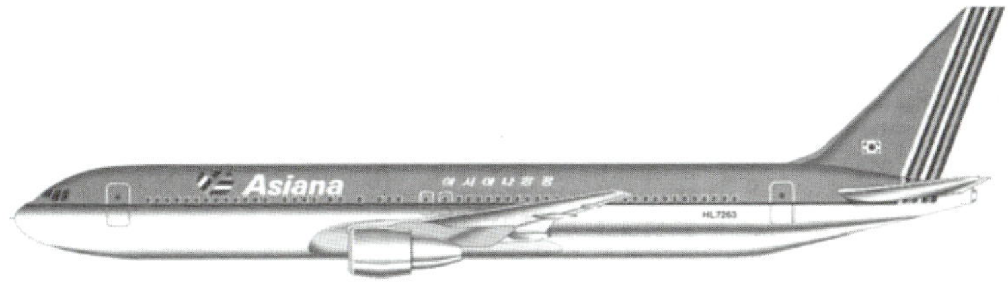

Boeing 767-300 보잉사가 제작한 B767 시리즈 중 가장 최근에 개발한 B767-300은 86년 하반기 첫 운항을 시작한 쌍발 제트 여객기로 특히 5만 2천5백 파운드의 추진력을 가진 2대의 엔진을 장착, 11시간 논스톱 운항이 가능해 서울에서 호놀룰루까지 무기착 운항을 할 수 있다. B767-300의 최대 이륙 무게는 156.5톤이며 승객 232명을 태울 수 있다.

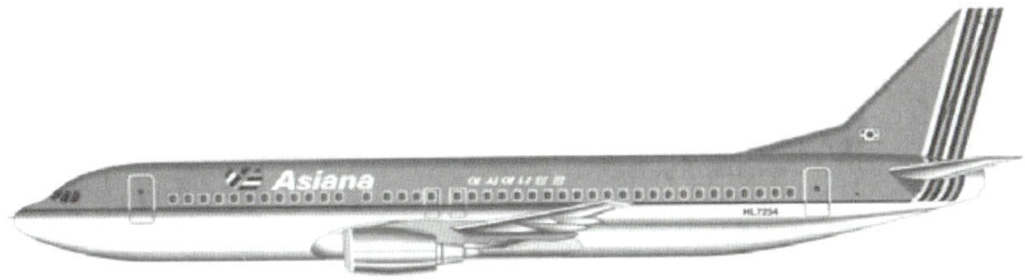

Boeing 737-400 B737-400은 최첨단 장비를 갖추고 있는데 특히 비행 코스뿐만 아니라 고도까지 자동 관리한다. 이러한 비행 관리 시스템은 바람이나 연료 소모량을 자체 계산, 가장 알맞은 고도를 선택하여 날 수 있도록 해주어 비행기의 안전을 보장한다. B737-400의 동체와 날개 길이는 점보의 반쯤이며 이륙 무게가 67톤으로 승객 168명을 태울 수 있다.

Boeing 737-500 B737-500은 B737-400과 거의 모든 시스템이 동일하며 단지 항공기의 길이만이 B737-400에 비해 18피트 짧아지고, 각 항공사의 요구에 부응하기 위해 제작된 항공기이다.

그림 3-1 항공기의 유형

(4) 특수목적용 비행기

특수목적용 항공기에는 헬리콥터, 수상비행기, 그리고 수륙 양용기가 포함된다. 국내와 해외에는 여러 가지 전용 헬리콥터와 전용 수상비행기 정기항공사들이 있다.

02 항공운송서비스의 유형

항공기는 두 개의 넓은 영역, 즉 민간과 군대에서 서비스를 제공한다. 민간항공은 정기항공과 일반항공으로 나눌 수 있다. 여기서는 민간항공에 한정하여 보기로 한다.

1) 정기운송항공(Air Carrier Aviation)

(1) 정기운송항공의 내용과 성격

정기항공은 승객, 화물 그리고 우편의 공공수송을 제공하는 개인회사들로 구성되어 있다. 현재 국내에는 대표적인 항공사로 대한항공과 아시아나항공이 있고, 그 밖에 저가항공사와 화물을 운송하는 정기운송항공이 있다.

미국에는 대략 450개의 국내 정기항공사가 있다. 또한 공인운송업자로 알려진 항공사는 100명의 종업원과 12대의 항공기를 갖춘 소형회사일 수 있거나 아니면 그것은 4만 명의 종업원들과 수백 대의 항공기를 갖춘 대재벌일 수 있다. United사와 US Airways와 같은 항공사는 정기항공사의 범주에 속한다.

일부 비행기는 철거 가능한 좌석, 여분의 넓은 문 그리고 적재 및 하적기계를 갖추고 단지 승객만을 수송하도록 설계된다. 일부 비행기는 승객이나 화물 어느 것이라도 수송할 수 있다.

일부 비행기는 아직도 화물만을 수송하도록 설계된다. 이러한 비행기들은 승객용 비행기같이 보이지만, 그러나 그 비행기에는 창문이 없다. 보잉 747F기와 같은 최대의 화물항공기들은 4,000마일을 논스톱으로 100톤을 수송할 수 있다.

전형적인 정기운송항공은 신속히 배달되어야 하는 상품들(꽃, 과일, 야채)과, 경량이고 값비싼 상품(전자장비와 기계부품) 그리고 사무서류를 수송한다. 최근 세계의 주요 도시에 하룻밤 사이에 배달을 보장하는 소형패키지 항공사들이 수지맞는 시장임이 밝혀졌다. 미국에는 이 시장에 Federal Express, UPS, Purolator, Emery사가 있다.

정기항공사는 정기적 또는 비정기적 운항으로 서비스를 제공한다. 대부분은 일정이 짜여진 항공사들이다. 즉 특정시간대에 출발편과 도착편이 계획되어 있다. 이들의 시간표는 매우 중요하며 대부분의 항공기들은 그들 일정표의 90%

정도를 정시에 출발하고 도착한다. 또한 보조항공사 또는 전세항공사로 불리는 비정기항공사들은 정규항공사의 정식요금보다 더 낮은 요금으로 항공여행을 제공한다. 때때로 정규비행을 하는 항공사로부터 또는 보조항공사로부터 임대받을 수도 있다.

(2) 지리적 노선에 따른 분류

1978년 항공규제완화법(Airline Deregulation Act)에 앞서 민간항공위원회(Civil Aeronautics Board: CAB)는 美국내항공사에 편의와 필요의 보증서를 교부하였다. 이 증명서는 특정항공노선의 항공사를 지정하였다. 예컨대 노스웨스트 오리엔트는 미니애폴리스주 세인트폴로부터 시애틀까지 항공노선에 대한 통제를 받는다. 일정이 짜여진 서비스를 제공하는 지정항공사들은 규모와 범위를 나타내기 위해 지리적 노선에 따라 분류되고 있다.

❶ 간선(Trunk Line)

간선은 항공산업의 중심노선이다. 메트로폴리탄 지역과 중규모 도시 간의 장거리 항공노선을 운항하는 대형항공사로는 이를테면 아메리칸항공사, 유나이티드항공사 등이 있다.

❷ 하와이 내 그리고 알래스카 내 노선

이 항공사들은 단지 하와이와 알래스카 내에서만 운행한다.

❸ 지방항공사

이 항공사들은 미국의 특정 지역에 서비스를 제공한다. 지방항공사들은 간선에 대한 부수적 역할을 담당한다.

❹ 지방・단거리운항 항공사

이들 소규모 항공사들은 이윤이 별로 없는 지역인 소규모 지방을 운항한다.

(3) 총수익에 따른 분류

그러나 규제완화조치 이후 지리적 구분이 불확실해졌다. 예를 들면, 이전에 하와이지역 내에서만 운항허가를 받았던 항공사들이 이제는 본토 내까지 운항허가를 얻었다. 이전의 지역 간 항공사들은 주요 간선 항공사들과 경쟁하면서 주요 도시들 간을 운항하는 노선을 증가해 왔다. 그 결과 항공사들은 이제는 총수입액과 연간 수입액에 기초하여 분류된다.

주요 항공사는 연간 10억 달러 이상을 벌어들인다.

전국 항공사는 매년 7천5백만 달러에서 10억 달러까지 벌어들인다.

지방·단거리운항 대형항공사는 매년 1천만 달러에서 7천5백만 달러까지 벌어들인다.

지방·단거리운항 중형항공사는 매년 1천만 달러 미만을 벌어들인다.

총수입액을 기초로 한 모든 분류체계는 훨씬 실질적이며, 유연성이 있고, 항공운송산업에서 발생하는 일들이 무엇인지를 더욱 자세하게 설명해 준다. 만일 사업이 번창하면 지방항공사가 다음 해에 전국항공사가 될 수 있다. 반면에 주요 항공사가 만약 실적이 좋지 않으면 지방항공사로 전락될 수도 있다.

미국에 있는 모든 주요 항공사들은, 심지어 몇몇 전국 항공사나 국제항공사들조차도 외국에 정기항공편을 운항한다. 이러한 경향은 우리나라에도 커다란 영향을 주고 있다.

2) 일반항공(General Aviation)

(1) 일반항공의 개념

일반항공은 상용항공사들이 이용하는 항공기를 제외한 나머지 모든 항공기에 적용할 수 있는 단어이다. 총수입의 측면에서 보면 일반항공은 상용항공 운송보다 그 중요도가 낮다. 그러나 항공기의 양적 측면에서는 훨씬 중요한 의미를 갖는다.

미국 220만 개의 항공기 중 95% 이상이 일반항공기로 분류된다. 이들의 반수 이상이 단발엔진 헬기이며 적게는 하나 내지 많게는 여섯 좌석이 있다. 대부분의 일반항공기는 18,000피트 이상의 고도에서 운항하는 제트노선을 운항하지는 않는다.

(2) 일반항공의 분류

일반항공기는 공영항공사와 민간항공사 간의 복합적 형태로 서비스를 제공한다. 이들 항공사들은 사용용도에 따라 구분할 수 있다.

부정기 단거리용 소형여객기는 전세나 계약에 의해 운행되는 반면, 기본설비 및 장치가 필요하고 미국에 있는 1만 4천여 개에 달하는 공항에 운항하고 있다. 반면에 정기항공사들은 단지 약 600개 공항에만 정기편을 제공하고 있다.

부정기 소형여객기는 소형 쌍발프로펠러 추진기로부터 소형제트기에 이르기까지 크기가 다양하다.

기업항공기(법인항공기)는 경영자, 톱 세일즈맨, 기타 직원을 도시 외곽의 회의 장소나 약속장소로 태워다 준다. 미국의 주요 기업단체 Fortune 500사는 거의 대부분 민간항공기를 운항한다. 기업항공기에는 경량 쌍발항공기와 헬리콥터, 사업용 제트기까지도 포함된다.

특별운행항공기는 고공사진촬영이나 송유관 또는 동력선 등의 관측, 화재예방 및 진압, 법집행, 응급의료서비스, 교통기록, 농약살포, 동식물 보존 지구관리, 그 밖에도 여러 곳에 사용되고 있다.

비행교습항공기는 단순한 2좌석용에서부터 복잡한 항공기까지 있고 전문비행사 양성 및 숙련 프로그램용으로 이용된다.

민간소유항공기는 사업용, 오락용 등 개인적 운송에 이용된다.

경기용 항공기는 중량이 250파운드 정도로 초경량급이고 경기용 및 소유주의 오락용으로 이용된다.

전 세계에서 일반항공기가 미국만큼 발전되고 다양한 나라는 없다.

(3) 일반항공운송의 중요성

항공운송에 대해 관광전문가들은 관심을 많이 갖고 있는데 그만큼 항공운송은 몇 가지 중요한 이유가 있기 때문이다.

첫째, 일반항공기는 정기항공노선이 운행되지 않는 지역거주자에게 항공여행의 기회를 제공해 준다.

둘째, 일반항공기는 비행사, 기계, 기술자들에 대한 범국가적 훈련양성소이다.

셋째, 국내항공사들 특히 지방과 단거리운행 항공편들이 일반항공에서 발전되어 나온다는 것이다.

넷째, 많은 사람들이 일반항공사에서 경험을 얻고, 그 후 정기항공사에 고용되어 이직을 하게 된다. 미국 내 일반항공에는 약 125,000명이 고용되어 있는데 그 사람들에게 직업을 제공한다.

제 3 절
공항 · 하늘의 운송터미널

세계의 주요 공항은 세계 각처에서 수천만의 승객과 수백 대의 여객기를 취급하는 국제적 교차로이다. <표 3-3>은 세계 10대 공항들을 열거해 놓은 것이다. 세계 최대 공항인 시카고 오하라(O'Hare)공항은 23초마다 항공기가 이착륙한다. 예를 들어 독일의 프랑크푸르트 메인 에어포트에는 12개의 식당, 10개의 스낵바, 옷가게, 약국, 치과, 은행, 슈퍼마켓, 디스코텍, 4개의 영화관 등이 있어 특색을 이루고 있다.

그와 정반대로 전 세계에는 정기운항 여객편도 없고 부족한 설비에 일상의 활동성도 적은 소규모의 개인비행장도 수천 개나 있다.

표 3-3 세계의 10대 공항

1. 홍콩의 Check Lap Kok Airport	6. 일본의 Kansai Airport
2. 싱가포르의 Changi Airport	7. 덴마크의 Copenhagen Airport
3. 한국의 Incheon International Airport	8. 스위스의 Zurich Airport
4. 말레이시아의 Kuala Lumpur International Airport	9. 핀란드의 Helsinki Airport
5. 독일의 Munich Airport	10. 남아공의 Cape Town Airport

01 공항의 유형

미연방 항공국(Federal Aviation Administration: FAA)은 미국의 민간공항을 항공운송용 공항과 일반항공용 공항 등의 두 유형으로 분류한다. 거의 800여 개에 달하는 항공운송용 공항은 주요 국가 및 도시, 지방의 정기운항항공사의 비행기들이 이용한다. 또한 항공운송공항에는 일반항공의 비행기, 특히 법인 항공기들이 운항한다. 비포장에 장비도 허술한 13,000개의 일반항공공항을 정기 항공기를 제외한 모든 유형의 항공기가 종종 이용하기도 한다.

02 공항소유권

우리나라 공항은 1980년 국제공항관리공단법이 제정됨에 따라 국제공항관리공단으로 민영화되었고 김포국제공항 관리업무가 서울지방항공관리국에서 국제공항관리공단으로 이양됨에 따라 업무의 효율화와 전문화가 급속도로 진전되었다. 그 후 1990년 4월 7일 국제공항관리공단에서 한국관리공단으로 명칭이 변경되었고, 오늘날 한국공항공사가 담당하고 있다.

공항은 한국공항공사를 비롯하여 서울지방항공청과 정부기관, 항공사, 항공 관련업체 및 일반업체들이 서로 독자적인 고유업무를 수행하는 가운데 복합적으로 상호연계되어 있는 유기체라고 할 수 있다.

미국에서 철도회사는 운행기차 및 철로, 기차역 등을 소유할 수 있다. 버스 또한 마찬가지로 정류장을 소유할 수 있다. 그러나 공항은 앞의 예와는 좀 다르다. 항공사가 공항을 소유하는 경우는 거의 없으며, 그 대신에 항공사들은 공항의 공간을 빌린다.

미국 대부분의 공항은 소규모이고 사적 시설로 이루어져 있다. 공항 소유주들은 주로 일반항공의 일부분인 레크리에이션 비행에 공항을 사용한다. 그러나 미국에서 공공소유로 운영되는 공항이 4,800개도 넘는다. 여기에는 대도시 지역에 있는 대형공항도 포함된다. 공공소유공항은 주, 군, 또는 시나 지방행정부가 그 행정관리를 담당한다.

공항들은 FBO(fixed base operator)와 계약을 맺는다. FBO는 급유를 해주고 항공기 소유자에게 기착지를 대여해 주고, 정비 및 수리를 해주는 것은 물론 비행교육도 실시한다. FBO는 공항에 그 대가로 대여료를 지불한다. 대여료는 일반적으로 총수입의 1% 정도이다.

항공운송사들은 이착륙료, 카운터 및 사무실 임대료, 연료 및 등록세 등을 공항에 지불한다. 땅에 대한 소유권자인 해당관청은 자동차 대여회사, 커피숍 및 상점, 그 밖의 터미널 건물 내부 및 주변의 매점들에 대해 대여세를 부과하고 징수한다.

03 공항입지

활주로에 필요한 공간 때문에 아무리 소형공항이라 하더라도 4에이커의 대지는 있어야 한다. 중형공항은 500~1,500에이커 정도이고, 대형공항은 15,000에이커의 면적이 필요하다. 미국 최대형 공항인 댈러스 포트워스 공항은 17,500에이커에 걸친 넓은 땅에 있다. 이 넓이는 27평방마일 이상의 넓이이다(1에이커는 약 4,046.8평방미터).

공항은 넓은 땅이 필요하기 때문에 건설 및 입지에 곤란이 따른다. 항공교통의 급속한 성장과 규모 면에서의 증가는 더 넓은 공간을 부단히 요구하게 되었다. 기차나 버스역은 도심에 입지해도 되지만 공항은 대개 외곽지구에 위치하여야 한다. 1940년대와 1950년대 이후, 공항은 대도시권의 외곽지대에 건설되어졌다. 이런 위치에 공항이 입지한 채로 1960년대와 1970년대에 근교 주택지역들이 공항주변으로 급속히 확산되어 나갔다. 그 결과 요즘에는 많은 공항인근 지역들이 공항에서 유발되는 소음과 혼잡을 해결해야 할 상황에 직면하였다.

04 공항의 배치

공항은 규모나 건설에 걸리는 시간에 따라 구조 면에서 다양한 형태를 띠고 있다. 초기의 공항형태는 오늘날보다 훨씬 단순하였다.

1) 터미널 건물

공항 종합단지의 핵심부분은 터미널 건물이다. 여기서 매표 및 탑승확인을 하고 수화물 확인 및 수취가 이루어지며, 승객이 탑승하거나 내리는 일들이 이루어진다. 매표소와 대기소 외에도 관제소, 비행사용 휴게소와 항공기의 무선을 위한 탁송실, 공항경영진 사무실 등이 이 건물에 위치한다. 주요 항공사에 있는 터미널 건물은 식당, 상점, 칵테일 라운지, 은행 등의 시설도 갖추고 있다.

최초의 터미널 건물은 길고 반듯한 건물이었다. 사람들은 앞쪽으로 들어와서 뒤쪽 비행기 기착장으로 걸어 나갔다. 항공교통의 성장과 함께 기착장 확장 및 측면 우회 기착장 등이 터미널 빌딩 뒤쪽에 건설되었다. 이런 배치형태가 공항 승하강용 출입문의 숫자를 증가시켰다. 최신 주요 공항들은 여전히 이런 유형의 터미널 디자인을 따른다.

승차장을 따라 오래 걷는 것을 피하기 위해 1960년대에 인공위성형 디자인이 소개되었다. 승객들은 주 터미널 빌딩에 있는 매표소(티켓 카운터)에서 표를 확인한 후 이동 보도나 지하 기차를 타고 탑승을 위해 위성빌딩으로 이동한다. 시애틀 타코마 국제공항이 이런 관리체제를 따르고 있다. 일단의 터미널들을 한 줄로 연결·구성하는 또 다른 디자인은 반지나 말굽모양으로 생겼다. 승객은 자신이 탈 비행기가 표시된 터미널 문으로 들어가서 조금만 더 걸으면 된다.

2) 공항의 다른 시설

주요 공항들은 다음의 지역들로 구성되어 있다.

(1) 화물터미널(cargo terminal)

하나 혹은 그 이상의 독립건물로 구성되며 우편물이나 운송화물이 적하되는 곳이다.

(2) 관제탑(control tower)

공항의 중앙통제 부서이다. 주로 여객터미널에 인접해 있다. 유리로 둘러싸인 위쪽 꼭대기에서 통제관들이 공중과 지상에 있는 교통지시를 위한 표시등,

레이더, 라디오 등을 사용한다.

(3) 격납고(hangar)

비행기의 격납 및 정비하는 창고이다. 격납고는 충돌을 피하기 위해서 활주로에서 충분히 멀리 떨어져 있어야 한다.

(4) 활주로(runway)

비행기가 이착륙하는 길이다. 활주로는 비행기가 이착륙하는 데 있어서 기체의 규모나 크기를 다룰 수 있는 충분한 길이와 넓이를 갖추어야 한다. 미연방 항공국(FAA)이 세부사항들을 입안한다. 활주로 어느 한쪽에 청정지구(clear zone)가 있어야 한다. 대형제트기의 수용을 위해 청정지역이 있는 활주로는 길이가 4마일은 되어야 한다.

(5) 주기장(駐機場)

공항에서 여객의 승강, 화물의 적재 및 하역, 연료보급 및 정비 등을 하기 위해 항공기가 주기하는 장소를 말하며 터미널 빌딩과 정비지구에 접해서 위치한다. 주기장은 그 목적에 따라 탑승주기장(Loading Apron), 정비주기장(Maintenance Apron), 야간주기장(Night-stay Apron)으로 대별된다. 주기장의 수를 나타내는 단위로는 스폿(spot)이 사용된다.

(6) 유도로(taxiways)

탑승장에서 활주로로 이동하거나 활주로에서 격납고로 이동할 때 비행기가 이용하는 포장된 길이다. 택시전용 도로와는 다르다.

05 공항과 항공노선의 구조

비행기 항로는 항공기가 운항 시에 경유하는 길이다. 공항은 그 항로를 따라가는 연결지점이다. 항공기를 가장 효율적으로 운행하기 위해 항로 설계자들은 다음의 주요 패턴을 사용하여 항로를 조심스럽게 계획한다.

1) 선형항로

항공기가 목적지를 향해 한 방향으로 날아갔다가 반대방향으로 돌아서 비행을 반복할 때 하나의 선형항로(linear route)가 완결된다. 한 선형항로에는 최소 비용을 지출하면서 보조교통수단을 연결하는 중간 기착지가 있을 수 있다.

2) 자전거 바퀴살형 항로

항로상에 있는 대형공항은 모든 방향에서 출발 및 도착할 수 있는 중심축이 된다. 소형공항들이 주 공항의 외곽을 둘러싸고 있는 통나무 마차의 중심축 같은 역할을 하며, 외곽을 연결하는 비행기가 바로 바퀴의 살인 셈이다. 이것이 자전거 바퀴살형 항로(hub-and-spoke route)이다.

이런 항로 구조는 광범위한 항로체계를 창출하기 위해 중복될 수 있다. 예를 들어 뉴욕 시러큐스 공항은 그 주변 작은 도시들로 운행되는 항공기들의 중심축이 될 수 있다. 환원하면 볼티모어는 외곽에 있는 시러큐스의 중심축 도시가 될 수 있다. 그렇다면 애틀랜타는 외곽에 있는 볼티모어의 중심축 도시가 되고 마지막에 런던은 외곽 애틀랜타의 중심축 도시가 된다. 이 경우 애틀랜타공항은 경유해 가는 공항이 된다. 왜냐하면 그 공항은 정기 국제항공기가 운항되기 때문이다. 국제관광의 증가와 더불어 많은 도시들은 그들의 공항시설 및 기제를 확장하고, 세계 중에는 현재 하나 이상의 공항을 보유하고 있는 나라도 있다. 예를 들면 뉴욕에서 JFK공항은 장거리 국제편을 운송하고, 라구아르디아(La Guardia)공항과 뉴어크(Newark)공항은 국내선과 소수 국제편만 운항하고 있음을 볼 수 있다.

3) 복합형 항로

세 번째 항로유형은 선형과 자전거 바퀴살형의 복합형이다. 가능한 많은 항공기가 중심축 도시로 동시에 도착하도록 계획되고 있다. 한 시간 후 그 비행기는, 다른 비행기에서 내려 다음 목적지의 연결선이 필요한 손님들을 태운 후 선형 노선상의 원래의 출발도시로 되돌아간다. 예를 들어 승객 박씨가 덴버에서 출발한 A비행기로 시카고에 와서, 즉시 마이애미로 가는 D비행기를 탄다. 반대로 승객 장씨는 뉴욕에서 도착한 B비행기에서 막 내려 덴버로 돌아가기 위해 A비행기를 탄다.

06 공항의 안전대책

국제공항이 세계적 교차로가 되고 있기는 하지만 또한 세계 절반의 분쟁을 위한 테러장소가 되어왔다. 폭탄, 총격, 비행기 공중납치 등이 정부와 공항행정 당국으로 하여금 국제공항의 보안대책을 강화하도록 하여 왔다.

1985년 6월 아테네공항에서 TWA여객기를 테러범들이 납치한 사건이 발생하였고, 2001년 미국에서 9.11테러사건이 발생하여, 그 후부터 미연방항공국은 승객들의 수하물을 검열하는 데 초점을 맞추어 보안대책 강화를 모색하였다.

민간공항들은 기내소화물 적재·하역 및 여객서비스 제공 시 상황을 점검하는 보안보조요원들을 고용하거나 훈련견이 냄새로 폭발물을 찾아내도록 훈련하는 등 더욱 강화된 예방조치를 취하고 있다. 어떤 공항에서는 경찰이 무장한 경비트럭을 타고 테러범과 관련 있는 나라에서 온 비행기들을 점검한다.

어떤 분석가들은 예언하기를 미래의 공항은 고립된 지역에 자리할 것이며 전기가 통하는 철책 울타리로 둘러싸여질 것이라고 한다. 터미널은 검열지점을 통과하여 좁은 통로를 지나가도록 고안될 것이다. 로커, 화장실, 식당, 기타 숨을 만한 장소들은 아마도 안전 검열지점 뒤쪽에 위치할 것이다.

제 4 절
항공상품

01 항공상품의 가격에 영향을 미치는 요소

모든 산업에는 상품이 존재한다. 항공산업에서의 상품은 항공기 운항이다. 여행전문가는 여행객의 여행동기, 욕구, 기대를 조사한 후 그에 부합하는 여행상품을 그들에게 판매한다.

모든 여행객과 그에 알맞은 여행상품을 가격측면에서 일치시킨다고 하는 일은 언제나 쉽지만은 않다. 특히 규제완화 이후 더욱 그렇다. 규제완화 상황에서는 로스앤젤레스까지의 짧은 여행에 대해 서로 다른 199개 유형의 항공요금이 있을 수 있다. 예를 들어 미 동해안에서 미 서해안까지의 비용이 1,000마일 떨어진 도시까지의 비행요금보다 싸다. 더 이상 비행기표의 가격이 여행거리에 따라 단일하게 결정되지는 않고 있다. 그 대신에 여행의 유형, 비행편의 형태, 서비스 유형, 제한적 요금 등이 항공요금에 영향을 미치고 있다.

1) 여행의 유형

(1) 편도여행(one-way journey)

편도여행은 예를 들면 댈러스에서 로스앤젤레스까지, 출발 도시에서 시작해서 목적지에서 끝난다. 편도여행은 댈러스에서 솔트레이크시티(Salt Lake City) 경유 LA까지 등 하나 이상의 항공로로 구성될 수 있다.

(2) 왕복여행(round trip)

왕복여행은 출발지에서 목적지에 갔다가 다시 원래 출발했던 곳으로 돌아오는 여행이다. 그 노선은 양방향이 모두 동일해야 한다. 이런 유형의 여행은 보스턴에서 뉴욕, 다시 보스턴으로 돌아온다는 식이다. 한때에는 왕복여행 티켓이 약간 저렴했지만 지금은 편도여행의 두 배를 받고 있다.

(3) 순환여행(circle trip)

순환여행은 왕복여행과 비슷하다. 그러나 다음과 같은 뚜렷한 차이가 난다. 출발 시와 귀향 시의 노선이 다르다는 것이다. 서비스 등급이나 노선에서 다르다. 미니애폴리스에서 시카고 경유로 세인트루이스까지 가서, 돌아올 때 세인트루이스에서 미니애폴리스까지 논스톱으로 온다는 식이다. 서비스등급의 경우에 예를 들면 미니애폴리스에서 세인트루이스까지 퍼스트 클래스이고 돌아올 때는 이코노미 클래스와 같은 경우이다.

(4) 오픈조여행(open-jaw trip)

실질적으로 왕복여행과 비슷한 것으로 왕복여행 시에 출발지와 도착지가 상이한 여행을 뜻한다. 예컨대 서울을 출발하여 동경을 돌아서 서울에 도착하는 왕복여행 시에, 서울을 출발하여 동경 경유-부산에 도착하는 경우와 부산에서 출발하여 동경 경유-서울로 도착하는 경우 등 출발지와 도착지가 상이한 항공여행을 뜻한다.

오픈조여행은 여행수단에서 차이가 난다. 예를 들면 한 여행자가 뉴욕에서 리치먼드까지 가는데 비행기로 출발을 한다. 리치먼드에서 워싱턴까지는 기차를 탄다. 워싱턴에서 뉴욕까지는 다시 비행기를 탄다. 이러한 여행은 또한 왕복여행처럼 기착지가 달라질 수 있다. 이를테면 샌프란시스코에서 뉴욕까지 그리고 나서는 뉴욕에서 로스앤젤레스까지 이동하는 여행에 해당한다.

2) 비행편의 형태

(1) 논스톱편

항공노선이 도중하차 없이 이루어지는 서비스이다.

(2) 직행편

항공노선이 직접 또는 직행인 운항서비스이다. 도중에 한 번 또는 그 이상의 중간기착이 있으나 승객은 동일한 비행기에 승선한 채 내리지 않는다.

(3) 연결편

연결편은 온라인 연결로 승객은 비행기를 바꾸어 타지만 동일항공사의 비행기를 계속 이용한다. 예컨대 콘티넨탈사는 덴버에서 캔자스시티까지 또 다른 콘티넨탈사 항공편을 연결시켜 솔트레이크시티로부터 덴버시까지 항공편을 제공할 수 있다.

항공사는 기계적 곤란과 좌석수용력을 포함하여 많은 이유 때문에 비행기를 바꿀 수 있다. 노선 간 연결로 승객은 항공기와 항공사를 모두 바꾼다. 즉 승객은 시애틀에서 미니애폴리스(세인트 폴)까지 노스웨스트 항공으로 그리고 미니애폴리스(세인트 폴)에서 클리블랜드까지 유나이티드항공으로 여행할 수 있다.

타 항공사의 탑승권을 인정한다는 항공사 간의 합의는 노선 간의 연결(interlining)을 가능하게 하였다. 각 항공사마다 별개의 티켓을 발행하는 것보다 오히려 연대운송을 활용함으로써 한 개의 표준티켓만을 사용하는 것으로 족하게 된다. 이 시스템으로 수하물 역시 최종목적지까지 체크받을 수 있다. 연대운송은 국내적 관례일 뿐 아니라 국제적 관례이다. 하지만 미국시장에서 일부 항공사, 새로운 잠입항공사와 지역통근항공사들은 연대운송에 참가하지 않고 있다.

상이한 여행방식을 통합하여 단순화한 인터모달(intermodal) 티케팅은 또 하나의 인기 있는 여행상품이 되었다. 인터모달은 한 가지 형태 이상의 교통수단을 이용하는 것으로 예컨대 관광목적지까지 도달하기 위해 항공, 자동차, 선박 등의 교통편을 이용하는 것을 말한다. 이것은 연대운송과 유사한 시스템으로 승객은 비행기와 버스, 비행기와 배 또는 비행기와 렌터카를 이용하는 전체운송(through travel)에 대해 한 개의 티켓을 구입한다.

(4) 도중하차

도중하차(stopover)는 승객이 최소한 12시간 동안 어떤 중간기착지점에서 의도적으로 여행중단을 요청할 수 있는 것을 뜻한다. 승객은 월요일에 덴버에서 댈러스까지 비행하고 수요일 저녁까지 댈러스에서 머무른 뒤 엘 파소까지 계속

비행하기를 선택할 수 있다.

이는 여객이 항공사의 사전승인을 얻어 출발지와 도착지 간의 1지점에서 상당기간(국내선 4시간, 국제선 24시간 이상) 동안 의도적으로 여행을 중지하는 여행의 계획적 중단을 뜻한다. 'break of journey'라고도 한다.

3) 서비스 유형

50여 년 전 항공사의 비행 중 서비스에는 냉동된 점심식사와 귀고막의 압력을 완화시키기 위한 추잉 검 한 통이 제공되고 있었다. 그러나 오늘날의 승객들은 따뜻한 식사와 칵테일, 음악, 영화 등의 서비스를 제공받고 있다.

승객이 받는 서비스 유형은 그들이 비행기 객실의 어디에 앉으려고 하는가, 또한 승객들이 지불하는 요금에 따라 달라진다. 비행기의 가장 일반적인 구성 즉 좌석배치는 퍼스트 클래스(first class) 객실과 코치 클래스(coach class) 또는 이코노미 클래스(economy class)로 구성되어 있다. 그러나 어떤 비행기는 전 좌석을 이코노미 클래스 또는 퍼스트 클래스로 만들 수 있다. 항공기 객실은 좁은 동체(한 개의 통로)와 넓은 동체(두 개의 통로)로 더욱 분류할 수 있다.

가장 비싼 서비스등급인 R 클래스는 단지 콩코드기에서만 이용이 가능하다. 콩코드기에서는 모두 퍼스트 클래스로 좌석이 구성되어 있다. 콩코드비행기 안에는 어떠한 이코노미 좌석도 없다. R 클래스 티켓은 퍼스트 클래스 요금보다 20% 더 비싸다. 그러나 아쉽게도 콩코드기는 지난 2000년 파리의 샤를 드골 국제공항에서 이륙 직후 추락하여 기내에 탑승한 승객 113명이 모두 숨지는 대형사고를 낸 뒤 승객감소 등의 어려움으로 결국 운항을 완전 중단하였다.

일부 국제항공사는 비즈니스 또는 이그제큐티브 클래스(executive class)(Y 클래스)에 대해 실험을 실시하고 있다. 퍼스트 클래스와 코치 클래스 중간에 있는 비즈니스 클래스는 편의시설에서 할인티켓으로 비행하는 승객들보다 조용한 장소를 원하고 더 많은 서비스를 기대하는 사람들을 위해 개발되었다.

퍼스트 클래스 승객들은 좋은 그릇에 제공되는 훌륭한 식사, 질 좋은 알코올 음료, 영화 그리고 차별적인 인적 서비스를 받는다. 그들은 또한 보다 안락하게 항공여행을 한다. 퍼스트 클래스 좌석들은 엔진소음으로부터 멀리 떨어진 비행기 앞쪽에 위치한다. 좌석은 역시 넓고 다리를 뻗기에 충분한 공간, 보다 큰 피치(무릎과 좌석 간의 거리)를 두고 있다. 이코노미 클래스의 좌석들은 보다 빽빽이 붙어 있고 좁으며 객실 내의 위치에 따라 안락성에 차이가 난다.

이코노미 클래스의 승객들은 이따금 식사를 무료로 제공받지만 때때로 알코올 음료, 영화감상, 헤드폰 사용에 대해 별도의 요금을 지불해야 하는 경우도 있다.

항공사는 항상 특별한 욕구를 가진 승객에게 기내서비스(in-flight service)를 제공한다. 승무원들은 신체장애인들이 탑승하는 것을 도와주고 혼자 여행하는 어린이들을 돌보는 특별훈련을 받는다.

또한 항공사는 예컨대 채식주의자나 유태교인의 음식 등 특별한 식사를 요구하는 승객의 요청을 충족시켜 준다. 그러한 특별서비스의 제공은 요금에 영향을 주지 않는다.

4) 무제한 및 제한적 항공요금

비할인 항공요금 또는 정상 항공요금이라고 불리는 무제한 항공요금(unrestricted airfares)에서 승객은 이용 가능한 좌석이 있는 목적지의 어느 항공기에도 탑승할 수 있다. 사람들은 무제한적 항공요금의 편의를 위해 별도의 요금을 지급해야 한다.

한편 판매촉진 항공요금, 할인 항공요금, 회유운임 등으로 부르는 제한적 항공요금(restricted airfares)은 항공사의 세일(sale) 또는 바겐에 의한 상품이다.

항공요금이 저렴할수록 제한은 더욱 크다. 그 내용은 다음 사항의 일부 또는 전부를 내포할 수 있다.

1. 사전에 구입하는 요건(출발 한 달 전까지)
2. 목적지에서의 최대 및 최저 체류기간
3. 명시된 여행일정과 출발시간(어떠한 최종 변화 없음)
4. 제한적인 출발일(일주일 중 특정요일만 가능)
5. 회수할 수 없는 취소벌칙금
6. 수용력 통제(할인가격으로 어떤 일정한 비행에 이용할 수 있는 제한된 수의 좌석)
7. 양도할 수 없는 티켓(어떤 항공사는 타 항공사에서 구입한 회유요금을 인정하지 않는 경우도 있다)

휴가여행자나 친구와 친척을 방문하는 사람들은 비상시를 제외하고 일반적으로 보다 신축적인 스케줄을 가지기 때문에 상용여행자보다 제한적인 항공요금을 구입하는 경향이 더 많다.

규제완화로 인하여 항공사는 그렇지 않으면 공석이 될 좌석들을 채우기 위해 할인티켓을 판촉해야 한다는 사실을 인식하게 되었다. 말하자면 요금의 절반을 받는 것이 무요금보다 더 낫다는 것이다. 그 결과 승객들은 제한적 티켓을 구입했는가 아니했는가에 따라 동일한 유형의 좌석과 서비스에 대해 지불하는 액수가 달라지게 되었다.

그에 따라 제한적 항공요금은 사실상 2단계의 가격체계를 버리고 그 대신에 퍼스트 클래스, 이코노미 클래스, 엑스커션 클래스(주유등급 : excursion class) 등 세 단계의 가격체계를 사용하고 있다.

02 국제항공요금

IATA(국제항공운송협회) 회원들은 국제항공요금을 논의하기 위해 회의를 개최한다. 동 협회에 의해 제정된 규칙과 원칙을 토대로 IATA는 세계 전역에 걸쳐 도시 간 요금을 결정한다. 서로 다른 통화로 항공요금을 계산하는 복잡성을 감소시키기 위해서 모든 국제항공요금은 운임의 공시단위(Fare Construction Units: FCU)로 표시된다. 요금공식은 FCU운임을 실제 거래된 특정통화로 환산한다.

미국 내 항공요금 산정과 마찬가지로 IATA는 비행거리, 서비스 유형, 요금의 제한성 여부 등을 기초로 항공가격을 산정한다. 많은 IATA 항공요금은 마일수원칙(Mileage Principle)에 기초를 두고 있다.

국제항공요금은 일반적으로 비행거리와 직접적으로 관계가 있다. 이것은 워싱턴 D.C에서 파리까지의 여행(3,829마일)이 워싱턴에서 카라카스(2,059마일)보다 더 많은 비용을 지불해야 한다는 것을 의미한다.

그러나 시장에서의 여러 가지 요인들은 먼 거리 여행을 사실상 저렴하게 만들 수 있다. 이를테면 보다 많은 사람들이 카라카스로의 여행보다 파리로의 여행을 원한다. 그러므로 워싱턴에서 파리 간 노선에는 보다 많은 경쟁자가 존재한다. 그 밖에 프랑스 정부는 관광을 권장하기 위해서 보다 낮은 판매촉진요금을 승인할 수도 있다. 결과적으로 워싱턴에서 파리까지의 항공티켓은 비행거리상으로는 보다 먼 거리이지만 카라카스행 티켓보다는 일반적으로 저가격을 형성할 것이다.

03 제트기시대의 마케팅

1978년 미국의 항공규제완화 법안에 의해 항공사 마케팅은 서비스에 초점을 두게 되었다. 고객들을 끌어들이기 위해 항공사들은 비행기 내 오락설비와 친절한 서비스를 판촉하였다. 심지어는 렌터카 무료사용, 마술사와 기타 연주자의 쇼, 와인 시식파티를 개최하기도 한다. 규제완화에 따라 마케팅활동은 가격결정에 중점을 두게 되었다. 슈퍼 아펙스(Super Apex)와 같은 할인된 선구매 항공요금들은 사람들로 하여금 자신들이 합당한 가격으로 보다 먼 거리를 여행할 수 있다는 것을 깨닫게 해주었다. 1982년 한 해는 미국 승객의 약 75%가 할인가격으로 여행하였다고 한다. 그러나 1980년대 후반부터는 서비스 지향적인 마케팅으로의 복귀징후가 두드러졌다. 비행기에서의 생맥주 칵테일 라운지, 비즈니스 클래스 서비스, 전체 퍼스트 클래스 서비스는 이러한 추세의 실례이다.

또한 고객들이 자사를 많이 이용하도록 하기 위해서 여러 가지 특전을 주는 다빈도고객제도를 각 항공사에서 도입하고 있다.

한편 노쇼(No show) 손님들에 대응하기 위해 취소에 대한 위약금제도가 다수의 항공사에 의해 도입되었다. 노쇼란 예약을 하였지만 어떠한 개인적 사정 때문에 아무 연락 없이 나타나지 않는 것을 말하고 이러한 고객을 무단취소고객(No show guests)이라 부른다. 무단취소를 한 경우에 어떠한 위약금도 없다면 언제나 많은 노쇼가 발생할 것이다.

항공사들이 노쇼로부터 자사를 보호하는 방법은 오버 부킹(over booking), 즉 실제 가지고 있는 좌석보다 더 많은 좌석을 판매하는 것이다. 그러나 항공사가 좌석예약을 너무 많이 받고 어느 누구도 취소하지 않는다면 항공사는 탑승을 거절당하는 승객들에게 보상해 주어야 한다. 이러한 보상으로는 다음에 이용할 수 있는 항공편 이용 이외에 현금 해결 또는 서비스등급에서 무료격상 등이 있다.

제 4 장

여행업과 패키지관광

제 1 절

여행업의 특성과 업무내용

01 여행업의 정의와 특성

1) 여행업의 정의

여행업 또는 여행알선업이란 여행객과 공급업자 사이에 개재하여 여행객을 대상으로 예약·수배·알선 등을 제공하고 공급자로부터 일정액의 수수료를 받아 사업을 영위하는 사업체를 말한다. 이 사업체를 영위하는 자를 여행업자라 부른다. 여기서 공급자는 여행업자 입장에서는 프린시펄(Principal)이라 부르고 있다.

유통업자로서의 여행업자는 도매업자 및 소매업자의 기능을 담당한다. 여기서 여행자와 프린시펄의 관계는 [그림 4-1]과 같다.

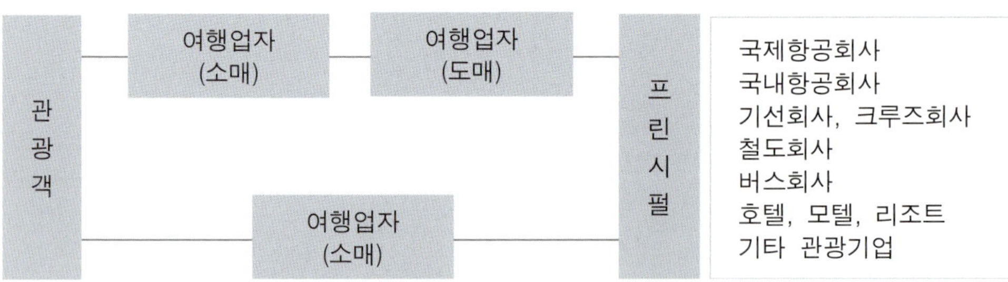

그림 4-1 중개자로서의 여행업자

2) 여행업의 특성

첫째, 위험부담이 적은 사업이다. 즉 장치산업인 프린시펄로부터 소재(素材)를 구입하고 개업초기에는 주문생산에 주력하여 대규모 설비투자가 필요치 않은 사업이므로, 비교적 자금부담이 적고 또한 위험부담도 적은 사업이다. 이를테면 여행사가 예약된 항공좌석과 호텔객실을 취소하더라도 이에 대한 책임을 지는 경우가 거의 없어 상품구입(판매를 위한 구입)에 대한 위험부담이 전혀 수반되지 않는다.

둘째, 노동집약적인 사업이다. 환언하면 여행업은 인적 산업이다. 이는 최근에 정보시스템의 발달로 인한 사무자동화로 내부업무의 인원삭감이 일부 이루어지고 있지만 고객과의 접촉 및 안내에 있어서 인간을 대체할 방도는 거의 없다.

셋째, 운용자금을 활용할 여지가 있다. 여행업자는 여행대금을 수령한 후에 프린시펄에게 대금을 결제하기까지 시간적인 여유가 있어 이 자금을 운용할 수 있다. 여행업자가 소액자본을 투자했으나 거액을 취급할 수 있는 이유는 바로 이 점이다. 이러한 자금은 이자 및 주식매입, 자체 카드사업 등에 이용되고 있다.

02 여행업의 책임과 업무내용

1) 여행업의 책임

여행업은 다음과 같은 책임을 지고 있다.

첫째로, 프린시펄에 대한 책임이 있다. 여행업은 공급업자와 여행객 간에 존재하는 중개자로서 프린시펄에게 가장 중요한 대금결제를 비롯하여 교통운송 이용권의 보관과 판매 및 재고관리의 철저화와 신용을 지켜야 한다.

둘째로, 고객에 대한 책임이 있다. 여행객에 대해서 여행출발 전의 상담과 정보제공 및 수배를 확실히 해야 한다.

셋째로, 정부에 대한 책임이 있다. 국토교통부와 조세당국, 지방자치제 등으로부터 부단한 지도와 감독을 받는다. 이에 정부기관에서 요청하는 자료를 명확히 작성, 보고해야 할 책임과 의무가 있다.

넷째로, 종업원에 대한 책임이 있다. 관광관련 사업체는 인적 산업으로서 종업원의 헌신은 발전에 가장 기본적인 요소이다. 그러나 여행업은 열악한 근무조건, 종업원의 빈번한 이직·전직 등으로 많은 문제점을 지니고 있다. 여행업은 생활유지, 동기부여, 사기진작, 자기개발 등 종업원을 위한 책임을 다해야 한다.

다섯째로, 사회에 대한 책임이 있다. 해외여행 자유화 이후 국내외 여행객이 급증하고 있다. 이는 내외국의 문화와 전통을 익히는 좋은 기회이다. 또한 해외여행은 한국민의 예의범절을 해외에 드러내는 시범장이다. 여행사는 이러한 점을 숙지하여 여행객의 여행예절을 인도해야 하는 교육적인 역할이 있다. 또한 국제수지 개선과 지역발전을 선도하는 경제적인 견인차의 역할 및 책임을 다해야 한다.

2) 여행업의 업무내용

여행업의 업무내용은 국가에 따라서 또는 영업규모나 종류에 따라 일정하지는 않다. 그러나 주된 업무를 열거하면 다음과 같다.

① 여행정보의 제공, 여행상담 및 안내와 여행계획의 작성
② 전 세계의 항공, 철도, 선박, 자동차 등의 승차권의 구매
③ 세계 각국의 호텔 및 리조트의 이용알선과 숙박권 대매(代買, 대리구매)
④ 개인고객의 희망조건에 따른 여정 작성, 교통기관, 호텔 및 입장관람의 예약
⑤ 안내원을 동반하는 주최여행을 세계 각지에서 정기적으로 실시하고 단체관광과 국제회의 등의 특별 수배
⑥ 자가운전용 렌터카의 수배, 가이드동반이나 미동반의 전세차 수배
⑦ 여행자 수표 및 신용장의 발매
⑧ 여권이나 사증(비자)의 입수절차 대행
⑨ 여행상해보험, 수하물보험의 취급
⑩ 여행자의 우편물 보관 및 회송
⑪ 기타 여행관계 도서나 안내서류의 출판, 관람권 및 공산품권의 대매, 화물운송 및 통관절차의 대행 등 다수 업무를 취급한다.

3) 여행업자의 수수료

여행업자는 프린시펄로부터 수수료를 받아 주로 사업을 영위하고 있다. 수령하는 수수료는 일정치 않으나 통례적인 수수료율은 <표 4-1>과 같다. 이것을 기준으로 각국 여행업자의 거래가 이루어지고 있다. 최근에는 항공사로부터 수수료가 거의 없거나 내려가고 있다.

표 4-1 여행업자가 받는 수수료

종 별	내 역	수수료율
국내항공	두 지점 간 항공권	5%
국내항공	가족여행 및 30일간 Discover Korea여행	7%
국내항공	광고를 내어 모집하는 주유여행	10%
국제항공	두 지점 간 항공권과 주유여행	7%
국제항공	단체여행(그 형태에 따라 수수료에 차이 있음)	7~10%
국제항공	여행자가 개별적으로 참가하는 패키지 투어	10%
차터기	전 세계 여객기 계약알선	5%
호텔	호텔객실 예약	5~10%
투어 (단독여정 육상수배)	여행업자는 여행준비 비용과 이윤을 계산해 받고 있는데 내역은 공표되지 않고 있다.	일정치 않음
투어 (참가모집여정육상수배)	여행목적지나 도매업자의 방침에 따라 수수료에 차이가 있음	10~18%
대서양	두 지점 간 승선권	7%
정기항로	공인된 투어를 포함할 때	10%
렌터카	렌터카 회사에 따라 차이가 있음	10~18%

제 2 절

패키지관광의 기본요소와 이점

01 패키지관광의 탄생

영국인 목사 토마스 쿡은 조직화된 패키지관광의 창시자이다. 그는 1841년 금주동맹에 참가하는 570명을 태울 수 있는 기차를 전세내었다. 이 첫 번째 관광은 후에 패키지관광에 기준이 되는 여러 요소들을 포함시키고 있다. 교통수단(40마일의 철도여행), 식사(점심식사와 차), 유흥시설(찬송가 밴드), 행사(금주회의), 에스코트 서비스(토마스 쿡 자신) 등이 여기에 포함되었다.

이 여행의 성공과 계속적인 여행서비스는 토마스 쿡으로 하여금 세계 최초의 여행사를 차리게 했으며 사람들을 해외여행으로 이끌었다. 1856년 토마스 쿡은 유럽행 그랜드관광을 처음으로 시도하기에 이르렀다. 1860년대 후반에 토마스 쿡 여행사는 나일강 유람선과 인디아로 가는 철도여행, 미국 가이드가 함께 수행하는 여행을 제공하였다. 이 밖에도 토마스 쿡에 의해 처음 시도된 것으로는 여행브로슈어, 여행일정표 그리고 공급자들에 대한 보증금제도 등을 들 수 있다.

02 패키지관광의 기본요소

패키지관광은 여러 공급자들에 의해 제공되는 몇 개의 여행요소를 결합시켜 단일상품으로 또한 단일의 가격으로 소비자에게 판매하는 것을 말한다.

패키지관광은 일반적으로 다음과 같이 구성된다.

1. 하나 또는 그 이상의 교통수단(항공기/지상교통수단, 항공기/여객선, 자동차여행 그리고 기차여행의 패키지)
2. 숙박시설
3. 식사
4. 매력물과 행사(관람, 자연적 · 사업적 오락시설의 입장, 레크리에이션, 여러 종류의 특별한 행사)
5. 그 밖의 요소(수하물 운반, 팁과 세금, 투어 매니저와 안내원의 전문적인 관광서비스, 레스토랑과 점포의 할인쿠폰)

패키지관광은 예를 들면 항공기 교통수단과 관람 또는 호텔숙박시설과 렌터카 등 두 가지 요소나 그 이상의 요소를 패키지화한다. 관광이 목적지 또는 출발지의 시점에서 항공여행을 포함시켰을 때 보통 구성요소들은 항공수배와 지상수배로 분리되어진다.

지상수배는 여행 동안에 필요한 육상교통, 숙박시설, 식사, 관람 그리고 다른 행동사항 등을 포함한다. 어떤 여행사들은 항공수배와 지상수배 양자를 포함한 가격을 사용하고 있는가 하면 다른 여행사들은 분리해서 항공요금과 지상요금을 책정하고 있다. 서로 분리하였을 때 고객들은 지상패키지상품을 선택 · 구입할 수 있으며 관광이 시작되는 시점에서 그들 스스로가 수배를 하여야 한다.

03 투어 오퍼레이터의 역할

투어 오퍼레이터(Tour Operator)나 관광도매업자(Tour Wholesaler)는 고객들에게 판매하는 패키지상품을 창출하기 위해 상품의 구성요소인 호텔 또는 교통수단을 운영하는 공급업자와 접촉해야 한다. 호텔객실, 항공좌석, 입장티켓을 단체로 구입하는 것에 의해 투어 오퍼레이터는 개인관광객에게 제공하는 가격보다 낮은 요금으로 관광상품을 제공할 수 있다.

투어 오퍼레이터는 고객에게 직접 패키지를 판매하는 회사 또는 직원을 가리키는 반면에, 관광도매업자는 소매여행사를 통해 패키지를 간접적으로 판매하는 회사 또는 사람이다. 그러나 투어 오퍼레이터와 관광도매업자의 의미는 종종 같은 의미로 사용되고 있다. 본서에서는 일반적으로 투어 오퍼레이터를 사용할 것이다.

투어 오퍼레이터에는 4가지 종류가 있다.

첫 번째는 독립적 투어 오퍼레이터이다. 이것은 개인기업이나 다국적인 기업에서 볼 수 있다. 아메리칸 익스프레스는 후자의 경우이다.

두 번째의 범주는 투어 오퍼레이터로서 기능을 발휘하는 여행사이다. 이 여행사는 그들의 고객이나 다른 여행사 도매업자에게 판매하기 위해 패키지관광을 구성한다.

세 번째 범주는 인 하우스(in-house) 투어 오퍼레이터이다. 그들은 항공기를 소유하거나 운영한다. 예를 들면 유나이티드항공사, 콴타스항공사 등이다.

네 번째 범주는 여행클럽과 인센티브여행사로 구성되어 있으며 이들은 일반인들에게 그들의 상품을 판매하지 않는다.

모든 투어 오퍼레이터들이 패키지상품을 만들어낼 때는 약간의 위험이 내재한다. 그들은 사전에 예약을 따놓아야 하는데 경쟁적인 시장에서 그들의 상품이 팔릴 것이라는 보장은 없기 때문이다.

만약 투어 오퍼레이터가 예치금을 미리 예치한다면 공급업자들은 그들을 위해 상품을 기꺼이 예약시켜 둘 것이다. 그러나 예치금은 서로 신용이 확립되면 점차적으로 줄어들 것이다.

04 패키지관광의 이점

패키지관광은 관광사업 중에서 가장 빠르게 성장한 분야이다. 패키지관광은 국내관광의 중요한 부분으로 대표되며 해외여행의 영역에서도 중요한 위치를 차지한다. 우리나라 대부분의 해외여행자가, 미국인 중에는 50%가 패키지관광을 구입하고 있다. 어느 연구에서는 미국 휴가여행자의 80%는 패키지관광이 적당하지 않다면 여행을 하지 않을 것이며 42% 이상의 사람들은 그들의 여행계획을 확실히 바꾸겠다는 결과가 나타났다.

왜 패키지관광이 이렇게 인기를 얻게 되었는가? 주요 요인은 개별여행이 제공하지 못하는 실질적인 많은 이점을 제공한다는 데 있다. 패키지관광의 이점을 나열하면 다음과 같다.

1) 비용파악

패키지관광은 사전에 지불되기 때문에 고객들은 여행 전에 총비용을 정확하게 계산해 낼 수 있다는 이점이 있다. 이것은 특히 포괄패키지관광에서 명확하게 알 수 있다. 고객은 숙박시설, 식사, 관람, 오락, 운반비, 세금을 출발 전에 지불한다. 그러나 기념품, 선물, 주류 등과 같은 사적 품목은 개인적으로 추가되는 비용이다.

2) 할인가격

패키지관광에 있어서 가장 매력적인 요소는 비교적 비용이 저렴하다는 것이다. 관광공급자로부터 단체나 블록으로 구입하기 때문에 투어 오퍼레이터는 개별적으로 구입하는 가격보다 상당히 저렴한 금액으로 패키지관광을 제공한다.

단일 객실을 예약하는 것보다는 단체로 객실을 예약하는 것이 훨씬 더 저렴하다. 예약의 양이 많은 투어 오퍼레이터는 적어도 표준요금의 50%까지 저렴하게 객실요금을 인하할 수 있다.

3) 보장된 수배

여행자가 패키지상품을 구매할 때 그들은 또한 마음의 평화를 구입하게 된다. 개별여행자는 항공기의 고장이나 호텔에서 그들의 예약기록을 찾지 못하게 되는 등 불쾌한 일들에 대처해야 한다. 반면에 패키지관광에서는 모든 수배가 미리 투어 오퍼레이터에 의해 이루어지기 때문에 여행에 대한 이러한 걱정을 없애준다. 또한 단체예약은 공급업자가 투어 오퍼레이터에 의해 창출되는 사업에 크게 의존하고 있기 때문에 신용 또한 높일 수 있다.

4) 보장된 참가

개별관광객보다 단체관광객으로서 특별행사에 입장하기가 더욱 용이하다. 이것은 투어 오퍼레이터들이 관광참가자들을 위해 입장을 보장하는 티켓을 예약하기 때문이다. 예를 들면 단체관광객의 일원이 아니면 독일에서 10년마다 공연되는 오베람메르가우 그리스도 수난극(Oberammergau Passion Play)에 참가하는 것이 거의 불가능하다. 중국과 알바니아와 같은 나라들도 단체관광객들에게만 특정장소에 접근하는 것을 허락하고 있다.

5) 관람

투어 오퍼레이터는 특정 여행에는 어떠한 매력물이 어울리는지를 아는 감각을 지녀야 한다. 그들은 어느 지역의 야경이 최고의 즐거움을 준다는 것을 알고 있어야 하고 레스토랑도 추천할 수 있어야 한다. 개별관광객과는 달리 단체관광객들은 그들이 구경할 만한 것을 놓치지 않을까 하고 걱정할 필요가 없다.

6) 시간절약

패키지관광에 있어서 관광객들은 숙박편, 교통편, 쇼를 보기 위한 티켓구매에 시간을 허비하지 않아도 된다. 단체관광은 극장 그리고 다른 관광지에 있어서도 시간절약을 할 수 있다. 관광참가자들은 줄을 서서 기다리지 않는다. 그들은 개인들보다 더 쉽게 입장할 수 있다.

제 3 절

패키지관광의 형태

패키지관광의 공통된 이미지는 유니폼을 입은 관광안내원의 조심스런 안내 아래 외국여행을 하는 서민단체관광을 생각하게 한다. 이러한 관광은 실제로 존재하고 있으나 최근에는 세상 곳곳에 관광의 종류와 여러 형태가 급속히 성장하고 있다.

도매업자는 매우 세련된 관광객들의 욕구를 충족시키기 위해 관광상품을 개발한다. 그들은 대중시장과 특별히 세분화된 시장 양쪽에 대응한다. 젊은층, 가족, 부유층, 서민, 장애인 등을 끌어들일 수 있는 세밀한 투어를 만들고 있다. 어떤 관광은 휴가 중 편히 쉬길 원하는 고객들을 위해 고안되는가 하면, 어떤 관광은 여행 중 모험과 학습을 원하는 고객들을 위해 고안되기도 한다. 1일 유람관광, 주말 패키지관광, 2주의 특별흥미관광, 한 달 동안의 문화패키지관광 등을 들 수 있다. 사람들은 여유로운 관광 또는 빠른 관광, 저렴한 관광을 위해 포괄여행이나 개별여행을 할 것인가를 결정할 수 있다.

모든 패키지관광은 내용, 목적지, 활동목적에 의해 분류할 수 있다.

01 기본적인 패키지관광 형태

패키지관광을 정하는 것은 다만 시작일 뿐이다. 그 다음 관광객은 자신이 원하는 패키지가 어떠한 종류인지를 정한다. 패키지관광에는 많은 종류의 상품이 있다.

1) 개별관광(Independent Tour)

개별패키지관광은 모든 상품규격 중 최소의 것으로 구성되어진다. 이것은 혼자 여행하는 자유로움과 유연성을 제공하며 패키지절약의 이점을 제공한다. 개별패키지상품은 구성요소의 최소화를 나타낸다. 이것의 전형적인 예를 들면 숙박, 짐 운반, 렌터카의 사용, 콘티넨탈 아침식사 또는 유람 등 호텔 숙박시설과 지상수배를 포함한다.

관광객은 언제나 출발하거나 돌아오는 것에 대해 자유롭다. 그들은 다른 가격의 다양한 호텔 중에서 선택할 수 있으며 그들의 여행기간을 늘릴 수 있다. 항로(Fly) · 육로(Drive)상품은 개별패키지관광의 좋은 예이고, 개별관광을 위한 유명한 목적지로는 런던과 파리 등 리조트지역을 예로 들 수 있다.

개별관광은 여행사들이 고객을 위해 만든 FIT와 DIT를 혼동해서는 안 된다. FIT(Foreign Independent Tour)와 DIT(Domestic Independent Tour)는 패키지관광보다 비용이 더 많이 들며 여행사 측에서 시간소모가 많기 때문에 최근에는 비교적 일반화되어 있지 않지만 앞으로 증가하리라 예상된다.

2) 호스트관광(Hosted Tour)

호스트관광에서 호스트는 관광객들이 자유시간을 계획하는 데 있어서 도움을 주고 질문에 대답하고 임의관광을 수배하기 위해 호텔에 남아 있어야 한다. 호스트는 에스코트가 아니며 관람 또는 여행할 때 관광그룹과 동반하지 않는다. 만약 한 목적지에 여러 곳을 관광할 때에는 다른 호스트들이 예약된 각 호텔에 배치되어 있다.

호스트관광은 조직적인 행사와 자유로운 시간 사이에 균형을 이루려는 휴가여행자에 의해 이용된다. 스케줄이 잡힌 관광과 더불어 참가자들이 그들이 즐길 수 있는 시간을 수배하는 데 자유롭다. 개별관광과 마찬가지로 그들은 출발날짜, 숙박시설의 수준, 체재일수 등을 선택하는 데 자유롭다.

3) 에스코트관광(Escorted Tour)

에스코트관광은 모든 관광 중에 가장 잘 구성되어 있다. 목적지에서의 식사, 교통수단, 단체행동의 프로그램 등 모든 것을 제공한다. 전문적인 투어 에스코트는 여행을 하는 동안에 단체와 동행한다.

에스코트관광은 미리 계획된 휴가를 원하는 여행자들에게 소구한다. 이러한 관광의 특징은 여행자가 다른 관광을 즐길 수 있게 하는 유연성과 개인의 자유성을 제공하지는 않는다. 참가자는 단체로 여행하므로 자유시간을 제약받는다. 투어 오퍼레이터에 의해 계획된 대로 처음부터 끝까지 관광이 이루어져야 하고 선택된 호텔에 머물러야 한다.

4) 특별관광형태(Special Tour Format)

이것은 세 가지 기본적인 관광형태와 더불어 일반인들에게는 조금 낯선 패키지관광이다.

① 인센티브관광(Incentive Tour) : 판매업적 또는 이와 유사한 회사의 업적을 수행한 종업원에 대한 보상으로서 회사 측이 제공하는 관광을 말한다.
② 회의관광(Convention Tour) : 국제회의, 미팅, 전시회, 산업전과 같은 것에 참가하는 협회나 단체에게 판매하기 위해 상품을 패키지화한 것을 말한다.
③ 특별취미관광(Special-Interest Group Tour) : 예를 들면 사진, 조류관찰, 오페라 등 공통된 취미를 지닌 클럽, 사회단체를 위해 수배되는 관광상품이다.

상기의 세 가지의 특별한 관광형태는 투어 오퍼레이터, 여행사, 회사, 협회, 클럽 등에 의해 개발되어진다. 관광상품은 기본적으로 보면 상용관광객과 휴가관광객을 위해 만들어지는 것이다.

5) 인바운드관광(Inbound Tour 또는 Incoming Tour)

이것은 외국에서 만들어지는 것으로 그들의 목적지를 타국으로 정하는 관광상품이다. 이 상품은 기본적으로 아웃바운드관광의 정반대의 수순을 따른다. 예를 들어, 우리나라의 관점에서 볼 때 서울－뉴욕－서울이 아니고 뉴욕－서울－뉴욕의 순으로 여행하는 것이다. 외국관광객들은 우리나라(한국)에 있어서 매우 중요하다. 그들은 직업, 소득, 세금수익을 창출한다.

02 목적지에 의한 패키지관광 형태

특정목적지에 대한 여행자의 일반적인 취향에 맞추기 위해 많은 투어가 계획되고 제공되고 있다. 이것은 짧은 시간 속에서 여러 나라를 관광해야 하는 에스코트관광에 있어서 특히 그렇다. 17일 안에 9개국을 방문해야 하는 유럽의 그랜드관광은 그 좋은 예이다. 한 나라에 최대한 3일간을 머무르는데 관광객들은 기껏해야 주요한 유명관광지 몇 개만을 볼 수가 있다.

1) 지역관광(Area Tour)

지역관광은 비록 어떤 목적지를 깊이 감상할 기회는 적지만, 각 나라에서 더 많은 시간을 가질 수 있다. 예를 들면 15일간의 스칸디나비아 패키지관광상품은 덴마크에서 4일간, 스웨덴에서 5일간, 노르웨이에서 6일간 체재하며 각 기간 중 2일씩 각 나라의 수도에서 보내게 된다.

2) 일국관광(Single Country Tour)

일국관광은 관광객이 다국관광보다 더 많이 볼 수 있도록 가능한 한 나라에 체재하는 것이다. 영국, 프랑스, 이탈리아, 독일, 스페인, 이스라엘, 일본, 뉴질랜드, 그 밖의 나라들이 이런 종류의 관광을 제공한다. 일국관광은 방문객에게 보다 인상깊은 구경거리를 제공하기 위해 특별한 지역에 볼거리를 집중시킨다. 예를 들면 8일간, 10일간의 셰익스피어의 고향방문 또는 프랑스 샤토 컨추리(French Chateau Country) 또는 캐나다 록키산맥을 방문하는 관광을 들 수 있다.

3) 2개 도시관광(Two City Tour)

도시관광은 모든 패키지관광에 대부분 포함된다. 도시관광은 보통 개별관광이나 호스트관광이다. 2개 도시관광은 단일목적지를 원하지 않는 관광객을 위한 아이디어이다. 이것은 패키지가격에 포함되어진 교통수단과 함께 동일한 시간을 각 도시에서 보낸다. 이 두 도시들은 예를 들면 로마와 플로렌스, 몬트리올과 퀘벡과 같이 동일한 나라에 있거나 런던과 파리, 방콕과 홍콩 등 다른 나라의 도시일 경우도 있다. 후자의 결합은 두 문화에 대한 감상을 관광객에게 제공한다.

4) 1개 도시관광(Single City Tour)

목적지에 대해 폭 넓고 자세하게 알기를 원하는 관광객은 1개 도시를 선택할 것이다. 1개 도시관광은 4일 동안의 관광일 수 있고 특별한 목적지의 독특한 매력물, 예를 들면 런던과 뉴욕의 극장, 홍콩의 쇼핑, 파리의 박물관, 밀라노의 오페라 등에 초점을 맞추어 연장할 수 있다.

03 활동목적에 의한 분류

목적지 그 자체가 관광의 강력한 소구점이 될 수 있지만, 특별한 활동유형에 초점을 맞출 수 있어야만 목적지가 대중적으로 각광을 받을 수 있다. 관광활동은 흰 강물의 뗏목타기와 같이 동적일 수 있고 해변에 누워 있는 것처럼 정적인 것일 수도 있다. 투어 오퍼레이터는 다양한 동기, 욕구, 기대에 만족할 수 있는 패키지상품을 개발해야 한다.

1) 긴장해소

많은 사람들은 푸른 하늘, 해맑은 햇살, 모래사장, 기름진 음식, 야간오락시설 등으로 긴장을 푸는 휴가를 무엇보다 좋아한다. 체재형 리조트휴가촌은 예를 들면 카리브해, 하와이, 멕시코, 지중해 연안 등 세계의 많은 곳에 위치한다. 휴가는 스포츠, 레크리에이션, 쇼핑, 일정한 유람 등으로 구성되나 실제로 가장 중요한 목적은 긴장해소이다.

2) 경치

아름다운 경치를 즐기려는 사람들을 위한 관광에는 다양한 종류가 있다. 대부분 이러한 관광은 자동차나 기차 또는 선박에 의해 제공되어진다. 또한 거의 에스코트관광의 성격을 띠고 있다.

3) 학습

모든 관광은 학습된 경험을 제공하나 여기서 우리는 관광객의 관심이 문화, 역사, 과학, 교육이기 때문에 그러한 여행에 관하여 말하기로 한다. 어떤 투어오퍼레이터는 지적 관광(Intelligent Travel)의 의미로 상품을 패키지화한다. 문화관광은 여러 종류의 형태를 갖는다.

대표적으로 문화관광에는 박물관, 예술화랑, 극장공연, 음악페스티벌 등에 참가하는 건설적인 프로그램이 포함된다. 개별관광객은 방문국의 가족들과 함께 머무는 홈스테이를 수배할 수 있으며 그렇게 함으로써 그들이 경험하는 문화에 대해 더 많은 이해와 감상을 할 수 있다. 역사관광은 고적탐사의 참가, 원시문명에 대한 연구 등을 들 수 있다.

과학관광의 참가자들은 지질학적 탐험 또는 특별한 지역의 식물에 대한 연구에 참가한다. 역사・과학관광은 보통 이 분야의 전문가나 강사 등을 초청한다. 역사관광, 문화관광, 교육관광의 차이점은 뚜렷하지 않지만 후자의 2가지 경우 일반적으로 현장에서의 학습보다는 교실에서의 학습에 더 초점을 두고 있다. 모든 교육관광은 참가자가 개인적인 향상을 성취할 수 있도록 하고 있다. 부가적인 보너스로는 어떤 관광은 학점을 딸 수 있는 기회가 되기도 한다.

4) 종교와 민족

성지참배는 고대로부터 관광을 하는 중요한 이유 중 하나이다. 투어 오퍼레이터는 여러 종교를 믿는 사람들을 성스러운 곳, 예를 들면 가톨릭은 로마로, 기독교는 예루살렘으로, 이슬람교는 메카로 여행하는 패키지상품을 계속적으로 만들어내고 있다.

민족관광은 그들의 부모, 조부모 그리고 선조가 살던 고국을 방문하는 것으로서 한국의 재외동포 또는 모든 미국인들과 관련된 관광 중에 하나이다. 민족관광의 예는 서아프리카와 잠비아에 가려는 흑인들과 이탈리아를 방문하는 이탈리아계 미국인들이 포함될 수 있다.

5) 모험

여행자가 휴가기간 동안 모험을 즐기려고 하는 모험관광은 중요한 부분시장으로 성장하고 있다. 캐나다 모험(Adventure Canada), 린드블라드관광(Lindblad Travel), 산악관광(Mountain Travel) 등에서 투어 오퍼레이터들은 독특한 목적지에 깜짝 놀랄 만한 패키지상품을 제공한다.

모험관광의 예는 다음과 같다.

- 히말라야산맥 등반
- 사하라사막의 낙타모험
- 노스웨스트주(Northwest Territors)에서의 개썰매타기(Dogsledding)
- 네팔에서의 소달구지여행
- 아프리카의 사파리
- 캐나다 록키산맥에서의 말등타기
- 케냐 보호구역에서의 열기구타기
- 아마존 정글지대 탐험
- 알래스카의 강급류타기

6) 스포츠와 레크리에이션

스포츠와 레크리에이션시장은 초기 패키지관광에 있어서 중요한 부분이었으며 최근 들어 더욱 다양화되고 있다. 관광업체는 활동적인 휴가를 원하는 사람들을 위해 골프, 테니스, 스키 패키지상품을 제공한다. 레크리에이션관광은 예를 들면 디즈니랜드와 같은 테마공원 패키지와, 라스베이거스・애틀랜타시와 같은 도시를 방문하는 도박패키지를 포함시킬 수 있다. 레크리에이션활동이 관광의 단일목적이 될 수 있지만 관람, 휴양, 조사연구와 같은 다른 목적들을 결합시킬 수 있다.

스포츠관람 패키지는 주요한 매력물로서 특별한 스포츠행사를 중심으로 구성된다. 아시안・올림픽게임, 월드시리즈, 슈퍼볼, 윔블던 테니스대회, 켄터키더비, 인디애나폴리스 500, 마스터즈 골프 등은 스포츠관람 패키지상품에 중요한 요소가 될 수 있다.

7) 특별한 관심

이것은 미래의 개발품으로서 커다란 잠재력을 가진 관광상품이다. 이러한 상품을 특별관심상품(Special Interest Tour: SIT)이라고 부른다. 투어 오퍼레이터는 공통된 관심을 갖는 단체를 위해 관광상품을 패키지화할 수 있다. 스위스의 초콜릿을 좋아하는 사람들의 관광, 중국에서의 조류관찰관광, 미국 내에 있는 Southern Mansion의 가든관광 등이 여기에 속한다. 최근 들어 우리나라에서도 마라톤의 열풍과 더불어 마라톤에 관심이 많은 사람들을 위한 패키지 관광, 골프를 좋아하는 사람들을 위한 골프 관광, 산사체험을 위한 템플스테이 관광, 봉사와 관광을 겸하는 사람들을 위한 관광 등이 패키지화되고 있다.

어떤 열광자들(록그룹, 축구클럽, 정당조직)은 관심 있는 그룹, 클럽, 조직과 함께 여행한다. 또한 일부 사람들은 개인적으로 특별히 흥미로운 패키지상품을 구입하기도 한다.

8) 주말

통계에 의하면 미국인들은 일회성이고 장기간이고 매년의 휴가보다는 기간이 짧더라도 자주 실행되는 다빈도 휴가를 더욱 원한다고 한다. 특히 싼 주말 패키지는 상당히 대중화되어 가고 있다. 이러한 경향은 우리나라에서도 마찬가지일 것이다.

주말 패키지상품으로 가족패키지(아이들을 위한 자유로운 편의시설), 신혼여행패키지, 레크리에이션이나 교육적 패키지, 특별한 흥밋거리를 주제로 한 패키지, 테마 주말패키지(한 예로, 살인미스터리를 주제로 함) 등을 제공할 수 있다. 이는 공통적으로 'Quick Fix'의 의미를 갖고 있으며 일상적인 것으로부터 탈피라는 의미를 부여할 수 있다.

9) 특별한 욕구

휠체어 사용자들은 자유롭게 움직일 수 있는 사람들보다 다른 욕구를 지니고 있다. 호텔과 공공시설물의 접근성은 경사로, 폭넓은 출입구와 같은 시설, 건축학적 장애물을 줄일 수 있는 다른 시설로 인해 제한되어질 수 있다. 신체적으로 불편한 사람은 특별한 장비가 갖추어진 객실과 그들이 휠체어를 타고 내리는데 도와줄 수 있는 장애인용 승강기를 필요로 한다. 특별한 수배는 또한 시각장애인, 청각장애인, 신체장애인을 위해 만들어진다. 투어 오퍼레이터는 최근에야 이 거대한 시장에 대해 특별한 패키지상품을 만들고 있다.

장애인들에게 제공되는 패키지관광으로는 휠체어 장애인을 위한 관광(예를 들어 Flying Wheels Tours, Evergreen Travel 등), 청각장애인을 위한 관광(예를 들어 Vegabond Tours for the Deaf) 등이 있다.

제 4 절

패키지상품의 개발

01 패키지상품 생산의 협력자

다른 복잡한 상품과 마찬가지로 패키지관광은 많은 사람들이 수행한 업무의 결과이다. 패키지상품은 다음 단체들 간의 원활한 거래로부터 생산되는 것이다.

- 공급자(호텔, 레스토랑, 항공사, 유람선, 버스회사, 관람회사, 매력지, 리조트 등)
- 공공부문의 조직(중앙부서, 지방정부, 지역관광업소, 컨벤션사무국 등)
- 투어 오퍼레이터
- 여행사

공급자들은 관광상품의 여러 구성요소를 생산하는 사람들이다. 공급자의 기본적인 목표는 고객에게 적합한 상품을 판매하는 것이다. 공급자들은 보통 고객보다는 중간상인(중개자)에게 자사상품을 판매한다.

공급자들의 판매사무실은 가끔 항공기 판매사무실과 유사한 방식으로 도시, 시외, 나라별로 조직된다. 그러나 지역공급자나 프랜차이즈공급자들은 전국에 걸친 판매력을 필요로 하지는 않는다.

공공부문조직(public-sector organization)은 시(市)나 주(州)처럼 목적지를 여행하는 그룹에게 판매촉진한다. 공공부문조직에는 주 관광사업부서, 지역시의 관광사업의회, 컨벤션과 방문객사무국, 투어 오퍼레이터에게 그들의 목적지를 판매하는 조직 등 다채롭다.

대중적인 마케팅 접근법은 다이렉트 메일(Direct Mail)과 흥미를 끌 수 있는 슬로건의 개발을 포함한다. 이를테면 뉴욕시의 'Big Apple'과 'I Iove New York'은 좋은 예이다. NTA(National Tour Association)의 정기추계컨벤션과 추계관광전은 공적조직들이 투어 오퍼레이터에게 그들의 목적지를 시장화할 수 있는 포럼을 제공한다.

NTO(National Tourist Offices)는 전국의 관광사업을 촉진하기 위해 존재한다. 미국의 경우 연방정부는 미국 상무성의 일개 사무소인 USTTA(United States Travel and Tourism Administration)를 통해 인바운드 관광을 촉진하는 풀뿌리 방법을 전개하고 있다. 다른 나라들의 정부도 관광사업에 있어서 매우 적극적인 활동을 전개하고 있다.

투어 오퍼레이터는 고객에게 직·간접으로 공급자의 서비스를 시장화된 관광패키지로 결합한다. 투어 오퍼레이터는 개인회사들이다. 세계적인 규제완화 경향이 나타나면서 투어 오퍼레이터가 시장에 진입하는 것이 비교적 용이하게 되었다. 이 산업은 비교적 적은 초기자본, 빠른 현금회전율, 투자금액에 대한 잠재적인 높은 회수율 등의 특징이 있다.

여행사들은 고객에게 여행상품을 실질적으로 판매하며 체인으로 연결되어 있다. 그들은 공급자와 투어 오퍼레이터의 상품을 고객에게 연결시키는 판로의 역할을 하며 보통 10%의 수수료로 보상을 받는다. 반면에 고객들은 여행사에게 서비스에 대한 요금을 지불할 필요가 없다.

02 패키지상품의 개발단계

패키지상품을 만들어내는 데 수행되는 업무는 운영, 비용책정, 브로슈어 제작, 촉진 등 4단계로 나눌 수 있다.

1) 운영(Operation)

운영단계는 계획(Planning)으로 시작된다. 시장조사는 투어 오퍼레이터가 어떤 관광상품을 판매할 것인가를 결정하게끔 한다. 패키지는 단체비즈니스를 대상으로 하는 공급자의 제안에 의해 또는 기업 측의 제안에 호응하려는 목적으로 창출되기도 한다. 관광목적지, 대략적인 날짜, 관광기간을 결정해야 하며 다음 단계로는 교통수단 및 지상서비스 공급자와 협상해야 한다. 이것은 관광상품의 상세한 여정을 개발하는 것과 밀접한 관계가 있다.

2) 비용책정(Costing)

정확한 비용책정은 패키지상품의 개발에 중요한 단계이다. 패키지는 매력적인 가격으로 고객들에게 제공되어야 한다. 가격에는 촉진적인 비용, 업무간접비, 수수료, 수익을 포함하도록 해야 한다. 비용에는 고정비와 변동비가 있다. 고정비는 참가자 수와 관계없이 지출돼야 하는 비용이다. 만약 투어 오퍼레이터가 블록(block)상태로 호텔객실과 버스좌석을 예약했다면 비용은 참가자의 인원이 15명이건 25명이건 똑같을 것이다.

여기서 블록이란 '호텔의 객실, 항공기의 좌석 등을 어느 정도 묶어서 예약하는 것'을 말하며 흔히 블록예약(block booking)으로 쓰인다.

변동비는 참가자의 수를 기초로 발생하는 비용을 말한다. 예를 들면 만약 호텔객실이 블록예약이 되어 있지 않다면 투어 오퍼레이터는 사용한 객실비만 공급자에게 지불하면 된다.

투어 오퍼레이터는 여러 특징을 생략하거나 포함시키는 것에 의해 패키지의 비용을 다양하게 설정할 수 있다. 모든 포괄여행(All-Inclusive Tour)은 숙박시설이나 교통수단만을 대상으로 하는 패키지보다 훨씬 비용이 든다. 투어 오퍼레이터는 패키지에 포함된 식사의 수를 제한하거나 특급호텔보다 1급호텔을 선택하거나 더 많은 자유시간을 계획하는 것에 의해 패키지의 비용을 저렴하게 할 수 있다.

3) 브로슈어 제작(Brochure Production)

다음 단계는 여행사와 잠재고객을 유인하기 위해 브로슈어를 작성하는 것이다. 브로슈어는 전형적으로 투어 오퍼레이터와 그들의 상품에 대한 정보가 포함되고, 이를테면 이용 가능한 모든 관광요소를 배열해야 하며 여행조건을 명

시해야 한다.

많은 대형 투어 오퍼레이터는 그들 자신의 브로슈어를 직접 만들어낸다. 소형 회사들은 가끔 항공사, 호텔, 공급업자들이 만들어낸 쉘(shell)을 사용하고 있다. 쉘은 완전 컬러판이며 가능한 짧고 일반적인 내용을 담은 브로슈어이다. 투어 오퍼레이터는 쉘 브로슈어에 자사의 자세한 광고내용을 기입하고 있다. 쉘 브로슈어는 투어 오퍼레이터에게 시간 및 비용을 상당히 절약하게 만든다.

4) 촉진(Promotion)

마지막 단계는 관광상품의 촉진이다. 매체광고는 효과적인 촉진수단으로 오랫동안 인식되어 왔으며 관광산업의 전문지(NTA의 월간잡지 Courier, Travel Weekly, The Travel Agent 등과 같은 간행물)와 잠재고객을 대상으로 하는 광고를 포함한다.

고객광고는 특별한 관광의 매력요소에 중점을 두는 반면 사업체광고는 많은 정보에 중점을 둔다. 또한 투어 오퍼레이터는 그들의 관광상품을 판매하기에 좋은 고객이라 여겨지는 소매업자들에게 소구하기 위해 다이렉트 메일(DM) 및 그룹판매 전시 등을 사용한다.

여행사에게 할인가나 무료로 제공하는 FAM투어(Familiarization tour)는 관광상품에 대한 관심을 성공적으로 창출하는 데 있어서 또 하나의 촉진수단이기도 하다.

제 5 절

여행업에서의 직업적 성공기회

01 기본적 자질

만약 여러분이 여행업계에서 일하려고 한다면 다음과 같은 사항에 적합해야 한다. 여러분은 다른 사람 돕기를 좋아하는가? 문제를 해결할 능력이 있는가? 마음의 부담을 이겨내 일할 수 있는가? 시시콜콜한 세부사항에도 주의를 기울 수 있는가?

만약에 '예'라고 대답한다면 여러분은 여행사 분야에서 일하기 위해 필요한 가장 기본적인 자질을 일단 갖춘 셈이다.

전문적인 여행사 직원의 지위는 현재 급격히 신장되고 있다. 이러한 추세로 인해 최근 몇 년간 수천 명의 인원이 필요해질 것이다.

02 일반적 지식과 기술

새로운 직원을 선발할 경우에 회사 측은 일반상식에 대한 충분한 지식과 기능을 살필 것이다. 영어, 중국어, 일어 등 외국어로 의사소통하는 데 불편이 없어야 함은 기본적인 사항이다. 또한 가장 필요한 것은 지리학에 대한 지식이다. 여행사 직원은 고객이 찾는 세계 어느 지역에 대해서 정통해 있어야 한다. 또한 지도상으로 목적지를 지적할 수 있어야 한다. 그리고 날씨, 문화, 갈 만한 곳에 관해서도 알아야 하는데 왜냐하면 무엇을 입어야 하는지, 어떻게 행동해야 하는지, 무엇을 보아야 하는지에 대한 고객의 질문에 대답할 수 있어야 하기 때문이다.

수학적 지식도 필요한데, 여행사 직원은 끊임없이 요금을 계산하고 인보이스(송품장 : invoice)를 준비하며 시각표를 읽고 환율변동을 계산해 내야 하기 때문이다. 매니저의 지위로 진급하기를 바라는 직원은 회계의 지식이 가장 필요할 것이다.

여행사 직원은 좋은 커뮤니케이션 기술이 필요하다. 그들은 고객이 적절한 여행상품을 택할 수 있도록 고객이 자신의 여행동기, 욕구, 기대를 표현하도록 즐겁게 대화할 수 있어야 한다. 많은 고객이 전화상으로 거래를 결정하기 때문에 상냥한 전화매너가 중요하다.

대부분의 여행사 직원은 직접 편지를 쓰고 여행스케줄을 잡고 예약신청을 하고 인보이스를 만들어야 하기 때문에 우수한 타이핑 실력은 필수적이다.

03 교육과 훈련

1) 학력과 경력

과거에는 여행대리인이 되고자 하는 사람은 여행사의 사무업무로부터 시작하였다. 그들은 경험 있는 대리인의 어깨너머로 일을 배웠다. 여행사는 전문대졸자에게 인보이스 타이핑, 전화응답, 자료처리 등을 시켰다.

그러나 이제 이러한 상황은 바뀌었다. 컴퓨터 예약시스템은 많은 단순사무직을 축출하였다. 각 여행사는 현대적 대리점업무의 복잡성으로 인하여 회계업무 경험이 없는 자의 고용을 꺼리고 있다. 낮은 수익성 때문에 미숙련자의 잘못으로 회계상 적자를 원치 않고 또한 미경험자의 훈련에 많은 시간을 소모하기를 원치 않고 있다.

그 결과 여행산업의 분야로 진출하려는 사람은 전문대학 졸업생 이상이거나 유경험자라야 한다. 예를 들어 항공사 예약담당자로 근무했던 사람은 매우 유리하다. 여행사와 관련된 타 업체에서 배운 기술을 지니고 있는 사람은 더욱 유리하다. 타 업체의 세일즈담당이던 사람도 여행사의 업무를 수행하는 데 충분한 자질이 있다.

2) 전문교육

전문대학이나 대학의 관광관련학과 출신이 여행사로의 진출이 용이하다. 전문대학이나 대학교 산하 연수기관, 관광공사 산하 교육원, 정부인정 전문학원 등의 학력 또한 전문적 기술에 적합하다.

관광학과, 관광경영학과, 관광통역과(유사학과), 문화재 관련학과가 여행사업무와 깊은 관련성이 있으나 그 밖에 호텔경영학과, 관광자원학과, 관광개발학과, 관광행정학과 등 모든 관련학과 졸업생은 이 분야로 진출할 수 있다. 또한 외국어학과 출신자 및 경영관련학과 출신자의 진출도 이루어지고 있다.

3) 상급교육

우리나라에서는 여행업의 경력사원에 대한 교육이 거의 없는 실정이고 일부의 경영대학원(야간)에서 재교육이 이루어지고 있지만, 선진국에서는 상급교육에 대한 프로그램이 존재하고 있다. 미국에서 경력자들은 ICTA(Institute of Certified Travel Agents)의 상급반 코스를 밟을 수 있다. 이 과정을 성공적으로 끝마친 사람은 CTC(Certified Travel Counselor)라는 권위 있는 명칭을 받는다. ASTA는 여행대리인의 임무에 대한 4개의 시험에 합격한 사람에게 상급자격증을 수여한다. ASTA 또는 ARTA의 회원은 대리인이 전문적 자격을 가지고 있다는 것을 말해준다.

04 승진기회

여행사에는 사원, 대리, 과장 또는 차장, 부장, 이사(상무, 전무), 사장 등의 직급이 있다. 여행사에서의 승진코스는 그들이 일하는 여행사의 크기에 따라 다르다. 소규모나 중규모의 여행사에서는 사람들은 대리인(agent)으로 시작하여 그 다음에 여행이나 목적지의 특정 형태에 전문대리인이 되고 그 다음에 매니저로 진급한다. 많은 매니저는 여행사의 오너가 되려고 한다. 중진 및 대형 여행사에서는 많은 경영진이 있고 승진할 기회가 더욱 많다.

여행사 직원으로서 훈련이나 경험이 있는 사람은 소매여행사보다 다른 장소에서 일할 수 있다. 여행클럽의 오너가 된다거나 기업여행부문, 자동차 클럽, 정부관광기관 등에서 일할 수 있다. 여행대리인의 경력은 항공사, 유람선회사, 기타 교통기관에서 일하는 데 매우 좋은 밑받침이 된다고 말할 수 있다.

표 4-2 여행업의 직업기회

직 업	필요교육 수준	승진기회
여행사 직원, 여행카운슬러	전문대졸, 대졸 유리 카운슬러 경험자 유리	여행사 부서장 및 경영자
외판 담당자	전문대졸, 대졸 유리	판매과장
여행사 매니저	전문대졸, 대졸 유리, 경력자	여행사 경영자, 소유자
정기항공사 발권 담당자	전문대졸	발권 감독자
예약판매 담당자	전문대졸, 대졸 유리	여행사 부서장
여행사 소유자	전문대졸, 대졸, 경력자(자본가)	대형 여행사 소유자

표 4-3 패키지관광에 있어서 직업기회

직 업	필요교육 수준	승진기회
오퍼레이션 클럭	전문대졸 이상 유리	감독자, 판매관리 부서장
예약담당자	전문대졸 이상 유리	감독자
투어 가이드	전문대졸 이상 유리	투어 오퍼레이터 투어 매니저
투어 오퍼레이터	전문대졸 이상 유리	투어 매니저
투어 매니저	관광관련 전공자 유리, 관광안내원 자격증 소지자 유리	판매관리 부서장
도매여행업자	전문대졸 이상 유리	여행사경영, 소유자

제 5 장

국제회의업

제1절 회의산업의 개관

제2절 회의시장

제3절 회의기획가의 역할

제4절 무역쇼, 전시회, 박람회

제5절 회의산업에서 직업적 성공기회

제 1 절

회의산업의 개관

01 회의산업의 성장

회의산업의 급성장은 교통산업의 발전과 더불어 일어났다. 특히 제트 여객기의 등장은 인간의 이동을 보다 빠르고 안락하게 그리고 저렴하게 만들었으며 이것이 회의산업의 성장을 자극하였다. 국제 간의 회의에서도 해외목적지로의 이동이 한결 편리하고 안전하게 되었다. 최근에는 항공산업의 규제완화로 인해 국제회의에의 참석이 한층 용이하게 되었다.

육상교통의 발달과 서비스의 개선 또한 회의시장의 확장에 기여하였다. 철도, 고속도로, 장거리 버스운송, 렌터카 등 다양한 육상교통수단이 회의산업시장의 확장에 일익을 담당하고 있다.

컴퓨터예약시스템 또한 1만 명 이상이 모이는 전시회, 국제무역박람회 등을 용이하게 만들고 있다. 회의장소 및 숙박시설의 현대화는 회의산업에 없어서는 안 될 필수적인 요소가 되었다.

회의산업이 급성장함에 따라 회의에 대한 전문적 기술에 대한 요구가 증대하여 회의기획가, 목적지경영의 필요성이 크게 부각되었다. 그리고 미팅, 컨벤션, 전시회는 관광공급자에게 중요한 수입원이 되고 있다. 과거 40여 년 동안 회의산업은 별로 대수롭지 않은 상태에서 이제는 연간 수천억 원을 벌어들이는 산업으로 성장하였다.

우리나라에서도 대전 엑스포와 '94년 한국방문의 해를 시발점으로 하여 2000

년 APEC 관광장관회의 개최, 2001년 WTO 총회 개최, 2003년 ICCA 총회 개최, 2008년 RAMSAR총회, 2012년 여수엑스포 등의 굵직한 국제회의를 성공적으로 개최하면서 회의산업이 급속한 성장을 거듭하고 있다.

교통수단이 발달되지 않았던 과거에는 기업중역들이 전국적인 회의에 참석하기가 어려워 대부분의 회의가 지역적인 것이었다. 그러나 최근에는 교통수단과 과학·기술적 요인이 크게 발달하면서 각 국가 간의 세계화 현상이 나타나기 시작하였다. 이에 따라 국가 간의 상호 협력과 보완은 물론, 각종 스포츠, 여행, 문화생활의 영위 등이 늘어남에 따라 회의산업은 신성장 산업으로 주목받고 있다. 여기서 회의(미팅)는 모든 종류의 모임을 통칭하는 포괄적인 용어이다.

02 MICE산업의 개요

MICE산업은 초기 회의산업에서 컨벤션산업으로 개념이 확장되었으며, 최근에는 MICE산업으로 총칭하여 하나의 산업으로서 시너지 효과 및 부가가치 창출이 매우 높은 미래 성장산업으로 국가차원에서 직접 육성하고 있다. MICE산업은 최근 급속도로 팽창하고 있으며, 이에 따라 관관산업에서 차지하는 비중이 증가하고 있다. MICE산업을 간단히 설명하면 다음과 같다.

M(Meeting) : 모든 종류의 모임을 총칭하는 가장 포괄적인 용어로서, 회의는 2명 이상의 사람들이 공동의 목표에 대한 합의를 도출하기 위해 실시되는 행사

I(Incentive) : 기업에서 계획된 생산목표를 달성한 직원들의 사기를 북돋우기 위한 방법으로 제공되는 여행을 의미함. 상당수의 인센티브 여행이 여행일정에 회의와 전시회를 포함

C(Convention) : 공동의 목적을 위해 만나는 사람들의 집합이며 최근 컨벤션과 연관된 사업, 그리고 참가자들 간의 사회적 상호작용이라는 두 가지 의미를 포함

E(Exhibition) : 판매자에 의해 제공된 상품과 서비스를 제공하는 전시모임

03 회의의 종류

회의의 모든 유형에 대해 일반적으로 미팅이라는 용어가 사용되어진다. 전술한 바와 같이 회의는 모든 종류의 모임을 통칭하는 가장 포괄적인 용어이다. 회의(미팅)는 컨벤션, 컨퍼런스, 포럼, 세미나, 워크숍, 전시회, 무역쇼 등으로 다시 분류할 수 있다. 이러한 분류는 참석자의 수, 프레젠테이션의 유형, 참가청중의 수, 회의의 형식(형식적 또는 비형식적)에 의한 것이다.

1) 컨벤션(Convention)

컨벤션이란 일반적으로 대회의장에서 개최되는 일반단체회의를 말하는데 그 뒤에 소형의 브레이크 아웃 룸에서는 위원회를 열기도 한다. 브레이크 아웃(Breakout)이란 대형 단체가 몇 개의 작은 그룹으로 나누어질 때 사용되는 용어이다. 컨벤션은 다음 항에 언급하는 컨퍼런스에 비해 다수의 주제를 다루는 경우가 많다.

대부분의 컨벤션은 정기적으로, 보통은 연례적으로 개최되며 최소한 3일간의 회합을 갖는다. 참가자는 100명에서 3,000명 이상 참가한다.

2) 컨퍼런스(Conference)

컨퍼런스는 컨벤션과 유사하다. 그러나 컨퍼런스는 일반적 성격의 문제보다는 좀 더 특별한 문제를 다룬다. 컨퍼런스는 통상적으로 컨벤션에 비해 회의진행상 토론회가 많이 열리고 회의참가자들에게 토론참여의 기회도 많이 주어진다. 참가자는 비록 컨벤션만큼 많지는 않지만 다양한 사람들이 참가한다.

캉그레스(Congress)는 컨퍼런스와 유사하다. 이 용어는 일반적으로 유럽에서 국제회의를 가리키는 것으로 사용되고 있다.

3) 포럼(Forum)

포럼은 제시된 한 주제에 대해 전문가들이 사회자의 주도하에 청중 앞에서 벌이는 공개토론회로서 청중이 자유롭게 질의에 참여할 수 있으며 사회자가 의견을 종합한다.

4) 심포지엄(Symposium)

심포지엄은 포럼과 유사하다. 제시된 안건에 대해 전문가들이 청중 앞에서 벌이는 공개토론회로서 포럼에 비해 다소의 형식을 갖추며 청중의 질의기회도 적다.

이와 유사한 것으로 렉처(Lecture)는 상기보다 더욱 형식적이고 한 연사가 강단에서 청중들에게 연설을 한다. 이 프레젠테이션은 가끔 질의응답시간이 주어지기도 한다.

5) 세미나(Seminar)

세미나는 대면토의로 진행되는 비형식적 모임이다. 주로 교육목적을 띤 회의로서 30명 이하의 참가자가 어느 1인의 지도하에 특정분야에 대한 각자의 경험과 지식을 발표・토론한다.

6) 워크숍(Workshop)

워크숍이란 최대 35명 그리고 보통은 30명 정도의 인원이 참가하는 훈련목적의 소규모회의로서 특정문제나 과제에 관한 아이디어나 지식을 서로 교환한다.

7) 클리닉(Clinic)

클리닉은 소그룹을 위해 특별한 기술을 훈련하고 교육하는 모임이다. 항공예약담당자를 예로 든다면 CRS를 어떻게 운용할 것인가를 여기에서 배운다. 많은 사람들이 골프나 테니스와 같은 스포츠를 배우고 싶어 할 때 클리닉에 참가하게 된다.

워크숍과 클리닉은 여러 날 계속되기도 한다.

8) 패널 디스커션(Panel Discussion)

청중이 모인 가운데 2~8명의 연사가 사회자의 주도하에 견해를 발표하는 공개토론회로서 청중도 자신의 의견을 발표할 수 있다.

9) 전시회(Exhibition)

전시회는 벤더(Vendor : 판매자)에 의해 제공된 상품과 서비스의 전시모임을 말한다. 전시회는 컨벤션이나 컨퍼런스의 한 부분에 설치된다. 엑스포지션(Exposition)은 주로 유럽에서 전시회를 말할 때 사용되는 용어이다.

10) 무역쇼(Trade show 또는 Trade fair)

무역쇼(무역박람회)는 부스(Booth)를 이용하여 여러 판매자가 자사 상품을 전시하는 형태이다. 전시회와 매우 유사하나 다른 점은 컨벤션의 일부로서 열리지는 않는다는 점이다. 무역박람회는 전형적인 가장 큰 미팅이다. 여러 날 지속되는 대형박람회에는 참가자의 수가 최고 50만 명 이상이 되는 경우도 있다.

11) 화상회의(Teleconferencing)

화상회의는 화면을 통하여 다른 몇 개의 장소에서 동시에 회의를 할 수 있는 미팅방법이다. 참가자들이 각기 다른 장소에서 TV 화면을 통해 상대방을 보면서 의견을 교환하는 것으로 고도의 커뮤니케이션 기술을 이용한다.

화상회의는 원거리여행의 비용과 시간 등을 소비하지 않고 회의를 할 수 있는 방법이다. 일부의 호텔체인, 컨벤션센터, 컨퍼런스센터는 이러한 커뮤니케이션 수단의 증가 요구에 대응하여 화상회의 장비를 도입하고 있다.

04 회의 개최장소

미팅, 즉 오프 사이트 미팅(Off-site meeting : 주최회사가 전제되지 않는 미팅)은 다음의 6가지 주요 장소에서 개최되고 있다.

1) 호텔

오늘날 미국에서는 회의가 호텔 총수익의 약 20%를 차지한다고 한다. 일부 개인소유의 호텔은 총수익의 40%가량을 회의와 컨벤션에서 끌어내고 있다.

30년 전만 하더라도 소수의 호텔만이 미팅 비즈니스를 유치하였다. 많은 호텔들이 컨벤션 단체에게 문호를 개방하는 것을 꺼렸으며 오히려 개인여행자 및 휴가자에게 의존하였다. 당시 호텔 미팅룸이란 대개 소규모였고 결혼이라든가 무도회, 기타 사회적 모임에 치중하였다.

1960년대 중반에 이르러 미국의 호텔경영자들은 증가하는 미팅 비즈니스가 특히 비수기의 수익증대에 중대한 원천을 제공한다는 사실을 깨닫기 시작하였다. 하얏트리젠시와 같은 자이언트 쇼케이스 호텔(Giant Showcase Hotel)이 미팅시장을 주목적으로 하여 1967년에 애틀랜타 중심가에 건설되었다. 실내에 넓은 어셈블리 룸과 전시공간, 다양한 시청각시스템을 갖추게 되었다. 또한 컨벤션호텔이 공항 주변과 교외지역에 세워졌다. 1980년대에는 거의 모든 신축호텔들이 회의시설을 갖추게 되었고 2000년대에는 필수가 되었다.

2) 리조트

리조트는 최근 들어 회의장소로서 점차 각광받기 시작하고 있다. 도심과 떨어져 있고 경치가 아름다운 리조트의 위치는 회의기획가(Meeting planner)가 주최회의의 레크리에이션 시설로서 가장 적합한 매력지로 뽑고 있는 점이다. 회의장소로서 리조트의 역사는 호텔의 역사와 동등하게 평가된다.

초기에 리조트 소유주는 사업단체 유치에 커다란 관심을 갖지 않았었다. 그때까지 컨벤션 참가자들은 리조트 고객층을 이루는 부유한 상류계층의 사람들이라기보다는 2류 시민으로 간주되었다.

그러나 제2차 세계대전 후 사회가치의 변화로 그들은 정책을 재고하기에 이르렀다. 이윽고 다수의 오래된 리조트가 증가하는 회의시장에 대처하기 위해 숙박시설을 개장하였고 일부 신축 리조트호텔은 애초부터 연중회의장소로서 건설되게 되었다.

3) 컨퍼런스센터

컨퍼런스센터는 특히 기업체 회의를 비롯하여 대부분의 회의에 이용된다. 이러한 이유 때문에 많은 회의기획가들은 이곳을 이상적인 회의장소로 삼고 있다. 이곳의 중요성은 외부로부터의 방해를 적게 받는다는 작업환경에 있다.

이곳의 컨퍼런스 룸은 특히 회의를 위해 설계되어 있다. 많은 호텔에서 컨퍼런스 공간은 흔히 뱅큇 룸이나 대연회장(Ballroom)의 두 배 정도가 된다. 객실에는 조명이 잘 된 작업지역이 있어 저녁에도 회의를 할 수 있다. 호텔 측의 전문적인 회의담당직원이 상주해 있어 회의참석자나 회의기획가의 욕구에 대처할 수 있게 되어 있다.

최근에는 회의참가자의 업무에 대한 긴장을 풀도록 하기 위해 일부에서는 헬스클럽과 골프 코스, 테니스장, 사우나시설 등 여러 리조트형 시설을 갖추고 있다. 이러한 컨퍼런스센터는 회의시설을 갖춘 리조트호텔과 그다지 많은 차이점을 보이고 있지 않다.

4) 컨벤션센터

호텔, 리조트, 컨퍼런스센터에서는 천 명 이상의 단체를 수용할 수가 없다. 그보다 큰 회의나 전시회는 컨벤션센터에서 이루어진다. 다른 시설보다 크다는 점 이외에 컨벤션센터는 컨퍼런스센터와 몇 가지 차이점이 있다. 예를 들어 컨벤션센터는 도심에 위치하며 객실을 갖고 있지 않다는 것을 전제로 한다.

5) 시빅센터

시빅센터(Civic Center)는 컨벤션센터와 유사한 기능을 갖고 있다. 시빅센터는 대형지역컨벤션 및 전국컨벤션, 전시회, 무역쇼 등에 이용된다. 보통 도심상업지구에 위치하며 이 시빅센터에 있어서 회의는 주 수입원은 아니라고 할 수 있다. 문화적 이벤트, 스포츠 이벤트가 여기서 개최되기도 한다.

6) 유람선

더욱 이국적인 장소를 찾고 있던 회의기획가들은 1960년대 말부터 해변 회의장소로 유람선을 이용하기 시작하였다. 미국적 유람선보다 세금혜택이 더욱 많던 관계로 외국적 유람선 이용이 1976년까지 인기가 있었다.

그러나 1976년 이후 미연방정부가 세제법을 개정하여 이전에 외국적 선박에 제공하던 세제혜택을 철폐하였다. 이에 따라 미국적 유람선이 이 시장에 재빨리 뛰어들어 현재는 여러 유람선회사가 소형 · 중형 회의를 수행할 수 있는 완벽한 시설을 갖추게 되었다. 유람선은 또한 인센티브 관광에도 사용되고 있다.

7) 기타

위와 같은 회의시설 외에도 박물관, 기념관, 대학교 등에서도 회의가 개최되고 있다. 현재 우리나라에는 국립중앙박물관, 건국대 새천년관, 63빌딩컨벤션 센터, 부산문화회관, 성균관대학교 600주년기념관, 세종대학교 컨벤션센터, 에이티센터, 예술의 전당, 한국소리문화의 전당, 호암교수회관 등과 같은 준회의시설이 운영되고 있다.

05 회의에 대한 욕구

최근 10년 동안 어째서 그렇게 많은 회의가 매년 개최되고 있는가? 간단한 대답은 지난 30년간의 기술 발달이 우리를 더욱 복잡한 세계에서 살게 만들었기 때문이다. 결과적으로 비즈니스 세계에서 커뮤니케이션에 대한 필요가 더욱 증대하게 되었다.

각 회사는 그들의 경쟁력을 지속시키기 위해 그들의 기술을 선진적 수준으로 현대화시켜야 한다. 기술자, 과학자, 의학전문가들은 관련분야에서 새로운 발견사항 및 기술을 학습할 필요가 생겨났다. 종업원들은 날로 새로워지는 고객의 욕구에 대응하여 서비스제공수준의 능력향상노력과 보다 복잡해지고 현대화된 새로운 기계류를 조작할 수 있도록 훈련받아야 한다.

대면회의는 정보와 지식의 공유에 가장 효과적인 방법이다. 그와 더불어 의견교환, 문제해결, 상호관심사의 토론에 가치 있는 기회가 된다.

제2절 회의시장

회의시장은 협회시장과 기업시장으로 구분된다. 각 시장은 서로 다른 성격과 동기, 욕구, 기대를 갖고 있다.

01 협회시장

협회시장(Association Market)은 보다 잘 알려져 있고 더욱 가시적인 세그먼트(부분시장)이다. 모든 주제와 관심은 협회에 관한 것이다.

협회시장이 발달된 미국에는 2만 개의 협회 중 약 5천 개가 전국적·세계적 규모이다. 나머지 1만 5천 개는 지역적 또는 주단위 협회이다. 미국 협회의 80% 이상이 매년 컨벤션을 개최하며 많은 협회들이 1년에 수차례 회의를 갖는다. 예를 들어 캘리포니아 의학협회는 연 400회의 회의를 개최한다. 컨벤션 개최와 더불어 각 협회는 수천 개의 교육적 세미나와 워크숍을 후원한다.

1) 협회의 종류

❶ 산업협회(Trade Association)

거의 모든 산업이 적어도 하나의 전국적 협회를 가지고 있을 뿐 아니라 지역도 단위의 여러 협회를 갖고 있다. 단일의 산업 내에서도 제조업자, 도매업자,

유통업자, 소매업자 등으로 산하에 작은 협회가 결성되어 있다.

전국적인 산업컨벤션은 많은 인원이 참가하게 되는데 예를 들어 시카고의 전국레스토랑협회의 연례모임에는 5일간에 8만 명 이상을 유치하고 있다. 산업컨벤션은 종종 전시회와 곁들여 개최된다.

② 전문협회(Professional Association)

전문협회의 회원은 일반적으로 비슷한 사업욕구를 갖고 있는 개인, 기업, 조직이다. 그 예로는 한국의료협회, 한국관광협회중앙회, 한국변호사협회, 한국의약협회, 한국은행협회, 한국건축협회 등이다. 이들 모두가 연간을 통해 연차 전국회의 및 지역모임을 개최한다. 이들은 상기의 산업협회만큼 전시회를 개최하지는 않는다.

③ 과학기술협회(Scientific and Technical Association)

동 협회와 같은 조직은 회의산업의 또 하나의 수지맞는 원천이 된다. 예로는 석유기술자협회와 같은 조직이다. 이러한 조직은 정기적 연례회의 이외에도 새로운 발견을 토론할 필요가 생길 때마다 특별회의를 개최한다. 이러한 회의는 매우 기술적이고 때로는 첨단 프레젠테이션 장비를 필요로 한다. 이러한 회의에서는 주위로부터 참가자들의 회합에 방해가 되지 않도록 주변의 사회적 행사는 최소한으로 막아야 한다.

④ 교육협회(Educational Association)

교육협회는 가장 지명도가 높은 협회조직이다. 이를테면 전국교사협회는 이 단체가 비록 다른 분야의 광범위한 전문교사들이 포함되어 있지만 미국에서 가장 지명도가 있는 조직이다. 관광산업에 있어서 예를 들면 관광교육자연합(Society of Travel and Tourism Educators), 호텔・레스토랑교육협회(Council on Hotel, Restaurant and Institutional Education) 등이 유명한 협회이다.

교육적 미팅은 일반적으로 학교가 쉬는 여름방학 기간에 열리게 된다. 바로 이 기간이 호텔점유율이 가장 낮은 시기이기 때문에 이러한 회의를 유치하는 것은 도심호텔에게 매력적이다. 교육적 컨벤션은 다른 회의보다 더 장기간으로 보통 5일간의 회의프로그램을 갖는 경향이 있다.

⑤ 예비역군인협회(Veterans and Military Association)

퇴역군인 단체는 연례적으로 만남의 장소를 마련하게 된다. 전국단위의 컨벤션은 수많은 참가자들을 유치하고 그 목적은 주로 사교적인 데 있다. 공군협회와 같은 군사조직은 활동적인 인재들을 위해 컨벤션을 개최한다. 우리나라는 자체의 회관을 갖고 있는 곳이 많다.

⑥ 우애조합(Fraternal Association)

우애조합은 대형의 친목단체를 말한다. 우리나라뿐만 아니라 미국에서도 다른 유형의 협회보다 우애조합(친목단체)이 더 많은 편이다. 이 단체는 다음 3가지로 분류할 수 있다.

㉠ 학생우애회, 여학생클럽
㉡ 공통적 관심, 목적 및 상호부조를 위한 단체
㉢ 사회이익단체

이들 모두가 정기적인 컨벤션을 개최한다. 국제로타리클럽과 같은 두 번째 부류의 전국적 컨벤션은 특히 대규모의 집회를 갖는다. 이러한 단체는 기술적, 사업적, 전문적인 일보다는 사회적 이벤트, 레크리에이션, 오락에 주안점을 둔다. 세 번째 부류는 미국 스포츠카 클럽과 같은 이익을 위한 단체이다.

⑦ 윤리・종교협회(Ethnic and Religious Association)

윤리단체는 전술한 우애조합의 두 번째 친목단체와 일반적 철학 및 목적이 유사하다. 이런 협회는 우애와 친목에 역점을 둔다는 점에서 친목단체의 성격과 유사하다.

종교단체의 집회는 직업적 성직자들과 여러 종파의 여자평신도를 위해 개최되는데 가톨릭 컨퍼런스는 전자의 예가 될 것이다.

⑧ 자선협회(Charitable Association)

자선협회는 적십자와 NMSS(National Multiple Sclerosis Society)와 같은 자선단체의 모임이다. 이들은 자선을 위한 모금 때문에 존재한다.

⑨ 정치단체와 노동조합(Political Associations and Labor Unions)

가장 가시적인 정치적 컨벤션은 몇 년마다 열리는 대통령 선거 때 각 정당에서 대통령 후보를 지명하는 정당모임이다. 많은 다른 정치적 모임은 도(道)나 지방단체에서 개최된다.

AFL-CIO, 철강노동조합과 같은 노동조합은 전국적・지방적 레벨에서 모임을 개최한다. 전국적 미팅은 대형컨벤션센터에서 열리고 수천 명의 참가자를 유치하게 된다.

2) 협회시장의 특징

협회시장의 특성은 아래와 같이 요약할 수 있다.

❶ 많은 수의 참가자들, 전국적인 컨벤션의 경우에 특히 그렇다.
❷ 자원한 참가자들, 이러한 참가자들은 보통 여행과 숙박에 관한 비용을 자비로 부담한다.
❸ 관광매력지나 리조트가 흔히 목적지로 선택된다.
❹ 매년 목적지가 변한다.
❺ 집회는 반 년 또는 1년이라는 식으로 정기적으로 개최된다.
❻ 연례회의는 2년부터 5년 전에 계획된다.
❼ 보통의 체류기간은 3~5일이다.
❽ 주요 컨벤션은 전시회를 동반한다.

3) 협회시장의 동기・욕구・기대

목적지는 협회회의에 참가자를 끌어들이는 데 가장 중요한 동기조건이다. 참가자들이 자원자이기 때문에 미팅 기획가는 최대로 인원이 많이 참가하도록 소구할 수 있는 목적지를 선택해야 한다.

협회 대의원은 흔히 휴가와 비즈니스여행을 겸하기 때문에 선정대상 목적지는 적절한 오락시설과 관광 및 유흥시설에 근접해야 한다. 배우자들은 그들의 남편(또는 아내)이 회의를 하는 동안에 그들 자신들을 위한 프로그램이 있다면 동반할 가능성이 더욱 높아진다. 이러한 이유 때문에 리조트는 협회회의에 있어서 인기 있는 장소가 된다.

어떤 목적지는 협회와 특정의 관계 때문에 선정되는데 예를 들면 미스포츠카 클럽(The Sports Car of America)은 오토레이싱 트랙이 가까이에 있는 컨벤션에서 협회모임을 갖는다.

매년 정기적인 모임에 참가하는 협회대의원은 해마다 동일 목적지에 가는 것은 원치 않는다. 그 때문에 이러한 단체들은 매년 그들의 회의장소를 바꾼다. 그러나 너무 먼 거리의 장소라면 선택을 꺼리게 된다. 왜냐하면 대부분의 협회 회원들은 자기경비를 자신이 부담하기 때문이다.

특히 지역회의에서는 접근의 용이함이 장소결정에 중요한 사항이 된다. 선정 대상목적지는 그렇기 때문에 흔히 회원 대다수가 참여할 수 있는 근거리에서 결정된다.

협회의 의사결정자들은 특정 회의장소의 결정에 가장 중요한 요소로서 적정한 회의실의 이용가능성을 고려한다. 회의의 규모와 범위에 따라서 대형강당과 워크숍 및 위원회의 모임장소가 필요할 것이다. 또한 전시공간, 회의지원서비스, 시청각 장비 등의 입수가능성이 중요한 고려사항이 될 것이다.

거의 대부분의 국제컨벤션은 숙박시설이 필요하다. 예비로 선정된 호텔은 협회대의원의 예산범위 내에서 요금을 설정하는 것이 유리하다.

이상적으로 말하면 협회는 단일 호텔에 전 회원을 투숙시키고자 한다. 그러나 협회회의의 규모가 크면 이것은 언제나 가능한 일은 아니다. 이러한 경우에 근접한 많은 호텔이 협력하여 협회회원을 분산해서 투숙시키게 된다.

객실의 질도 호텔선택의 중요한 요인이다. 호텔선택의 다른 요인으로는 식사의 질과 체크인, 체크아웃 과정의 효율성 등이 될 것이다.

02 기업시장

기업시장은 컨벤션시장에서 가장 급속히 성장하고 있는 분야이다. 커뮤니케이션이 사업세계에서 점차로 더욱 필요하게 됨에 따라 교육적 의견교환수단으로서 회의가 더욱 중요하게 되었다.

기업시장은 협회시장보다 더 많은 양의 회의사업을 발생시키고 있으나 아직 크게 가시화되고 있지 못하다. 이것은 기업들이 보통 오프사이트 미팅을 공표할 필요성이 없기 때문이다. 반면에 대의원들은 반드시 참석할 필요가 있다.

1) 기업시장의 종류

기업시장은 상당하다. 기업회의는 각 산업과 각 거래의 모든 단계에서 개최되고 있다.

이러한 기업시장은 6단계로 나누어진다.

❶ 세일즈 미팅(Sales Meeting)

세일즈 미팅은 기업회의 중 가장 잘 알려진 미팅이다. 지역적·전국적으로 개최되며 이것은 사원의 사기 앙양, 신제품 및 새로운 회사정책도입, 판매기술 제안에 주로 이용된다.

세일즈 미팅 장소는 매우 다양하다. 어떤 경우에는 회사의 제조 플랜트가 가까이 있는 호텔에서 개최된다. 이러한 경우에 세일즈맨은 자사의 제조단계에 있는 상품을 볼 수 있다. 어떤 경우에는 주요 시장지역에서 열린다.

평균 참석자 수를 보면 지역 미팅이 60명, 전국 미팅이 175명이다.

❷ 딜러 미팅(Dealer Meeting)

딜러 미팅에는 회사판매직원, 딜러, 소매점을 대표하는 유통업자가 참여한다. 딜러 미팅은 세일즈 미팅과 유사하게 딜러의 판매를 독려하기 위해 이루어진다. 딜러 미팅은 보통 신상품 소개와 세일 및 광고 캠페인 착수를 위해 개최된다.

참가자는 기업의 규모와 거래소매점 수에 따라 20명에서 수천 명으로 다양하다.

❸ 기술 미팅(Technical Meeting)

기술 미팅은 주로 첨단기술자, 최신기술개발과 혁신에 관련된 기술자를 대상으로 한다. 보통 세미나와 워크숍이 기술 미팅에서 널리 이용되고 있다.

❹ 경영자 미팅(Executive Management Meeting)

경영자 미팅에는 회사간부회의와 경영개발세미나 양측을 포함한다. 전자는 회의 참가자가 많으며 후자는 보통 소규모이다. 참가자들이 대부분 유명회사의 간부이기 때문에 최고의 숙박과 서비스를 기대한다.

특히 도심에서 떨어진 리조트에 위치한 디럭스호텔과 컨퍼런스센터가 적당한 장소이다.

⑤ 트레이닝 미팅(Training Meeting)

트레이닝 미팅은 가장 크고 빠른 성장을 보이는 기업회의시장의 세그먼트이다. 트레이닝 미팅은 기업 모든 계층의 사람들로 구성되며 최고경영자도 여기에 참가한다.

워크숍과 클리닉의 경우 참석자 수는 보통 50인 이하이며 가장 적을 때는 10인 이하일 수도 있다. 교외의 소규모 리조트가 적당하며 특히 비수기에는 더욱 좋다.

짧은 트레이닝 일정인 경우에는 회사근무지에서 접근하기 편리한 장소가 주로 선택된다.

⑥ 퍼블릭 미팅(Public Meeting)

퍼블릭 미팅은 비종업원에게 오픈된 미팅이다. 주주 미팅은 가장 전형적인 형태이다. 하루 이상 초과하지 않으므로 숙박시설이 필요 없다.

2) 기업시장의 특성

기업시장은 여러 점에서 협회시장과 다르다. 그 주요한 몇 가지를 보기로 하자.

① 미팅 참석자의 수가 적다.
② 강제적 참가로, 회사의 명령을 받고 참가하므로 여행 및 숙박비용은 회사가 지불한다.
③ 회사의 사무실이나 공장의 위치가 목적지 선정의 열쇠이다.
④ 가능한 동일 목적지에서 매년 개최된다.
⑤ 미팅은 필요할 때마다 개최된다.
⑥ 플래닝과 부팅기간이 현저하게 짧다. 1년 미만이다.
⑦ 다른 미팅보다 기간이 짧다. 보통 3일이다.
⑧ 전시실 이용이 거의 없다.

3) 기업시장의 동기 · 욕구 · 기대

기업시장에서 매력적인 목적지의 선택은 협회시장보다 중요하지는 않다. 기업회의의 참석자는 강제적이다. 따라서 목적지의 선택은 참가자의 수에 영향을 미치지 않는다.

기업회의 계획자들은 목적지를 팔 필요가 없고 참가자를 끌어들이기 위해서 미팅장소를 다양화할 필요도 없다. 사실상 많은 기업이 매년 동일 호텔, 특히 트레이닝 미팅에서는 같은 장소를 이용하고 있다. 좋은 서비스기록을 갖고 있는 호텔은 거의 반복사업이 보장된다. 이것이 기업시장과 협회시장의 근본적인 차이점이다.

위치는 목적지 선정에 중요한 요소이다. 기업시설에 근접한 장소가 주로 선택된다. 보다 원거리에 있거나 접근하기 어려운 위치에 있다면 그것은 곧 회사의 여행경비를 증가시키기 때문이다. 또한 시간을 소비하는 여행은 기업종사원들이 미팅에 참가하기 위해 들여야 하는 시간 동안 업무로부터 떨어져 있는 시간을 의미한다.

기업회의의 강조점은 일에 있다. 기업회의는 협회회의보다 훨씬 적은 여가시간과 사회활동시간을 갖는다. 프라이버시, 방해받지 않는 환경은 유람, 쇼핑시설, 오락에의 접근의 용이성, 위락시설의 이용성보다 더욱 중요하다.

기업의사결정자들은 미팅을 위한 특별한 호텔 또는 다른 기타 장소를 선택하는 데 있어서 협회의사결정자들과 유사하다. 그들은 적절한 미팅공간, 충분한 객실, 양질의 서비스 등이 갖추어진 호텔을 찾는다. 기업미팅의 참가자 수는 적고 흔히 소규모, 중규모 호텔에서 미팅을 가질 수 있다. 모든 기업 미팅이 숙박시설을 필요로 하는 것은 아니다. 많은 기업 미팅이 1박 또는 그 이하로 이루어진다.

제 3 절

회의기획가의 역할

회의시장은 점차 확대되고 더욱 세련되고 전문화되었다. 그 결과 새로운 전문분야가 개발되었다. 오늘날 미팅의 준비와 연출의 모든 단계를 책임지는 전문적인 의사결정자가 필요하게 되었다.

최근까지 회의기획가(Meeting Planner)는 협회간부와 기업중역들에 의해 실행되는 몇 가지의 기능 중 하나로 생각되어 왔다. 그러나 이제 그것은 고유의 권한을 가지는 전문직업으로 부상되었다. 미국에서 회의를 계획하는 사람들은 대략 10만 명에 달한다고 한다.

01 회의기획가의 유형

1) 협회간부(Association Executives)

협회의 회의기획가는 여러 협회에서 고용된 전문적인 정식간부직원이다. 이들은 연례적 컨벤션과 소규모 협회회의의 계획설계 및 코디네이팅, 실행 그리고 촉진활동에 책임을 진다.

협회간부는 회의장소 선택에 있어서 중요한 의사결정자이다. 이 협회간부 5,000명 이상이 미국협회간부회(ASAE)의 회원이다.

한 사람의 협회간부가 단일 협회를 대표한다. 그러나 많은 소규모 협회는 정직의 회의기획가를 고용할 만한 여력을 갖고 있지 못하다. 그러한 곳은 여러 협회에 대해 회의기획가로서의 기능을 담당하는 복수협회경영조직을 이용한다.

2) 기업회의기획가(Corporate Meeting Planners)

기업회의기획가는 비교적 새롭고 빠르게 성장하는 직업이다. 예전에는 회의 및 컨퍼런스를 계획하는 업무는 마케팅 부사장이나 판매부장이 맡아왔다. 하지만 최근에는 대부분의 대기업이 모든 회의수배를 조정할 수 있는 정직원으로 회의기획가를 채용하고 있다. 대기업은 또한 단체 트레이닝 조직화에 책임지는 기업 트레이닝 간부를 지정하기도 한다. 만약 기업이 회의를 담당하는 부서가 없을 경우에는 기업단체여행과 회의수배업무는 인하우스 사업여행 담당부서를 통해 수배된다.

회의기획가들 간의 아이디어 교환과 지속적인 교육프로그램 공급을 용이하게 하기 위해 많은 조직이 결성되었다. 1972년 설립된 국제회의기획가(MPI: Meeting Planners International)는 그 좋은 예이다. 8,000명에 달하는 MPI의 회원은 연간 수십만 건의 회의를 해결하는 책임을 맡고 있다. MPI에는 기업회의기획가, 협회 간부, 개인 컨설턴트, 여행과 회의공급자 등이 모두 회원으로 가입되어 있다.

1980년에 설립된 국제컨퍼런스 간부협회(ACED－I: Association of Conference and Events Directors-International)는 전문대학, 대학, 협회의 조직체이다. 이는 대학 캠퍼스에서 컨퍼런스와 관련 회의를 관장·수행한다.

3) 독립회의기획가

인하우스 회의부서를 따로 두고 있지 못한 협회나 기업은 흔히 자유계약제에 의해 독립적인 컨설턴트를 고용한다. 이러한 서비스를 제공하는 개인업체와 회사가 급속한 속도로 증가하고 있다. 이들을 독립회의기획가라 부르며 일개 기업에 구속받지 않으므로 프리랜서라고 한다.

AIMP(Association of Independent Meeting Planners)는 이러한 회의분야에서 기획가들 간의 교육과 커뮤니케이션의 활성화를 기하기 위해 설립되었다.

02 회의기획가의 책임

회의기획가의 임무는 그가 협회나 기업 또는 독립된 컨설팅회사에 근무하건 안 하건 간에 그들의 기본적인 목적은 회의를 성공적으로 치르는 일이다. 회의기획가의 기초적인 임무는 다음과 같다.

1. 회의 목적을 설정한다.
2. 회의 장소를 결정한다.
3. 회의 협의사항을 계획한다.
4. 공급자와 요금을 결정한다.
5. 예산설정과 비용을 통제한다.
6. 항공·육송 교통망을 수배한다.
7. 시청각 및 기술적 세부사항을 계획한다.

이상에서 알 수 있듯이 회의기획가는 단순한 관광숙박업의 기획가보다 업무가 더 포괄적이다. 그들은 초기의 계획단계에서부터 회의 종료 후까지 모든 업무를 맡게 된다. 회의의 성공여부는 위에 열거한 사항들을 얼마만큼 요령 있게 실행하는가에 달려 있다.

03 회의기획가의 동기·욕구·기대

회의기획가는 목적지 선정, 호텔선택, 여정수배를 할 때 명심해야 할 일이 있다. 공급자들과 섭외를 할 때 회의기획가는 후원조직이 가능한 최고의 거래와 돈에 알맞은 최고의 가치를 추구한다는 것을 확신시켜야 한다. 회의기획가는 강력한 섭외기술이 우선적인 요구조건이다.

회의장소를 선정하는 데 있어서 우선적으로 중요한 것은 미팅 룸 시설 수용능력과 서비스의 질이다. 회의기획가는 미팅장소가 충분히 넓은가, 총회나 분과회의에 적합한가, 조명 및 방음장치는 적절한가 등을 확인하여야 한다.

모든 회의에 있어서 필요한 사항은 매번 분위기를 조금씩 다르게 구사한다는 것이다. 그 다음의 중요한 사항으로는 장소의 접근용이성과 객실 룸의 양호 여부, 객실가격, 식음료의 질이다. 레크리에이션 시설과 지리적인 위치는 차후의 문제이다.

04 회의기획가와 컨벤션 매니저

회의계획은 회의기획가와 호텔직원 간의 협력 정도에 크게 달려 있다. 호텔 측의 컨벤션 매니저는 회의기획가와 자주 접촉하게 된다. 이 양자의 상호관계가 회의의 성공여부에 상당히 중요한 부분을 차지한다.

양자는 회의참가자의 욕구를 명심해야 한다. 회의기획가는 가능한 최소의 요금으로 최상의 서비스를 받기를 원한다. 반면에 호텔 측의 컨벤션 매니저는 고객에게 만족을 줌으로써 다음의 회의 유치를 원한다. 그러나 또한 호텔 측이 이익을 얻도록 만들지 않으면 안 된다.

특정 호텔만을 계속해서 이용하는 회의기획가는 다음번의 협상에서 유리한 요금과 다른 조건을 확보할 수 있다. 예를 들면 자유기능객실(free function room)에 대해 협상하는 경우이다. 특히 대규모이거나 더욱 중요한 회의인 경우에 호텔 측은 회의대위원을 위한 칵테일파티 주최나 혹은 무료 커피 및 조식을 제공할 수도 있다.

제 4 절 무역쇼, 전시회, 박람회

무역쇼와 무역전시회는 회의시장의 또 하나의 중요한 세그먼트이다. 무역쇼(Trade Show) 또는 무역박람회(Trade Fair)는 컨벤션과는 무관한 자유벤더업자의 전시이벤트이다. 한편 전시회는 항상 컨벤션의 한 부분으로 이루어진다.

01 무역쇼(Trade Show)

1950년대 무역쇼는 단지 상품을 광고하는 데만 이용되어왔다. 무역쇼에서는 아무것도 판매하지 않았다. 1950년대 이후 무역쇼는 상품판매시장으로 이용되었는데 오늘날에 와서는 상당한 양의 상품거래가 무역쇼 관람자들 사이에서 이루어지고 있다. 벤더(판매자)들이 임대한 부스(Booth)라는 공간에서는 컴퓨터로부터 보트에 이르기까지 다양한 상품이 전시되어 잠재고객에게 그들의 상품을 선전하고 있다.

오토쇼, 가정과 정원쇼(Home and garden show)와 같은 일부의 무역쇼는 일반대중에게 공개되지만 대부분의 많은 무역쇼는 단지 초청에 의해서만 참가할 수 있다.

1) 국제무역쇼

현대적인 국제무역쇼는 유럽재건의 노력이 불붙은 2차 세계대전 이후 시작되었다. 구서독은 그때부터 국제무역쇼를 주최하는 주최국이 되었다.

국제무역쇼는 기업이 해외시장을 테스트하는 이상적인 방법이다. 각 기업은 무역쇼를 통해 전 세계에서 들어오는 바이어(Buyer)들과 유통업자들을 만날 수 있다. 바이어들과 판매자들이 한 센터지역에서 만남으로써 개별적인 판매방문으로 시간과 돈을 낭비할 필요가 없다. 교통비가 든다고 하지만 무역쇼는 세계시장에 진입하는 데 있어 가장 비용을 절약하는 방법이다.

국제무역쇼는 몇 가지 점에서 미국의 무역쇼와 다르다. 가장 중요한 첫째 사항은 무척이나 판매지향적이라는 점이다. 사람들이 무역쇼에 가는 것은 회의에 참석하려는 것이 아니고 비즈니스 때문이다.

둘째로, 국제무역쇼는 미국무역쇼보다 참가자가 더욱 많다. 하노버 페어(Hanover Fair)에는 8일 동안 50만 명이 다녀갔다.

셋째로, 개별전시회는 미국무역쇼보다 훨씬 정교하게 공을 들인다. 한 회사에서 단일 전시회에 1천 명 이상의 직원이 근무한다. 주요 전시회의 부스(유럽에서는 stand)에 전시공간은 물론이고 몇 개의 미팅 룸까지 설치하고 있다.

넷째로, 국제무역쇼는 독특한 국제적 분위기가 있다. 통역자들이 세계 각지에서 내방하는 방문객을 위해 대기하고 있다는 점이다.

미국정부는 상무성과 농업성을 통해 국제무역쇼에서 미국기업의 전시를 돕고 있다. 해외시장을 개척하려고 하는 중소규모의 기업들에게 재정원조가 이루어지고 있다. 또한 미국정부는 외국인 방문객들의 미국 내 무역쇼 참가를 독려하기도 한다.

2) 미국무역쇼

미국무역쇼는 무역부스(Trade booth)로 특징지어진 컨퍼런스의 확장과 더불어 성장하였다. 미국무역쇼는 국제무역쇼보다 회의참석에 더욱 의미를 두며 판매지향적은 아니다. 또한 참가자의 수도 적으며 비형식적이지만 호텔 측에게는 중요한 사업원천이 된다.

최근에 미국무역쇼는 뉴욕의 자비츠센터(Javits Center), 시카고의 매코믹(McCormick Place), 라스베이거스 컨벤션센터 등 대형 컨벤션센터에서 개최되고 있다. 반면에 수많은 컨벤션호텔은 소규모 무역쇼를 위한 전시공간을 갖추고 있다.

무역쇼 뷰로(Trade Show Bureau)는 무역쇼 산업에 대한 조사를 실시하고 무역쇼 계획에 관련된 각 기업에게 정보를 전달하는 조직이다.

02 전시회(Exhibition)

전시회는 전체적인 회의사업의 성장과 더불어 매년 그 수가 증가하고 있다. 앞서 말한 바와 같이 전시회는 컨벤션에 속한다는 면에서 무역쇼와 다르다. 전시회는 주로 협회시장, 특히 산업협회, 기술협회, 과학협회, 전문가협회 등에 흔히 이용된다.

전시회는 이익창출과 참가자 유치라는 측면에서 협회에는 매우 중요하다. 전시자들에게 컨벤션 내에 상품을 전시하게 하고 돈을 받음으로써 협회는 회의장소 수배의 비용을 거기에서 상쇄할 수 있다. 전시자들은 그것을 일시불로 지불하거나 몇 번으로 나누어 지불할 수 있다.

벤더의 디스플레이와 부스는 단순한 것에서부터 정교한(비록 무역쇼만큼 정교하지는 않지만) 것까지 다양하다. 일부 벤더는 가끔 협회대표들에게 호스피탤리티 스위트(Hospitality suite)를 후원·제공하고 음료와 식사를 무료로 제공하기도 한다.

전시자들은 자사상품의 인지 및 가능한 상품을 휴식장소 근처에 전시할 수 있도록 하기 위해 커피 브레이크나 식사를 컨벤션기간 동안 제공하기도 한다.

전시회의 참가자 수는 컨벤션 참가자 수에 따라 달라진다. 전시회는 일반인에게는 공개되지 않는다. 전시회기간은 대부분이 적어도 3일 이상이지만 미팅기간과 관련이 깊다. 국제전시협회(International Exhibitors Association: IEA)는 전시회 분야에서 주요 조직이다.

03 박람회(EXPO)

1) 박람회의 의미

박람회(Exposition)는 농업·상업·공업 등에 관한 온갖 풍물을 한곳에 모아

놓고 일반인에게 관람시키며 판매·선전·우열심사를 해서 생산물의 개량, 발전 및 산업의 진흥을 도모하기 위하여 개최하며, 여기에는 지역박람회, 내국박람회, 만국박람회 등이 있다.

2) 박람회의 발달

엑스포(EXPO)는 영어의 엑스포지션(Exposition)의 앞 음절을 딴 말로 통상 박람회로 번역된다. 국제박람회기구(BIE) 협약은 엑스포를 '일반대중의 교육과 계몽을 목적으로 하고, 인류노력에 의해 한 시대가 달성한 성과를 확인하고 미래를 전망하는 무대'로 규정하고 있다.

따라서 흔히 박람회로 잘못 혼용하고 있는 단순 상거래 차원의 상품전시회를 뜻하는 앞 절의 무역전시회(SITRA)와는 분명히 구분된다.

기록상 남아 있는 박람회는 고대 페르시아의 아하스페로스왕이 주변국가에 위세를 떨치기 위해 벌인 '부의 전시'가 가장 오래된 것이다.

근대적 의미의 엑스포는 영국 빅토리아 여왕의 남편 앨버트공이 주도한 1851년 런던엑스포로부터 비롯된다. 그러나 이후 잦은 개최로 참가국의 부담이 과중해지자, 1928년 프랑스 주도하에 창설된 BIE가 개최간격과 내용에 관한 협약을 제정하여 관리해 오고 있다.

엑스포는 보통 2~3년 간격으로 열려 6개월 미만의 기간 동안 인류노력이 거둔 성과를 소개하고 있다. 전시분야에 따라 종합과 전문으로, BIE의 공인여부에 따라 공인과 비공인으로 나누어진다.

최근에는 전문성과 종합성을 혼합하고, 정보화와 이벤트 관련산업을 접목시켜 정신적 가치를 함께 충족시키는 과학·예술의 제전으로 승화되는 것이 엑스포의 새로운 조류이기도 하다.

160여 년의 역사를 지닌 만큼 엑스포는 그 자체가 산업·과학기술문명의 발달이자 곧 미래사이기도 하다. 역대 엑스포 개최현황은 <표 5-1>과 같다.

표 5-1 역대 엑스포 개최현황

개최연도	개최지역	의의 및 특색
1851	런던(영국)	세계 최초의 엑스포, 수정궁박람회
1853	뉴욕(미국)	유럽과 미주 간의 문화교류에 공헌
1855	파리(프랑스)	나폴레옹 3세 개최, 미술전, 일용품 전시
1862	런던(영국)	교육부문 전시
1867	파리(프랑스)	참가국의 pavilion방식 개시
1873	비인(오스트리아)	새로운 건축의 설계
1876	필라델피아(미국)	미국 독립 100주년 기념, 전화기 출품
1878	파리(프랑스)	수족관 건설, 축음기, 냉장고 출품
1879	시드니(호주)	
1880	멜버른(호주)	
1886	런던(영국)	
1889	파리(프랑스)	프랑스혁명 100주년 기념, 에펠탑 건설
1893	시카고(미국)	미대륙 발견 400주년 기념, 한국 최초 참가
1900	파리(프랑스)	움직이는 보도, 지하철 소개
1901	버펄로(미국)	
1901	글래스고(영국)	
1904	세인트루이스(미국)	비행선 무선통신 출품
1905	리게(벨기에)	
1910	브뤼셀(벨기에)	
1915	샌프란시스코(미국)	파나마운하 개통 기념
1924~25	웸블리(영국)	
1926	필라델피아(미국)	미국 독립 150주년 기념
1931	파리(프랑스)	
1933~34	시카고(미국)	최초 주제부여 엑스포
1935	브뤼셀(벨기에)	
1937	파리(프랑스)	
1939~40	뉴욕(미국)	나일론, 플라스틱 출품
1951	런던(영국)	

개최연도	개최지역	의의 및 특색
1958	브뤼셀(벨기에)	
1962	시애틀(미국)	자동판매기, 모노레일 등장
1964~65	뉴욕(미국)	뉴욕 탄생 300주년 기념
1967	런던(영국)	캐나다 건국 100주년 기념
1970	오사카(일본)	일본산업, 기술발전 과시
1974	스포캔(미국)	미국 독립 200주년 기념
1975~76	오키나와(일본)	해양개발과 해양환경 창조에 공헌
1982	스포캔(미국)	국제 에너지 파동의 효율적 대처
1984	뉴올리언스(미국)	뉴올리언스주 지역 재개발
1985	쓰쿠바(일본)	쓰쿠바 과학도시 완성기념
1986	밴쿠버(캐나다)	밴쿠버시 창립 100주년 기념
1988	브리즈번(호주)	유럽인 호주 정착 200주년 기념
1990	오사카(일본)	오사카시 발족 100주년 기념
1992	세비야(스페인)	콜럼버스 미국 발견 500주년 기념
1993	대전(대한민국)	신흥개발국 중 최초 개최
1998	경주(대한민국)	경주문화엑스포
1999	강원 속초(대한민국)	관광엑스포
2000	하노버(독일)	독일 정부의 책임 아래 '엑스포 2000 하노버 Gmbh' 라는 민간회사가 운영
2005	아이치(일본)	일본에서의 두 번째 등록박람회
2008	사라고(스페인)	물과 지속가능한 발전을 테마로 열린 박람회
2010	상해(중국)	개발도상국에서 개최되는 세계박람회
2012	여수(한국)	살아 있는 바다, 숨 쉬는 연안 (자원의 다양성과 지속가능한 활동)

제 5 절
회의산업에서 직업적 성공기회

최근 10년간에 회의산업의 거대한 성장은 여러 분야에서 전문가의 필요성을 자극해 왔다. 회의 관련 경력은 3가지 주요 유형으로 요약할 수 있다.

01 회의기획가

회의기획가의 가장 큰 고용자는 정기적 컨벤션과 기타 회의를 주재하는 협회와 기업이다. 이러한 직업의 대부분은 사(私) 기업에 있지만 정부기관에도 자리가 있다는 것을 알아둘 필요가 있다. 미국에서는 농업성과 상무성은 물론 이고 많은 정부부처에서 잦은 회의를 가지며 이러한 회의를 기획하기 위해 사람을 고용하고 있다.

회의를 주재하는 많은 협회와 기업들이 인센티브 관광프로그램에도 지원한다. 이러한 기업의 일부는 그들의 프로그램을 조정할 인하우스 인센티브 기획가를 고용하고 있다.

회의 플래닝과 인센티브 투어 플래닝은 소매여행업자에게 중요한 수입원천이 된다. 많은 여행사가 미팅이나 인센티브 투어를 위해 독립된 부서를 갖는다. 많은 주요 항공사들 역시 마찬가지이다.

미팅 플래닝이란 입문단계의 일이 아니다. 일반적으로 회의 및 회의기획가와 거래경험을 쌓은 사람들이 회의산업에 뛰어들고 있다. 협회와 기업에서 이러한 직업을 구하려는 경쟁은 날로 심각해지고 있다. 만약 과거에 어떤 조직에서 비서나 서기와 같은 직위에서 일한 경험이 있다면 회의산업부문에서 일하기가 용이할 것이다. 여행사나 항공사 역시 마찬가지이다.

회의기획가는 기업이나 협회의 한 부서장으로 승진할 수 있으며 또는 조직 내의 마케팅 부서나 PR 부문으로 승진할 수 있다. 또한 프리랜서 회의기획가로 독립할 수도 있다.

02 컨벤션 매니저(Convention Manager)

컨벤션 매니저는 호텔, 리조트, 컨퍼런스, 컨벤션센터, 시빅센터, 유람선을 대상으로 업무를 보는데 그것은 곧 회의를 주관하는 위치가 된다. 그들은 회의기획가와 협력하여 회의의 모든 면을 관리한다.

회의사업에 관련된 거의 모든 호텔이 컨벤션 매니저를 고용한다. 컨벤션 매니저는 보통 내부로부터 승진한다. 호텔의 다른 부서에서 경험을 쌓은 후에 컨벤션 매니저로 승진하는 것이 일반적이다. 주로 식음료부문 및 판매부서의 배경이 유리하다.

호텔근무 경험이 있는 컨벤션 매니저는 때때로 컨퍼런스, 컨벤션, 시빅센터의 매니저로 승진하기도 한다. 컨벤션센터 매니저의 임무는 무척 중대하고 대단히 복잡한 성질을 지닌다. 그 매니저의 직위는 운송부장, 안전부장, PR부장, 이벤트 코디네이터를 들 수 있다. 또한 기능으로는 장비운반자, 전기공, 파이프 배관공, 목수, 안전요원 등과 같은 수많은 블루컬러의 업무가 있다.

03 기업소유자(Entrepreneur)

기업소유자는 자기사업을 소유하고 있거나 회의분야에 독립적으로 종사하는 사람들을 말한다. 컨벤션 서비스와 설비회사는 그 첫째 유형이다. 그들은 협회와 기업에 다양한 회의참고 자료를 제공한다.

회의산업에서 기업소유자가 고려할 만한 두 번째 유형으로는 무역쇼 운영, 목적지 선정 경영 등이다.

세 번째 유형으로는 독립적 회의컨설턴팅이다. 프리랜서 회의기획가(협회나 조직에 고용된 자유계약자)와 인센티브 여행회사(단지 기업에 고용된 자)가 여기에 포함된다.

표 5-2 회의산업에서 직업적 성공기회

직 업	필요 교육수준	승진기회
회의기획 보조	전문대졸 이상	회의기획가, 회의디렉터
협회 및 기업회의기획가, 기업인센티브 기획가	전문대졸, 대졸 유리 관광산업 경력자 유리	협회 및 기업의 회의기획가 판촉부장, 인센티브 투어기획가
독자적인 회의 인센티브 컨설턴트	전문대졸, 대졸 유리 관광업, 여행업분야 경력자 유리	회의사업부 부서장
시청각 전문가	전문대졸, 관련학과 전공자 유리	음향이나 조명감독자
보안·안전감독자	전문대졸, 대졸 유리, 전문적인 법률관련 경력자 유리	보안서비스 혹은 회사소유자
컨벤션 서비스 매니저	전문대졸, 대졸 유리 호텔 및 레스토랑 경험자	회의·컨벤션센터 매니저
회의 디렉터	대졸, 경력자	호텔 컨벤션감독자 컨벤션센터 매니저

제6장

카지노업

제1절 카지노업의 이해

01 카지노의 정의[2]

카지노의 어원은 중세기 이탈리아의 귀족 별장에서 비롯된 단어로, 18세기경 도시나 해변의 특급호텔 또는 별장에서 도박, 춤 등 사교를 위한 오락시설이었다.

카지노는 갬블링(gambling), 음악, 쇼, 댄스 등 여러 가지 오락시설을 갖춘 연회장이라는 의미의 이탈리아어 카사(Casa)에서 유래한 것으로 르네상스(Renaissance) 시대에 귀족들이 소유하고 있던 사교 · 오락용의 별장을 의미하였으나, 오늘날에 와서는 일반적인 사교 또는 여가선용을 위한 공간으로서 각종 게임기구를 설치하여 갬블링이 이루어지는 장소를 의미한다고 정의하고 있다.

그리고 웹스터사전(Webster's College Dictionary)에서는 카지노란 모임 · 춤 특히 전문 갬블링(professional gambling)을 위해 사용되는 건물이나 넓은 장소로 정의하고 있으며, 국어사전에서는 음악 · 댄스 · 쇼 등 여러 가지 오락시설을 갖춘 실내 도박장으로 정의하고 있다.

우리나라에서 카지노업은 종래 「사행행위등 규제 및 처벌특례법」에서 '사행행위영업'의 일환으로 규정되어 오던 것을 1994년 8월 3일 「관광진흥법」을 개정할 때 관광사업의 일종으로 규정한 것이다. 그리고 「관광진흥법」은 제3조제1항 5호에서 카지노업이란 "전문영업장을 갖추고 주사위 · 트럼프 · 슬롯머신 등

2) 김성혁 · 오재경 저(2013), 개정판 관광사업개론, 백산출판사, 제 7장 참조

특정한 기구 등을 이용하여 우연의 결과에 따라 특정인에게 재산상의 이익을 주고 다른 참가자에게 손실을 주는 행위 등을 하는 업"이라고 정의내리고 있다.

우리나라의 카지노업은 관광산업의 발전과 크게 연관되어 있다. 특히 카지노는 특급호텔 내에 위치하여 외래관광객에게 게임·오락·유흥 등 야간관광활동을 제공함으로써 체류기간을 연장시키고, 관광객의 소비를 증가시키는 주요한 관광산업 중 하나로 발전되어 왔다. 또한 카지노업은 외래관광객으로부터 외화를 벌어들여 국제수지를 개선하는 데 기여해 왔으며, 국가재정수입의 확대와 소득·고용창출 등 긍정적인 경제적 효과를 가져온 주요 수출산업이라고도 할 수 있다.

02 카지노업의 특성

카지노업은 우선 외래관광객을 위해서 게임장소와 오락시설을 제공한다. 게임장소와 오락시설의 제공이라는 두 가지 서비스는 우리나라 카지노업의 기본적 기능이라고 할 수 있다. 이러한 카지노업의 특징을 살펴보면 다음과 같다.[3]

첫째, 카지노업은 여타산업에 비하여 고용창출효과가 높다. 카지노업은 여타 관광 관련 산업에 비해 규모나 시설은 적으나 카지노의 특수한 조직구조와 운영으로 인해 하루 24시간 게임테이블을 운영하기 위하여 많은 종사원을 필요로 하기 때문에 경영규모에 비해 많은 고용창출을 하고 있다. 카지노는 순수한 인적 서비스상품이며 노동집약적인 산업으로, 수출산업인 섬유·가죽업, TV부문, 반도체산업 및 자동차산업에 비해 고용승수가 훨씬 높게 나타나고 있다.

둘째, 카지노업은 전천후 관광상품이다. 카지노가 주로 실내공간에서 이루어지는 여가활동이므로 악천후에도 전혀 상관하지 않고 이용이 가능한 관광상품이다. 또한 24시간 영업함으로써 야간 관광상품으로도 이용될 수 있으며, 자연관광자원의 기후에 대한 한계성을 극복할 수 있는 훌륭한 대체관광산업이 된다.

셋째, 카지노업은 무공해 관광산업이라고 정의할 수 있는데, 카지노산업의 외화가득률은 우리나라 대표적 수출산업인 자동차산업, 섬유·가죽 등의 의류산

3) 고택운, 카지노산업 프로젝트 기획실무, p.7.

업, 텔레비전·세탁기 등 가전제품산업 및 반도체산업에 비해 훨씬 높은 산업이다. 카지노이용객 한 사람을 유치하면 컬러TV 4대, 반도체 76개 수출한 것과 같으며, 카지노에 외국인 관광객 11명이 유치된다면 고급승용차 1대를 수출하는 것과 맞먹는 효과가 있다고 한다.

넷째, 카지노는 외래관광객의 소비액을 증가시키고 체류기간을 연장시킨다. 카지노 이용객 1인당 소비액은 외래관광객 1인당 소비액의 약 48%를 차지할 정도로 단일지출항목으로는 상당히 높은 비중을 차지한다. 카지노는 외래관광객에게 게임장소와 오락시설을 제공하는 기능을 함으로써 체류기간 연장과 소비지출을 증가시키기 때문에 실제로 카지노가 없는 나라의 관광객의 체류 일수가 평균 1.5일인 데 비해 카지노 게임을 하는 고객들의 체류 일수는 3.4일로 2일이나 차이가 나는 현상으로 설명할 수 있다.

다섯째, 카지노산업의 경제적 파급효과는 매우 크다고 하겠다. 정부의 강력한 규제와 도박산업이라는 사회적으로 부정적인 인식하에서도 각 지방자치단체에서 카지노를 유치하려는 치열한 경쟁에서 볼 수 있듯이 세수의 확보, 외래관광객 유치에 따른 외화가득효과, 호텔 등 관광관련 산업의 매출에 지대한 영향을 미치는 등 다양한 경제적 효과를 발생시킨다.

여섯째, 카지노는 양면성이 있다. 카지노가 여가선용을 위한 건전한 오락산업이며 세수확보, 외화유출방지, 고용창출 등 지역경제 활성화에 지대한 영향을 미치고 있어 국가 및 지방자치단체에서 적극적으로 카지노의 도입을 추진하려고 하는 긍정적인 사회경제적 측면이 있는가 하면, 카지노는 단순한 도박산업이며 범죄와 도박중독증, 가정파탄 및 도산, 과소비, 사행심 조장, 폭력조직과의 연루 등 각종 사회악의 온상이라는 부정적인 측면이 공존하고 있다.

제 2 절 카지노업의 이용현황

01 카지노업체 현황

외국인전용 카지노는 1967년 인천 올림포스호텔 카지노 개설을 시작으로 2005년 한국관광공사에 신규 허가 3개소를 포함하여 2011년 12월 말 기준으로 전국에 16개 업체가 운영 중에 있으며, 지역별로는 서울 3개소, 부산 2개소, 인천 1개소, 강원 1개소, 경북 1개소, 제주 8개소이다. 내국인출입 카지노는 강원랜드카지노 1개소가 운영 중에 있다.

02 카지노시설 및 운영현황4)

1) 외국인전용 카지노

2009년 말 기준으로 외국인전용 카지노 기구는 총 9종 1,425대이며, 테이블게임 562대, 슬롯머신 369대, 비디오게임 494대를 보유하고 있다. 테이블게임은 바카라가 344대로 가장 높게 나타났으며, 블랙잭 103대, 룰렛 53대, 포커 32대, 다이사이 17대, 빅휠 8대, 카지노워 4대 등을 보유하고 있다.

4) 사행산업통합감독위원회, 2009 사행산업백서, pp.39~44 참조.

표 6-1 우리나라 카지노업체 현황

(단위 : 명, 백만 원, ㎡)

지역	업체명	허가일	운영형태(등급)	종업원 수	전용영업장 면적
서울	파라다이스워커힐카지노	68.03.05	임대(특1등급)	855	3,178.4
	세븐럭카지노 서울강남점	05.01.28	임대(컨벤션)	703 (본사포함)	6,059.8
	세븐럭카지노 서울힐튼점	05.01.28	임대(특1등급)	448	2,811.9
부산	세븐럭카지노 부산롯데점	05.01.28	임대(특1등급)	265	2,234.3
	파라다이스카지노부산	78.10.29	직영(특1등급)	249	2,283.5
인천	골든게이트카지노	67.08.10	임대(특1등급)	272	1,060.6
강원	알펜시아카지노	80.12.09	직영(특2등급)	30	547.9
대구	인터불고대구카지노	79.04.11	임대(특1등급)	103	3,458.3
제주	라마다프라자카지노	75.10.15	임대(특1등급)	158	2,359.1
	파라다이스그랜드카지노	90.09.01	임대(특1등급)	153	2,756.7
	신라호텔카지노	91.07.31	임대(특1등급)	140	1,953.6
	로얄팔래스카지노	90.11.06	임대(특1등급)	106	1,353.5
	롯데호텔제주카지노	85.04.11	임대(특1등급)	133	1,205.4
	엘베가스카지노	90.09.01	직영(특1등급)	109	1,026.6
	하얏트호텔카지노	90.09.01	임대(특1등급)	71	803.3
	골든비치카지노	95.12.28	임대(특1등급)	131	1,528.5
16개 업체(외국인 대상)			직영 : 3 임대 : 13	3,926	35,719.05
강원	강원랜드카지노 (내국인 대상)	00.10.12	직영(특1등급)	1,697	7,322.12
17개 업체(내 · 외국인 대상)			**직영** : 4 **임대** : 13	5,623	43,041.17

자료 : 문화체육관광부, 2011년 기준 관광동향에 관한 연차보고서, pp.300~301.

2) 강원랜드카지노

강원랜드는 강원도 정선군 사북읍 사북리 및 고한읍 고한리 일원에 총 6,438,732㎡ 규모의 카지노 리조트를 조성하였다. 주요 시설물로는 강원랜드 호텔, 하이원호텔, 하이원CC, 하이원 스키장 및 콘도, 하이원 고한사무실, 고한사옥 등을 포함하고 있다.

강원랜드의 카지노시설은 강원랜드 호텔 내 16,770㎡ 공간에 테이블게임 132대와 머신게임 960대로 구성되어 있다. 테이블게임 기구는 바카라 61대, 블랙잭 49대, 룰렛 10대, 다이사이 4대, 포커 4대, 빅휠 2대, 카지노워 2대 등이며, 머신게임 기구로는 슬롯머신 345대, 비디오게임 615대 등을 보유하고 있다.

03 카지노업의 영업종류

카지노는 룰렛(roulette), 크랩스(craps), 블랙잭(blackjack), 바카라(baccarat), 포커(poker) 등 슬롯머신과 테이블 게임으로 구성된다.

카지노는 독립적으로 운영되거나 호텔오락시설의 하나로 운영되기도 한다. 예를 들면 라스베이거스에 있는 트로피카나(Tropicana)는 라마다기업에서 운영하는 카지노호텔이다.

단지 네바다주와 뉴저지주에서만 카지노 도박을 허용하고 있고 주요 카지노가 집중된 곳은 라스베이거스, 레노 스파크스(Reno-Sparks), 레이크 타호(Lake Tahoe)이고 애틀랜타 · 네바다주의 200군데가 넘는 카지노는 관광사업에 활기를 불러일으키고 있으며 이 주에서 가장 중요한 기간산업이다. 애틀랜타는 1978년 카지노 도박이 허락되었을 때 지방수입원이 크게 늘었다. 라스베이거스와 거의 같은 도박장을 갖고 있는 애틀랜타는 카지노의 중심지인 라스베이거스를 위협하고 있다. 570만 명의 인구가 살고 있는 애틀랜타는 150마일 안에 살고 있는 사람들로부터 손님의 65%를 유인하고 있다. 반면 라스베이거스는 전국 관광객들에게 의존하고 있다. 카지노 도박을 목적으로 하는 여행은 매년 증가하고 있다.

우리나라 카지노업의 영업종류는 문화체육관광부령으로 정하는데 「관광진흥법 시행규칙」 제35조 1항 관련 [별표 8]에서 이를 다음과 같이 규정하고 있다.

1. 룰렛(Roulette)
2. 블랙잭(Blackjack)
3. 다이스(Dice, Craps)
4. 포커(Poker)
5. 바카라(Baccarat)
6. 다이사이(Tai Sai)
7. 키노(Keno)
8. 빅휠(Big Wheel)
9. 빠이 까우(Pai Cow)
10. 판탄(Fan Tan)
11. 조커 세븐(Joker Seven)
12. 라운드 크랩스(Round Craps)
13. 트란타 콰란타(Trent Et Quarante)
14. 프렌치 볼(French Boule)
15. 차카락(Chuck-A-Luck)
16. 슬롯머신(Slot Machine)
17. 비디오게임(Video Game)
18. 빙고(Bingo)
19. 마작(Mahjong)
20. 카지노워(Casino War)

제 7 장

여가시설

제 1 절

여가시설의 유형과 목적

01 여가시설의 유형

여가사업은 크게 두 가지 범주로 나눌 수 있다. 하나는 공적으로 운영되는 공적 여가사업이고, 다른 하나는 상업적인 조직에 의해서 운영되는 상업적 여가사업이다. 그들은 관광사업에서 중요한 위치를 차지한다.

사람들은 여가시간에 집에서 책을 읽거나 정원을 손질하면서 지내거나 공적 여가시설이나 상업적 여가시설이 제공하는 이벤트에 참가한다.

공적 여가시설은 중앙정부, 지방자치제, 지역사회 또는 비영리단체에 의해 사업이 운영되는 것을 일컫는다. 공원, 박물관 그리고 페스티벌은 공적 기관에 의해 제공되는 시설 및 이벤트이다. 입법절차를 거쳐 공공시설이 세워지며 이용을 위한 지침이 마련된다. 공적 여가시설은 세금에 의해 건설되기 때문에 보통 무료 또는 약간의 입장료로 이용이 가능하다. 반면에 상업적 여가시설은 영리를 목적으로 사기업에서 운영하는 것이므로 이용 시에는 그에 상당하는 이용료를 지불해야 한다.

02 여가시설의 목적

공적 여가시설은 돈을 벌기 위해 세워진 것이 아니고, 사실상 그 기본적인 목적에 있어서도 단지 여가와 레크리에이션을 제공하는 것만은 아니다. 많은 공적 여가시설은 국가의 자연적·역사적 자원을 보존하기 위해 존재한다. 예를 들면 모든 국립공원의 주요 기능은 야생지역의 아름다움을 보존하기 위한 것이다. 하이킹, 승마, 피크닉의 기회를 주는 것은 두 번째의 목적이다.

상업적 여가시설은 상품, 서비스 그리고 기분전환을 위해 이용되는 시설을 만들어내는 데 있어서 소규모 또는 대규모의 기업이 사적으로 운영하는 것을 일컫는다. 사적 기업은 이윤을 추구하기 위해 존재한다. 기업가는 테마공원, 쇼핑몰, 카지노, 경마장과 같은 레크리에이션시설과 이벤트에 돈을 투자한다. 돈을 지불하는 고객들을 유인·유치하기 위해 사업가는 즐거운 레크리에이션 경험을 제공해야 하며 계속해서 시설을 유지하거나 고급화시켜야 한다.

03 공적 여가시설과 상업적 여가시설의 협력

공적 및 상업적 여가시설은 명확하게 구분되는 것은 아니다. 그것들은 중복되는 경우가 많다. 예를 들면 공적 기관과 사적 기업 양자가 모두 골프코스를 제공한다. 어떤 경우에 그들은 서로 협력한다. 개인사업으로 국유림을 방문하는 사람들을 위해 제공할 수 있는 숙박시설을 운영할 수도 있다. 이 사적 기업은 특허로 불린다. 그리고 아직까지 여러 경우에 공적 및 사적 기업들이 서로 같이 일하고 있다.

미국 미주리주 하니발시에서는 시정부, 비영리단체 그리고 사기업들이 마크 트웨인(Mark Twain)과 관련된 역사적 장소와 매력물을 보존하고 촉진시키기 의해 하나의 팀을 이루고 있다. 더불어 그들은 협조 없이는 불가능한 레크리에이션 경험을 양자가 협력하여 제공하고 있다.

공적 및 상업적 여가시설은 여가시간 동안에 사람들을 여행으로 끌어들일 수 있는 매력물을 제공한다. 여행사업은 스키, 쇼핑, 스포츠관람, 연극관람, 그 밖에 많은 레크리에이션 가치를 기초로 패키지여행을 만들 수 있다. 공적·상업적 시설은 여행자가 그들의 목적지에 도착하기까지 도중에서 추가적인 레크리에이션 기회를 제공한다. 예를 들면 도박을 위해 라스베이거스로 여행을 하는 사람들은 도중에 나이트클럽에서 즐기거나 테니스 게임을 즐길 수 있다.

공적 여가시설과 상업적 여가시설은 수백만 달러의 관광객을 유치하고 수천 명의 사람을 고용한다.

제2절 공적 여가시설

세계 각국에서는 매년 수백만 명의 사람들이 여가와 레크리에이션을 즐기고 있고, 각국 정부는 서비스를 제공받을 수 있는 공공시설을 방대하게 보유하고 있다. 이러한 시설들은 사용자의 흥미나 취미에 부합할 수 있도록 넓은 활동범위를 제공한다.

01 국립공원

한국의 풍경을 대표하기에 충분한 자연경관에 대해 국토교통부장관이 지정하여 유지·관리하는 지역을 말한다. 1967년 공원법이 제정·공포되어 같은 해 12월 29일에 최초로 지리산이 국립공원으로 지정되었다. 현재 우리나라에는 20개의 국립공원이 지정되어 있다.

국립공원제도는 미국의 원시관광지역인 옐로스톤이 발견되었을 때 '이 경관지는 전 국민이 영원히 향유할 수 있는 국가의 보유지이다'라는 주장에 의해 1872년 세계 최초의 국립공원이 설정되어 제도화되었다.

이것을 보면 국립공원의 개념은 단지 자연적 경관을 보호하는 것뿐만 아니라 역사적·문화적 장소를 보존하는 것까지 포함한다.

1) 공원시설

각종의 여가시설이 국립공원 안에서 제공되고 있다. 공원 안에는 가게, 기념품점, 레스토랑뿐만 아니라 호텔, 산장, 캠프장 등이 있다. 시내나 근거리 시외 또는 주요 고속도로에 자리 잡고 있는 공원은 숙박시설이 부근에 설치되어 있어 방문객센터와 기념품점만을 제공한다.

방문객은 보통 각 공원에 약간의 입장료와 캠핑요금만을 지불한다. 크고 유명한 공원의 캠프장은 예약하여야 한다. 예를 들어 미국의 그랜드캐니언 같은 공원은 방문객이 티켓트론(Ticketron), 전화, 우편 등으로 숙박과 캠프장을 예약할 수 있는 예약시스템을 컴퓨터화하였고, 또한 우편으로 예약을 받고 있기도 하다.

위치와 기후에 의존하고 있는 국립공원은 하이킹, 수영, 보트, 낚시, 승마, 스키, 사이클, 스쿠버 다이빙과 같은 레크리에이션 기회를 폭넓고 다양하게 제공하고 있다.

국립공원은 포장된 도로, 좋은 경치를 가지고 있어야 하며 어떤 경우에는 셔틀버스로 한 곳에서 다른 곳으로 방문객을 이동시켜 주어야 한다. 공원 서비스 기능 중에 하나는 해설(Interpretation)이다. 이 의미는 강의, 영화, 전시, 신호 등을 통해 방문객을 교육하고 정보를 알리고 즐거움을 주는 과정을 일컫는다.

공원시설은 신체적으로 부자연스러운 사람들을 위해 경사로와 보도시설을 갖추고 있다. 선진국의 일부 공원은 청각장애인을 위해 표제를 붙인 영화와 슬라이드, 볼 수 있는 언어 해설판, 쓸 수 있는 장비가 구비되어 있을 뿐만 아니라 시각장애인을 위해 만질 수 있는 전시회, 오디오 테이프 등이 구비되어 있다.

2) 현재의 문제점

1970년대 이후 세계적으로 공원관리자, 자연주의자, 환경주의자, 입법가 등은 너무 지나친 공원의 이용으로 야기된 공해, 문화 및 예술의 파괴, 환경적인 스트레스와 같은 문제를 심각하게 다루고 있다. 공원을 있는 그대로의 풍경으로 보존해야 할 것인가, 또는 새로운 레크리에이션 사용욕구에 부합하는 공공의 놀이터로 전락시킬 것인가? 이 두 가지 목적이 균형을 유지하는 가운데 공원당국은 방문객의 수를 제한하거나 비수기 때 사용을 권장하거나 덜 알려진 곳을 촉진하고 장려하는 프로그램을 계속적으로 시도해야 한다.

02 국유림지

산림을 보존하는 것과 더불어 국유림지는 많은 레크리에이션 기회를 부여한다. 국유림지의 방문객은 수영, 보트, 낚시, 사냥, 하이킹, 승마, 등산, 피크닉, 관람 등을 할 수 있다. 현재 국립공원과 함께 일부 국유림지는 일일 방문객을 제한할 정도로 초과이용되고 있다.

외국의 경우 여행자는 국유림지에 넓게 분포된 숙박시설을 찾는다. 대부분 호텔산장을 갖추고 있으며 캠프를 하는 사람들은 화장실과 물을 길을 수 있는 캠프장을 찾을 수 있다. 국유림정책은 언제나 예약한 캠프자에게 허락하는 것보다는 먼저 찾아오는 사람에게 우선적으로 캠프장을 할당한다. 방문자들은 캠프장 시설과 가까운 시내에 물건을 사러 가야 하기 때문에 일부 국유림에서는 점포나 레스토랑을 경영하고 있다.

03 도립공원과 지역공원

1) 도립공원

도립공원은 도내에서 빼어난 자연경승지를 말한다. 그 지방민이 이용하기 위해 일정지역을 계획하여 지정해 놓은 지역을 말하며 자연공원법을 근거로 하고 있다. 1984년에 20개의 도립공원이 지정되었는데 이는 공원심의위원회의 의결을 거쳐 도지사가 지정한다.

공원의 보호·이용계획 또는 관리운영방법은 각 관계 도(道) 조례에 근거하지만, 그 내용은 국립공원의 경우와 같다.

2) 군립공원

군립공원은 시장·군수가 시·군공원위원회의 심의와 도지사의 승인을 거쳐 지정한다. 군립공원은 1981년 전북 순창의 강천산(剛泉山)이 최초로 지정되고부터 1983년에 18개소가 지정되어, 현재 24개소에 이르고 있다.

3) 지역공원

콘크리트와 철강으로 건설된 건물에 사는 도시주민들을 위해 도시공원은 탁 트인 공간과 잔디로 시민을 편안하게 해준다. 도시공원은 피크닉지역을 제공하며 산보, 조깅, 사이클을 위한 길을 제공한다. 예를 들어 서울 한강을 따라 이어지는 양쪽의 둔치공원은 도시민들의 위락과 건강증진의 제공장소로서 커다란 기능을 다하고 있다. 많은 공원은 또한 테니스, 야구 등 다른 스포츠를 위한 시설을 갖추고 있다. 서울대공원, 어린이대공원 등 일부 공원은 동물원, 극장, 옥외 원형극장을 갖추고 있다.

04 박물관

박물관은 예술적·역사적·과학적 가치 때문에 보존해야 하는 물건을 보관하고 전시하는 센터를 말한다. 과거 역사적인 인물에서부터 옛날에 사용되었던 자동차, 텔레비전 등 거의 모든 것들이 박물관의 소장대상이 될 수 있다. 박물관을 방문하는 것은 많은 관광객의 일정표에 중요한 부분을 차지한다.

17~18세기까지는 진기한 작품과 희귀한 자연물을 모으고 전시하는 즐거움은 상류계층의 부를 상징하였다. 그 후 교육받은 중류계층이 많아짐에 따라 공립박물관의 개념이 급속도로 정착되어 발전하였다. 북미의 첫 번째 박물관이 1773년 사우스 캘리포니아 찰스턴(Charleston)에서 자연사박물관으로서 개관하였다.

현재 미국과 캐나다에는 6,000여 개의 박물관이 있다. 대부분은 정부(연방, 주, 지방)의 소유로 운영되고 있는데 이것은 대부분 세금에 의해 경제적인 후원을 받고 있다. 다른 것은 비영리단체의 소유로서 이런 박물관은 입장료, 개인유산, 정부의 보조 그리고 단체의 기부에 의해 운영된다. 고고학과 민족학의 피보디(Peabody) 박물관과 하버드의 포그 아트(Fogg Art) 박물관과 같은 곳은 대학당국이 지원·운영하고 있다.

오늘날의 박물관은 문화를 배우는 센터이며 레크리에이션과 오락을 위한 장소이다. 예를 들면 예술박물관은 그림과 예술작품의 감상에 대한 코스를 제공하고 예술가의 강연과 전시된 예술작품에 관한 훈련된 지도를 실시하여 방문객에게 녹음기와 CD를 빌려준다. 또한 방문객을 위해 교육적이고 즐거움을 주는 영화페스티벌, 콘서트를 주최한다. 흥미를 갖고 배우려는 방문객들의 다양화에 따라 많은 다른 박물관들이 있지만 그중 예술박물관이 가장 대중적이다.

표 7-1 박물관의 주요 형태와 특징

형 태	특 징	보 기
역사박물관	역사적으로 중요한 물품을 수집하고 전시	Museum of the City of New York: Mount Vermont
예술박물관	그림, 조각 다른 예술작품을 수집하고 전시	Art Institute of Chicago
과학기술박물관	과학의 원리·응용·역사를 예시	National Air and Space Museum
자연사박물관	동물, 물고기, 원시인들의 자연생활을 전시	Korean Museum of Natural History
일반박물관	여러 종류를 대상으로 전시	Milwaukee Public Museum
특별주제박물관	하나의 주제에 대해 집중 전시	공룡 박물관, 서커스월드 박물관(위스콘신)
어린이박물관	사물들을 설명하기 위해 전시 전문화	Nashville Children's Museum

05 동물원과 수족관

1) 동물원

동물원(Zoo)이라는 단어는 Zoological garden or park를 간단하게 줄인 것이다. 동물원은 야생동물을 연구하고 전시하기 위한 장소이다. 수족관(Aquarium)은 물고기와 고래나 바다표범과 같은 포유동물을 위한 특수동물원이다. 실제로 동물원과 수족관은 생명이 없는 예술품이나 가공품이 아닌, 살아 있는 생물체를 모으고 전시하는 박물관이다.

여러 관점에서 동물원은 박물관이나 공원과 비슷한 기능을 제공한다. 동물원은 방문객에게 즐거움을 주며 아울러 교육적인 기회도 제공한다. 그리고 그들이 내는 요금으로 야생동물을 보호한다. 동물원은 동물학과 생물학의 모든 영역에 과학적인 조사를 위한 시설로서 제공되며 세심한 주의가 요구되는 양육 프로그램을 실시하여 멸종위기에 있는 종을 구하려고 노력하고 있다.

초기박물관과 같이 최초의 동물원은 군주와 귀족들의 즐거움을 위해서 세워졌으나 시간이 지남에 따라 일반인들에게 공개되었다. 공립동물원은 정부단체나 과학협회, 동물애호가들에 의해 세워졌다.

수족관은 현대발명품처럼 보이지만 그렇지 않다. 슈미어리언(Sumerian)은 4,500년 전 최초의 수족관을 만들었으며 고대 중국인들은 인공연못에서 장식용 금물고기를 길렀다.

최초의 공립수족관은 1850년대 런던시와 뉴욕시에 건립되었다. 이 수족관은 벽 쪽에 전시장 탱크를 부착한 긴 홀로 건축되었다. 1938년 플로리다주의 세인트 오거스틴시 근교에 마린랜드(Marineland)라는 큰 탱크모양과 유리를 통해 볼 수 있는 옥외수족관이 개관하였다. 방문객들은 물속에서 위아래로 헤엄치는 상어와 돌고래와 같은 큰 수중동물을 구경할 수 있게 되었다. 마린랜드가 너무나 유명해짐에 따라 미 전역에 걸쳐 다른 수족관이 마린랜드와 똑같은 구조의 디자인을 채택하였다. 해양동물들을 전문으로 다루는 수족관을 해양수족관이라고 한다. 많은 해양수족관은 관광과 교육적인 프로그램과 함께 상어와 돌고래를 훈련시켜 쇼를 보여주고 있다.

표 7-2 동물원과 수족관

형 태	특 징	보 기
시립동물원	동물을 시민들에게 보여주기 위해서 대형 실내사옥과 옥외 설비를 갖춤	St. Louis Zoo
야생동물원	자연적인 상태에서 자유롭게 동물을 방목시켜 키움	San Diego Wild Animal Park (사파리)
어린이동물원	여러 종류의 동물을 보고 만질 수 있도록 어린이에게 보여줌	Philadelphia Children's Zoos, 어린이대공원(서울)
민물수족관	민물고기와 동물들을 전시	John G. Shedd Aquarium
해양수족관	상어, 고래, 돌고래 등 해양생물을 바닷물탱크에 넣어 전시	Mystic Seaport(코네티컷)

06 박람회와 페스티벌

박람회는 최초에 농업과 상업이 밀접하게 연계되어 주종을 이루었지만 중세 이후 레크리에이션의 한 형태였다. 사람들은 여러 상품을 비교하고 수공예품을 감상하며 가장 최근의 기술적 혁신을 찾기 위해 한 전시장에서 다른 전시장으로 옮겨다녔다. 많은 사람들을 끌어들이기 위해서 여러 박람회에서 음식과 오락물을 제공하기 시작하였다. 세계박람회는 여러 종류의 산업들이 국제적인 무대에서 그들의 상품을 전시하면서 시작되었다. 한편 초기 페스티벌은 종교적인 목적을 위해 개최된 것이 일반적이었으나 이후 사람들은 페스티벌을 개최하기 위한 다른 이유를 찾기 시작하였다. 페스티벌을 개최하는 지역에서의 막대한 경제적 이득을 인식한 공공단체 및 사적단체에서 페스티벌을 개발하고 장려하였다. 때때로 퍼레이드가 페스티벌의 한 요소가 되었고 또한 그것이 주요 행사가 되기도 하였다.

표 7-3 박람회와 페스티벌

형 태	특 징	보 기
농업박람회	카니발과 함께 가축, 농업생산품을 전시	아이오아주 박람회
무역박람회	기업들이 특정산업에 있어서 최신의 발명품과 상품을 전시	자동차쇼, 전자쇼
역사박람회	유럽의 르네상스와 중세기 거대한 박람회의 음식과 오락물을 재현	르네상스 박람회
세계박람회	각 나라의 산업과 문화를 전시	1993대전세계박람회
페스티벌	계절적인 축하행사, 문화행사, 기념행사	겨울카니발(미네소타주 세인트폴), 마르디그라(뉴올리언스)
퍼레이드	축제밴드의 음악에 맞춘 시가지 퍼레이드	로즈볼(캘리포니아주 파사데나), 추수감사제(뉴욕시)

제 3 절
상업적 여가시설

상업적 여가시설은 대중을 위한 시설들을 제공한다. 테마공원(테마파크), 모델문화(Model culture), 복원, 특수박물관과 산업관광은 즐거움뿐만 아니라 교육적인 가치를 준다. 수백만 명의 스포츠팬들은 그들이 좋아하는 프로팀을 응원하기 위해 큰 도시로 여행한다. 보다 활동적인 것을 좋아하는 사람들을 위해 상업적 여가시설은 스키, 리조트, 뗏목타기, 파도타기, 기타 스포츠를 제공한다. 방문객은 또한 거대한 쇼핑몰에서 쇼핑을 즐길 수 있다. 그들이 목적지에 체재하는 동안 여행자들은 콘서트, 오페라, 댄스, 연극과 같은 라이브 엔터테인먼트를 즐길 수 있다. 도박, 카지노, 경마는 상업적 기업이 제공하는 또 다른 매력물이다.

01 테마공원

1955년 월트 디즈니는 캘리포니아 에너하임 부근에 디즈니랜드를 개장하였다. 디즈니 영화의 주제와 성격을 기초로 한 이 공원은 가족오락을 위한 즐거운 분위기로 계획되었다. 첫 번째 테마공원(Theme Park)으로서 디즈니랜드는 대성공하였다. 이것은 미국 전역에 걸쳐 즉시 30여 군데 이상의 테마공원으로 발전하였다.

1) 테마공원의 테마

모든 관광매력물은 자연적 · 역사적 환경을 기초로 이루어진다. 그러나 테마공원은 예외이다. 테마(주제)를 만들고 전시장, 탑승물, 쇼핑, 레스토랑 등을 설치하는 것으로 테마공원은 그들의 환경을 창조하고 있다. 예를 들면 방문객이 잠자는 공주성(Sleeping Beauty's Castle)을 통해 환타지랜드(Fantasyland)에 들어간다. 거리에서 후크선장, 신데렐라, 피터팬 등을 만나며 원더랜드(Wonderland) 티파티와 티컵 탑승에서 앨리스를 만난다. 모든 것은 친숙하고 편안하지만 자극적이다.

테마는 역사, 동물들의 생활로부터 창안될 수 있으며 만화는 테마공원에 있어서 특히 인기가 있다. 어떤 공원은 아주 강력한 중점테마를 수행한다. 플로리다 탐파 소재인 검은 대륙(Dark Continent)은 아프리카의 테마를 전체적으로 옮겨왔다. 3군데의 시월드공원(올랜도, 샌디에이고, 오하이오주의 오로라)은 해양생활을 테마로 삼은 것이다. 다른 공원들도 테마의 다양성을 갖고 있다.

2) 테마공원의 성격

개인승용차가 대중화하기 이전에 오락공원(Amusement Park)은 시내버스의 종점에 위치하였다. 그곳의 고객들은 대부분 가까운 지역 사람들이었다. 사람들은 시내버스에서 내려 공원에서 몇 시간 머물고 다시 집으로 돌아갔다.

그러나 오늘날의 테마공원은 주요 도시의 외곽지대에 위치하며 방대한 도로가 깔려 있고 레크리에이션활동과 이벤트를 제공한다. 롤러코스터, 연극공원, 전시, 공원, 관광, 영화, 축하공연 등을 즐길 수 있고 교육적인 모든 것이 전개된다. 사람들은 공원에 도착하기 위해 몇 마일을 운전하거나 비행기를 타고 온다. 그들은 더 오랫동안 머물고 싶어 하며 더 많은 돈을 쓰고 싶어 한다.

테마공원들은 신문, 잡지, TV 광고를 통해 전국에 걸쳐 관광객들을 유치하려고 노력한다. 테마공원의 방문은 휴가여행의 한 부분으로 구성되거나 목적지 자체가 될 수 있으므로 호텔, 레스토랑, 그 밖의 오락시설들이 여행자의 욕구에 맞추기 위해 테마공원 부근에 생겨나고 있다. 예를 들면 디즈니랜드의 외곽에는 7,000객실의 호텔과 모텔, 국제회의센터, 그리고 아메리칸 리그 야구공원(American League Baseball Park)이 있다.

테마공원은 고용원이 몇 천 명이 되는 대규모의 기업이며 운영자금으로 몇 백만 달러가 필요하다. 이는 세밀한 컴퓨터 기능이 많은 놀이시설과 매력물을 운영하는 데 사용된다. 세세한 것들도 조심스럽게 경영된다. 운동장, 휴게실 등은 고용인이 깨끗이 청소한다. 디즈니랜드에서는 메리 고 라운드(merry-go-round)의 철도조차도 매일 왁스칠을 하고 있다.

3) 테마의 다양화

주요 테마공원의 변화가 차츰 진행되고 있다. 예를 들어 펜실베이니아주 랭그혼의 세서미 플레이스(Sesame Place)와 같은 미니 테마공원은 어린이들을 겨냥한 작은 오락시설을 갖고 있다. 쇼비즈 피자플레이스(Show-Biz Pizza Place)와 같은 테마 레스토랑은 고객이 음식을 기다리는 동안에 전자오락을 하거나 만화영화를 보도록 하고 있다.

테마공원의 중요한 변화는 어디까지나 테마공원시설의 이용에 대한 고객들의 직접적인 참여이다. 즉 놀이시설을 타거나 극장에 앉아 있는 수동적인 자세가 아니라 방문객이 활동적으로 잔디스키, 축소된 트랙에서의 레이싱(Grand Prix racing), 인공파도에서 가미카제 슬라이딩(kamikaze sliding)을 하는 등 여러 활동에 직접 참여하고 있다. 신축 테마공원에서는 고객의 직접적인 참여구역이 계속 확대되고 있다.

02 오락공원 · 카니발 · 서커스

한 세대 이전에 오락공원(Amusement Park), 서커스, 카니발은 토요일 오후를 즐기기 위해 가장 적합한 것이었다. 이러한 것들은 최근에 테마공원, TV 시청, 최신 오락물에 의해 쇠퇴하고 있다. 그러나 오락공원, 서커스, 카니발은 아직도 젊은 사람들과 가족들에게 대중적이며 인기가 있다.

1) 오락공원

코니 아일랜드(Coney Island)는 1880년대 뉴욕시의 해변 6마일에 걸쳐 건립되었다. 이것은 20세기의 화려한 오락공원의 모델이 되었다. 탑승물, 마술쇼, 솜사탕, 페니게임장과 더불어 전통적인 오락공원은 테이블과 벤치를 갖추고 있다. 물가에 위치한 오락공원은 수영할 수 있는 해안을 갖추고 있다.

오락공원은 전형적으로 저렴한 입장료를 부과하지만 모든 놀이시설과 이벤트에는 추가요금을 부과한다. 반면에 테마공원 개발업자는 이 개념을 뒤엎었다. 테마공원에서는 모든 내부의 놀이시설과 행사를 포함한 높은 요금을 입장할 때 지불하게 한다.

오늘날 미국에서만도 약 150개의 오락공원이 운영되고 있다. 덴버의 엘리치가든(Elitch's Garden)과 레이크사이드 공원(Lakeside Park), 캘리포니아주 산타크루즈의 보드워크스(Boardwalks)와 같은 유명한 곳은 깨끗하고 현대적이고 안전한 시설을 제공하고 있다.

2) 카니발

카니발은 이동하는 오락공원의 시설을 말한다. 1890년대 후반에 새롭게 개발된 기술로 인하여 탑승시설, 기념품점, 쇼 등을 이 도시에서 저 도시로 운송하는 것을 가능하게 만들었다. 오늘날의 카니발은 초기의 카니발만큼 정성들여 만들어지지는 않고 있다. 그것은 대체로 소도시에서 다른 소도시로 이동하며 쇼핑몰의 주차장에 탑승물을 설치한다.

3) 서커스

과감하고 숙련된 공연자, 훈련된 동물들의 동작, 어릿광대들이 등장하는 서커스는 멋있는 광경을 청중에게 제공한다. 미국에서 서커스의 황금기에는 약 100여 개의 주요 서커스단이 전국을 순회했으며 특히 여름에는 중요한 행사였다. 오늘날 미국에 남아 있는 대형서커스단으로는 유일하게 'Ringling Brothers and Barnum & Bailey Circus'가 있다. 그러나 조그만 지방서커스단은 소수가 남아 있어 전국에 걸쳐 아직도 어린이들을 기쁘게 하고 있다.

03 모델문화와 복원

모델문화와 복원지역에서 방문객들은 물질적 문화(가옥, 자동차, 예술품) 그리고 역사적인 시대 및 다른 나라의 예술에 대해 배운다. 이전에 존재했던 실제 마을과 도시나 요새가 그 옛날과 유사하게 건축・복원되고 있다. 그곳에 고용된 종업원은 안내원으로 일하면서 예술작품과 그 시대의 생활상 및 문화에 대해 설명한다. 우리나라에서는 댐건설로 인해 이주된 마을이 복원되는 경우가 있고 또한 용인민속촌에 옛날의 가옥과 생활가구 등이 복원되어 있다.

미국 매사추세츠주의 복원된 식민지 시대의 마을인 올드 스터브리지(Old Sturbridge)는 옛날 방식의 추수감사절 기념행사를 하고 있다.

식민지 마을과 개척지 마을이 존재하는 옛 서부도시는 미국에서 가장 대중적인 복원프로젝트이다. 그중의 하나는 1860년대의 턱손(Tucson)을 복원시킨 올드 턱손(Old Tucson)이다. 술집, 교도소, 블랙 스미스가게, 잡화상점을 갖춘 올드 턱손은 애초부터 영화와 TV의 무대 세트로 꾸며져 방문객은 거기서 촬영된 서부영화를 아직도 볼 수 있다.

모델문화의 좋은 예로는 호놀룰루 북쪽 40마일에 위치한 폴리네시아 문화센터로 하와이에서 관광객이 가장 많이 방문하는 매력 있는 곳의 하나이다. 이 센터는 사모아인, 타히티인, 피지인, 통가인 그리고 하와이인 등 태평양 사람들이 억새풀로 만든 통나무집에서 거주하는 마을을 복원한 것이다. 모르몬(Mormon)의 예수교회는 폴리네시안 문화를 보존하고, 브리그램 영 대학(Brigram Young University: BYU)의 호놀룰루 캠퍼스에 재학하는 남태평양 학생들의 고용을 위해 그리고 BYU 하와이에 재정적 보조를 제공하기 위해 이 센터를 만들었다.

04 박물관

상업적 기업체는 또한 박물관을 운영하기도 한다. 대부분의 박물관은 작은 규모이며 인형 또는 자동차와 같은 한 종류의 수집형태로 이루어져 있다. 예를 들면 철도의 황금시대에 대한 향수는 미국 전역에 걸쳐 많은 철도박물관을 만들게 하는 계기가 되었다. 철도박물관은 여객기관차, 화물기관차, 2등급열차, 유개화차, 승무원차 등에 관한 소품들이 전시되어 있다. 고가수송활차도 또한 전시되어 있다. 박물관의 대부분은 옛 철도여행에 대한 것도 전시해 두고 있다. 인디애나에서만 6대의 증기철도와 전기철도를 보유하고 있다.

때때로 박물관은 개인의 특별한 취미와 수집의 결과로 만들어지기도 한다.

예를 들면 라스베이거스에 있는 리버레이스(Liberace) 박물관은 유명연예인의 보석수집, 클래식 자동차와 피아노 그리고 이국풍의 의상들을 전시하고 있다.

05 스포츠관람

땅콩, 핫도그, 맥주를 손에 들고 매년 5천만 명의 열광적인 프로야구팬들은 야구장에 가서 그들의 홈팀을 응원한다. 최근에 한국인들도 스포츠관람에 열광적이다. 그들은 선수들의 기술과 코치들에 대한 분석에 즐거움을 갖는다. 더불어 스포츠는 감정을 발산하는 데 있어서 즐거움을 제공해 준다.

야구와 더불어 주요한 스포츠관람은 축구, 농구, 씨름, 복싱, 테니스, 골프, 경마, 하키, 자동차경주 등이다. 미국에서 최고의 스포츠관람은 매년 거의 1억 명 정도 참가하는 도박성 경주(pari-mutual racing)이다. 많은 국가에서 운동선수가 몰려드는 월드컵(축구)은 단일의 스포츠관람으로는 가장 큰 행사이다.

거의 모든 스포츠팀은 개인 소유이다. 오너(owner : 소유주)는 프로스포츠에서 가능한 팀을 승리로 이끌기 위해 그리고 팬을 유지하기 위해 여러 가지 사업을 구상해야 한다. 최근 오너는 팬들의 흥미와 참가를 유인하기 위해 여러 가지 촉진적인 아이디어를 구사하고 있다.

관람스포츠는 오너뿐만 아니라 지역사회에도 이익을 가져다준다. 다른 레크리에이션행사와 같이 스포츠행사에 참가하려는 사람들은 입장료, 교통비, 주차비 등에 비용을 쓰게 된다. 많은 사람들이 행사 전후에 그 지역에 있는 술집이나 레스토랑을 단골로 이용한다. 먼 곳에서 구경온 팬들은 호텔숙박비, 유흥오락비로 돈을 소비한다.

아마추어행사도 또한 이익을 가져온다. 예를 들면 1980년 동계올림픽 개최지인 뉴욕주 레이크플래시드(Lake Placid)는 주요 겨울리조트로서 그 시설이 다시 사용되고 있다.

스포츠관람이 주는 경제적인 혜택 때문에 정부나 지역단체에서는 이를테면 슈퍼볼 또는 NCAA챔피언 게임과 같은 커다란 스포츠행사를 개최하려 노력하고 있다. 또한 각 지역은 야구단의 영구적인 구장이 되기 위해서 경쟁하고 있다.

이 경쟁에서 승리하기 위해 각 도시는 이를테면 농구장, 하키링크, 축구스타디움 또는 육상경기장 등 최고수준의 시설을 제공할 수 있어야 한다.

스포츠시설이 여러 용도로 사용될 때 더 많은 행사가 주관되고, 더 많은 경영이득은 시설을 위해 사용된다.

물론 여행사 또한 스포츠관람으로 이득을 볼 수 있다. 때때로 여행사는 월드시리즈, 켄터키더비, 인디 500과 같은 중요한 스포츠행사를 포함하여 패키지관광을 만들고 있다.

한편 요즘은 홈팀이 지방순회지로 가는 경우에, 일부 팬들은 집에 머물면서 TV로 게임을 보는 것이 아니라 지방시합장으로 떠나고 있다. 그들은 결승게임뿐만 아니라 정규시즌게임을 보기 위해서도 여행한다. 그리고 야구시즌이 시작할 때까지 기다리지 못하는 열성적인 스포츠팬들 때문에 그들의 응원팀이 봄훈련을 하는 것을 그들에게 보여줄 수 있게끔 야구연습지로 여행하는 패키지관광상품이 커다란 시장을 형성하고 있다.

06 레크리에이션 스포츠

최근에 신체적인 건강을 중요하게 여기는 사람들의 의식을 반영한 활동적인 스포츠가 크게 증가하고 있다.

사이클, 수영, 하이킹과 같은 스포츠는 주로 그들이 사는 곳에 따라 달라진다. 스키와 스쿠버 다이빙은 어느 특정한 장소에서만 할 수 있다. 다른 한편 테니스코트와 골프코스는 거의 어느 지방이나 있다. 볼링은 거의 모든 이웃들이 볼링 레인에 쉽게 참여할 수 있는 가장 손쉬운 레크리에이션 스포츠이다.

레크리에이션 스포츠시설이 공적 및 상업적 주체와 어떻게 중복되는가를 예시할 수 있다. 예를 들면 거의 모든 시내공원은 테니스코트를 제공한다. 또한 사적소유로서 테니스코트가 운영되기도 한다. 돈을 지불하는 테니스클럽의 차이점은 클럽 하우스, 예약 코트시간, 로커룸, 간단한 식사와 같은 것을 제공한다는 것이다.

전술한 바와 같이 국립공원, 도립공원, 국유림지는 레크리에이션 스포츠를 위해 많은 시설을 제공한다. 그러나 레크리에이션 스포츠는 이 분야에서 이익을 만들려는 사기업의 잠재성 때문에 상업적 분야로 분류될 수 있다. 스포츠용품점들은 러닝슈즈, 스키, 총, 라켓 등과 같은 모든 종류의 장비를 제공·판매한다. 낚시와 사냥 안내 또는 뗏목타기장비와 같은 서비스를 제공하는 사업을 여행용품상(outfitter)이라 부른다. 매년 열리는 보스턴 마라톤은 여행사, 호텔숙박업, 음식업 등에서 수천 달러의 수익을 창출한다.

상업적 시설은 스케이팅 링크, 마린피트니스(Marine Fitness)센터, 낚시리조트 등 오락적 스포츠시설을 운영하여 이윤을 얻고 있다. 최근에 게임능력을 향상시키려는 테니스인은 개인운영 캠프에서 휴가를 보내면서 트레이닝에 전념할 수 있다.

스키리조트와 같은 상업적 시설은 많은 재정적 투자를 필요로 하며 다른 시설보다 경영하는 데 위험스럽다. 만약 날씨가 너무 덥거나 눈이 없을 경우에 스키리조트는 커다란 손해를 보게 된다. 경영비도 높다. 여름기간에는 값비싼 스키리프트장비가 멈춰 있게 된다. 파산을 피하기 위해 스키리조트는 여름기간 동안에 아름다운 경치감상용으로서의 체어리프트(chair lift) 제공과, 빈방을 채우기 위해 기업연수나 국제회의를 유치하는 등 연중 프로그램을 만드는 것이 최근의 동향이다.

그들 시설을 통합하는 것에 의해 다수의 스키리조트들은 한 지역에서 더 좋은 나이트라이프(night life), 레스토랑, 쇼핑을 제공할 수 있도록 하고 있다. 이것은 독립적인 전략을 통해 리조트가 구사하던 때보다 더 많은 고객들을 유치하고 있다.

물론 관광산업은 집에서 약간 멀리 떨어진 곳으로 여행하는데 대부분의 사람들이 필요로 하는 스키와 같은 레크리에이션 스포츠에 대해 기본적으로 관심을 두고 있다. 그러나 또한 특별한 목적지의 매력성을 널리 알리기 위해 레크리에이션 스포츠를 광고·촉진하기 위해 노력하고 있다.

07 오락적 쇼핑

자유의 여신상을 찾는 방문객들은 그들이 뉴욕시에서 집으로 돌아가 친구들에게 갖다 왔다는 것을 증명하기 위해, 또는 후에 여행을 상기하기 위해 기념품을 산다.

쇼핑은 여행에서 발생되는 부수적인 것이다. 그러나 최근에 쇼핑 그 자체가 여행의 이유가 되고 있다. 메가몰, 수변시장, 공장판매센터와 같은 유형의 시설 개발이 오락적 쇼핑을 증가시키고 있다. 쇼핑을 자극시키는 이러한 시설들은 관광매력지로 촉진되었다. 임대버스와 비행기로 매년 수만 명의 관광객들을 오락적 쇼핑의 목적으로 실어 나르고 있다.

1) 메가몰(Megamall)

메가몰은 거대하며 쇼핑과 오락을 복합적으로 할 수 있는 쇼핑객들의 천국이다. 한곳에서 쇼핑객은 여러 상점, 레스토랑, 극장, 은행, 헬스클럽, 미술전람회를 둘러볼 수 있다. 조각, 이국적 정원, 분수대 등은 쇼핑 분위기를 한층 좋게 만든다.

외부방문객들을 끌어들이는 것에 의해 메가몰은 여러 도시의 중심가를 활기있게 소생시켰다. 예를 들면 세인트루이스시는 개발업자들이 옛 기차역을 쇼핑몰, 호텔, 레스토랑으로 만들기까지는 글자 그대로 황폐화되고 있었다. 지금 이 도시는 활기차게 살아 있다. 메가몰의 개점과 동시에 부근 도시가 여름만이 아닌 1년 내내 방문객들을 끌어들일 수 있게 되었기 때문이다.

2) 수변시장(Waterfront Marketplace)

강변시장이나 항만시장이라고 불리는 수변시장은 강이나 만(灣)을 따라 건설된 쇼핑과 오락의 복합건물시장이다.

이 복합건물(complex)은 물가에 놀러 온 방문객들에게 즐거움을 준다. 수변시장은 도시의 역사적인 부분을 복귀하기 위한 효과적인 방법의 하나이며 이곳은 시민행사와 페스티벌 장소가 된다. 보스턴과 볼티모어에서 수변시장의 성공은 다른 도시에 유사한 개발의욕을 자극하였다.

3) 공장판매센터(Factory Outlet Center)

공장판매센터는 싼 가격의 브랜드상품을 판매하는 몇 군데의 상점으로 구성되어 있다. 가격할인은 50% 정도로 높다. 메가몰과 수변시장 개발이 대도시에 경제적 이익을 가져오는 반면에 공장판매센터는 침체된 소도시를 재생시키고 있다. 예를 들면 몇 해 전 미국 앨라배마주 보아즈(Boaz)의 주요 거리에 연이어 세워진 소매점들은 거의 문을 닫았었다. 하지만 그 근처에 공장판매센터가 개장되면서 바겐에 반대하지 않은 쇼핑 인파들이 매주 보아즈를 방문하였다. 이윽고 쇼핑에 열정적인 사람들로 가득 찼으며 그로 인하여 대로변에 있는 상점들은 돈벌이를 위해 다시 문을 열게 되었다.

08 유명인 관광과 산업관광

1) 유명인 관광(Celebrity Tour)

유명인 관광은 유명인이 사는 곳에 대한 사람들의 호기심을 인식하여, 여행사에서 관광매력물로서 유명인의 집을 둘러보는 것을 여행상품에 포함시키면서 급작스럽게 성장하였다. 예를 들면 방문객들은 캘리포니아 비벌리힐스에서 영화스타의 집을 알 수 있는 지도를 산다. 지미 카터가 대통령이었을 때 여행사의 관광버스회사는 정기적으로 조지아주에 있는 그의 고향 플레인스(Plains)를 한 바퀴 돌면서 그 고장과 카터의 성장과정을 설명하는 여행스케줄을 관광상품으로써 판매하였다. 테네시주 멤피스에 있는 그레이스랜드(Graceland)는 매년 엘비스 프레슬리의 팬들이 수만 명씩 찾아오는 관광지이다.

미국이나 한국 대통령의 고향은 많은 사람들이 찾는 관광지가 되었다.

2) 산업관광(Industrial Tour)

전국에 걸쳐 있는 공장, 조선소, 양조장 등은 관광매력지로서 인기가 있다. 이러한 산업관광을 통해 사람들은 도시락 생산에서부터 제트기 생산에 이르기까지 여러 상품이 어떻게 만들어지는가를 보게 된다. 기업은 공장견학의 기회를 제공할 뿐 아니라 전시회나 영화를 통해 그들의 상품을 설명한다.

산업관광 여정 중에 들르는 기업은 보통 입장료를 받지 않기 때문에 산업관광은 상업부문에서 비영리적인 측면이 강하다. 그러나 기업은 자사의 상품에 대한 PR측면에서 막대한 이득을 얻게 된다.

09 라이브 엔터테인먼트

TV와 영화의 인기에도 불구하고 많은 사람들은 라이브 엔터테인먼트(Live entertainment)를 좋아한다. 영화, 발레, 오페라, 심포니 오케스트라는 공기업이나 사기업에서 주최할 수 있는 반면에 주로 록콘서트나 나이트 쇼 등은 사기업이 주최하는 경향이 있다.

라이브 엔터테인먼트에 참여하는 대중들은 전문화된 경향이 있다. 즉 사람들은 그들이 이해하는 행사장에 간다. 만약 당신이 발레에 친숙하지 않다면 당신은 아마 무용수 동작의 의미를 감상하지 못할 것이다. 마찬가지로 당신이 음악과 음악가의 행동을 이해하는 팬이 아니라면 록 콘서트가 덜거덕거리는 마차 바퀴소리의 향연장처럼 느껴질 것이다.

라이브 엔터테인먼트는 때때로 휴가여행의 좋은 매력물이 될 수 있다. 브로드웨이의 연극을 보러 가는 연극관광은 여행의 주요 매력물로서 라이브 엔터테인먼트의 한 예이다.

그러나 대부분의 라이브 엔터테인먼트는 특별한 장소에서 적당한 레크리에이션활동을 추가하며 관광객들이 그 목적지를 방문하게 하는 가능성을 증가시켜준다.

과거에 유명한 뉴욕, 보스턴, 시카고, 로스앤젤레스 등 몇 도시에서는 수준 높은 라이브 엔터테인먼트가 제공되었다. 그러나 지금은 라이브 엔터테인먼트에 참가할 수 있는 기회는 전 세계, 전국에 널려 있다.

10 도박

미국인들은 도박(Gambling)과 영화관람 중 어느 쪽에 더 많은 돈을 사용하는가? 만약 당신이 도박이라고 대답한다면 정답이다. 미국인들은 매년 도박으로 수억 달러를 사용한다. 그들이 영화관람에 쓰는 액수의 4배를 도박에 쓴다고 한다.

도박(또는 게임)은 수세기에 걸쳐 여가시간의 주요한 활동이었다. 오늘날 미국에서는 도박이 줄곧 인기를 얻고 있다. 그러나 반대로 레크리에이션의 형태로는 그렇지 못하다. 모든 주(州)가 모든 형태의 도박을 합법화하고 있는 것은 아니다. 단지 몇 주에서만 도박을 법적으로 보장하고 있다. 그러나 더 많은 주에서 세수익을 올리는 방법으로 도박을 고려하고 있다.

도박에는 ① 카지노, ② 승자차지 도박(pari-mutual wagering), ③ 제비뽑기(lotteries), ④ 비영리조직의 활동으로 빙고(bingo)나 추첨식 판매(raffle) 등 4가지 형태가 있다. 승자차지 도박은 경마에서 건 돈 표시기를 사용하여 수수료와 세금을 뺀 나머지 건 돈 전부를 우승마에 건 사람들에게 분배하는 방법이다.

제비뽑기, 빙고, 추첨식 판매는 특별한 지역의 거주자들이 당첨되기 때문에 관광사업은 주로 카지노 도박이나 승자차지 도박에 관련되어 있다.

표 7-4 세계의 상업적 여가시설

형 태	보 기
오락 · 테마공원	옥외카페, 특별상점이 있는 Tivoli Garden(코펜하겐), 화원 미드웨이, Tokyo Disneyland(일본), 롯데월드(한국)
복원마을	Fort Louisbourg(캐나다), 18세기 프랑스풍 소도시를 재현, 용인민속촌
스포츠	런던 윔블던 테니스 대회, 유럽과 라틴 아메리카의 축구경기, 스위스 · 오스트리아 · 프랑스 알프스에서 시행되는 스키리조트
쇼핑	멕시코시티의 인디안 수공예품, 홍콩의 의류가, 800상점들이 복합적으로 쇼핑문화를 이루고 있는 캐나다의 Edmonton Mall
산업관광	프랑스의 펌프공장, 암스테르담의 다이아몬드 제작, 스위스의 치즈공장, 스코틀랜드의 스카치 공장, 울산의 조선소
카지노 도박	모나코의 몬테카를로 카지노, 포르투갈의 에스토릴, 카리브해안
라이브 · 엔터테인먼트	클래식 : 베를린, 런던, 밀라노, 파리에 있는 심포니오케스트라와 오페라, 런던의 극장가 나이트클럽 : 파리의 Folies Bergere, 부에노스 아이레스의 전통공고음악, 일본의 가부키연극, 한국의 부채춤

제8장

숙박업과 외식업

제1절 현대의 숙박시설

제2절 호텔 소유형태

제3절 호텔상품

제4절 기타 숙박시설

제5절 숙박업에서 직업적 성공기회

제6절 외식업

제 1 절
현대의 숙박시설

호텔산업은 2차 세계대전 후 여행의 증가로 다시 도약하기 시작하였다. 그러나 제2차 세계대전 후의 호텔산업은 전쟁 전의 산업과 현저한 차이를 보이고 있다. 자동차와 제트기의 발달은 여행패턴의 변화와 다른 형태의 호텔개발로 이끄는 등 관광산업에 막대한 영향을 미쳤다. 모텔, 모터호텔, 리조트호텔, 컨벤션호텔은 오늘날 여행하는 대중의 다양한 욕구에 합치하도록 발전하였다. 그와 동시에 호텔체인은 호텔산업 내에서 지배적인 세력으로 등장하게 되었다.

01 모텔과 모터호텔

모텔(Motel)은 자동차여행이 급격하게 증가한 1900년대 초에 최초로 도입된 투어리스트 캐빈(tourist cabin)과 투어리스트 코트(tourist court)로부터 발전하였다. 투어리스트 캐빈은 보통 주요 도로에 인접한 토지 소유주(농가)가 건축하고 운영하였다. 여행하는 세일즈맨이 주 고객이었다. 침대와 주차공간이 제공되고 기타 서비스와 시설은 거의 없다. 그러나 값이 저렴하고 주요 도로를 떠나 시내에서 호텔을 잡아야 하는 불편함에서 해방시켜 준다.

투어리스트 코트는 농가의 부업이 아니고 풀타임 사업으로 운영된다는 점에서 투어리스트 캐빈과 다르다. 이것은 중앙주차장 주변에 군집화된 독립 주택(cottage) 10~20개로 구성된다. 비록 대부분의 주택에 개인욕실이 있으나 서비스는 극히 제한되어 있다.

자동차가 미국의 첫 교통수단인 철도와 대치하기 시작함에 따라 도로변 숙박시설에 대한 수요가 증가하게 되었다. 이윽고 1920년대에 첫 번째 모텔이 나타나기 시작하였다. 그것은 거의 1층이고 보통 25객실이며 반대편에 길게 중앙사무실이 있다. 주차장이 오픈되어 있기 때문에 도심호텔에서 필요한 로비가 필요 없다.

모텔은 1950년대에 와서 전성기에 이르렀다. 호텔 건축붐에 두 가지 요소가 기여하였다. 하나는 1956년 착수한 주간 고속도로의 개발로 이것은 사람들을 장거리여행에 나서게 만들었다. 또 하나는 숙박시장에 모텔체인이 진입한 것이다. 모텔은 먼저 규모 면에서 증가하였고 다음으로 수많은 서비스를 도입하였다. 레스토랑, 풀장, 실내TV가 표준설비가 되었다. 모텔은 상용여행객만이 아니고 증가하는 휴가객들을 끌기 시작하였다.

모텔산업의 그 다음 발전단계는 고속도로변에서 대도시 도심지로 파고드는 것이었다. 많은 모텔이 도심호텔에서 제공되는 모든 설비를 갖추기 시작하여 기존 모텔보다 호화스런 시설을 갖춘 숙박시설로 탈바꿈하였는데 이를 모터호텔(Motor Hotel) 또는 모터 인(Motor Inn)이라고 부른다. 도심호텔과의 차이점은 아직도 자동차 여행객을 대상으로 하고 있고 숙박고객에게 무료주차를 계속 제공하는 것이다. 항공여행의 증가에 따라 모터호텔은 공항에까지 진출하기 시작하였다.

호화 모터호텔의 발전에 반동하는 흥미로운 것으로 최근 저요금에 서비스가 거의 없는 모텔이 재탄생하고 있다. 애초에 염가숙박시설로 간주되어 왔던 홀리데이 인, 라마다 인과 같은 체인이 호텔서비스를 추가함에 따라 점점 가격이 오르게 되었다. 이에 데이스 인(Days Inns), 모텔 6, 기타 염가모텔이 시장에 잡임하여 청결, 안락, 저가격의 최저서비스 객실이라는 모텔의 원래개념으로 되돌아갔다.

02 리조트호텔

리조트호텔은 휴식, 레크리에이션, 오락을 위해 사람들이 방문하는 숙박시설이다. 지난 30년간 대중관광의 도래에 따라 전 세계의 리조트에 수많은 리조트호텔이 세워졌다.

리조트는 고대부터 존재하고 있었다. 부유한 로마인들은 무더운 여름 동안 시내에서 탈출하여 해변가나 산이나 온천지에서 시간을 보냈다.

리조트호텔의 아이디어는 18~19세기 유럽에서 탄생하였다. 프랑스 남부 지중해 연안의 리비에라 지역에, 스위스 알프스산에, 유럽 전역의 여러 미네랄 샘에 팔레셜호텔(Palatial Hotel)이 지어졌다.

미국에서 리조트호텔은 19세기 후반에 철도의 확장에 따라 발전하였다. 초기의 패션성이 넘치는 리조트호텔로는 버지니아주 핫스프링의 홈스테이드(Homestead), 웨스트 버지니아주 화이트 설퍼 스피링의 그린브리어(Greenbrier), 뉴욕의 캣스킬 마운틴의 그로싱거스(Grossinger's) 등이다. 이들 모두 상류계층과 부유층을 고객으로 삼고 있다. 그들의 가족들은 2~3개월 체재하고 다음 해 또다시 동일 호텔에 묵는다.

이러한 호화 리조트호텔의 일부는 아직도 존재하고 있지만 오늘날에는 3일~2주간 체재하는 일반사람을 대상으로 한 리조트호텔이 매우 많다. 여가시간의 증가와 높은 임금으로 인하여 대부분의 사람들은 1년에 한번 휴가를 떠나고 있다. 제트기의 발달로 전에는 갈 수 없었던 전 세계 어느 지역으로 날아갈 수 있게 되었다.

리조트호텔 건축은 카리브해역, 멕시코, 하와이와 같은 열대지역에서 한창 붐을 이루고 있다. 미국 내에는 플로리다, 캘리포니아, 콜로라도(겨울스포츠)의 리조트호텔이 1년에 수백만 명의 휴가객을 끌어들이고 있다. 이러한 리조트의 일부는 계절적이지만 최근에 많은 곳이 연중운영으로 개발되고 있다.

03 컨벤션호텔

컨벤션호텔은 단체모임을 대상으로 하는 호텔이다. 호텔산업에서 컨벤션호텔의 융성은 가장 최근의 일이다. 컨벤션의 고객은 현재 전 호텔고객의 약 20%를 차지하고 있다.

1950년대와 60년대 초 모텔과 모터호텔이 시장의 커다란 세그먼트(부분시장)를 차지하면서 많은 도심호텔의 점유율이 하락하였다. 그에 대응하여 일부 호텔에서는 생존수단으로써 컨벤션과 단체모임을 위한 시설을 추가하기 시작하였다. 처음에는 컨벤션이 비시즌기간 동안에 예정되었지만 컨벤션사업이 증가함에 따라 호텔 측은 연중 스케줄을 실시하였다.

1960년대 후반 전적으로 컨벤션 단체만을 고객으로 하는 대형호텔이 대도시에 지어졌다. 다양한 레스토랑, 뱅큇 룸, 미팅 룸, 컨벤션, 전시홀을 갖추었다. 일부는 단일 컨벤션에 5천 명의 고객을 숙박시킬 수 있다. 또한 리조트호텔, 모텔, 공항호텔에서 컨벤션시설을 제공하기 시작하였다. 비록 정치단체, 시민단체, 동창회, 종교단체, 사회단체에 의해 개최되는 컨벤션이 중요한 수입원이지만, 많은 비즈니스가 산업컨벤션, 무역쇼에 의해 발생하고 있다.

04 새로운 건축양식

제트기 시대의 도래는 1958년부터 1974년까지 지속된 20세기의 주요 호텔건축물을 제2기 시대로 이끌었다. 이 시기의 초기에는 새로운 호텔건설계획에 있어서 호텔체인의 주 목표로 경제성, 효율성, 설계의 표준성을 들었다. 예를 들어 마이애미의 쉐라톤호텔은 벽장의 색깔과 같은 조그만 사항에까지 3,000마일 떨어진 로스앤젤레스의 호텔과 거의 동일하였다.

그러나 1960년대 후반 이러한 디자인의 통일성에 대한 반동으로 새로운 호텔건축이 일어났다. 그 시초는 1967년 애틀랜타의 하얏트 리젠시호텔의 오픈이었다. 호텔의 건축가 존 포트만(John Portman)은 에이트리움(atrium : 지붕은 높고 로비는 정원과 같은 양식)의 개념을 재도입하였다. 이러한 양식은 19세기 말에 샌프란시스코의 팔레스호텔(Palace Hotel)과 덴버의 브라운 팔레스호텔(Brown Palace Hotel)에서 이미 사용된 적이 있었다. 하얏트의 오픈은 옛날 호화호텔의 웅장함의 복귀를 나타낸다.

그러나 포트만은 경관 엘리베이터, 분수, 폭포, 나무, 대형조각, 바와 카페 등 다른 혁신적 시설을 도입하였다. 로비는 단지 등록과 체크아웃 장소가 아니다. 그것은 주요한 식음장소와 미팅장소로 바뀌었다. 심지어 객실은 중앙로비에 오픈되어 있어 초기의 호텔처럼 불빛이 희미한 복도에 있지 않다.

애틀랜타 하얏트 리젠시호텔의 성공은 그 후 20년 동안 전 세계의 리조트호텔과 시티호텔에 유사한 에이트리움 양식의 건축을 도입하게 만들었다. 많은 호텔이 상업지역, 사무실, 스포츠와 레크리에이션 시설을 갖춘 숙박시설들이 결합한 복합건물이 되었다.

이와 관련하여 도심지역에서 그랜드 올드호텔의 혁신이 있었다. 로스앤젤레스의 빌트모어(Biltmore), 필라델피아의 벨뷰 스트랫퍼드(Bellevue Stratford), 뉴욕의 카머도(Commodore)를 비롯하여 많은 호텔이 옛날풍으로 전체적 복귀를 시도하였다.

새로운 에이트리움 호텔과 복원된 그랜드호텔은 염가모텔(budget motel)과 정반대의 개념으로 건축적인 인테리어 디자인의 우수성과 최고의 서비스 및 어메니티를 제공하고 있다.

05 컨트리 인

소규모 컨트리 인(Country Inn)은 서비스와 새로운 설비 및 시설을 제공해야만 생존할 수 있는 그러한 숙박장소의 유형은 아니다. 사실상 많은 곳이 전화, TV, 라디오와 같은 현대의 편의품을 피하고 있다. 그 대신에 역사적인 세팅으로 옛날풍의 아득하고 포근한 것을 제공하고 있다. 고객은 객실의 난로, 침대와 손으로 만든 이불, 구식 가구 등을 여인숙에서 발견하기를 기대할 것이다.

많은 컨트리 인은 200년 전에 역마차 루트를 따라 번성하였던 옛 여인숙의 직계이다. 일부는 동일건물을 이어받고 있다. 소규모 컨트리 인은 때때로 3~4개의 방을 갖고 있는 작은 곳이지만, 그들이 제공하는 음식의 질, 숙박시설의 안락함과 청결함에 자신이 있는 친절한 부부에 의해 경영되고 있다.

예를 들어 홀리데이 인, 라마다 인과 같은 일부 대형체인이 사용하는 인(Inn)이라는 명칭은 그곳이 소구하려는 점에 대한 증명이다. 그러나 모터 인(Motor Inn)은 컨트리 인과 혼동하지 말아야 한다. 그러한 체인은 비록 자사 호텔이 근본적인 컨트리 인과 아주 다르지만 따뜻하고 친절한 감정을 제시하기 위해 그러한 명칭을 사용하고 있다.

06 호텔체인의 성장

미국의 첫 번째 체인경영은 1900년대 초 스타틀러에 의해 시작되었다. 스타틀러호텔의 성공은 1925년 댈러스에서 문을 연 힐튼호텔을 비롯하여 여러 다른 호텔체인의 등장을 초래하였다. 대공황은 많은 개인소유호텔을 파산하게 만든 반면에 체인호텔이 그것들을 저가격으로 인수할 수 있도록 만들어 결국 체인호텔에게는 커다란 행운이 되었다.

힐튼이나 쉐라톤과 같은 체인은 2차 세계대전 이전에 세워졌다. 1950년대에는 수많은 다른 호텔들이 체인시장에 뛰어들었다. 프랜차이징 개념이 도입되어 호텔·모텔체인의 성장을 크게 자극하였고 70년대 초에는 그 수가 200개에 이르렀다. 많은 독립 시티호텔과 소형 가족운영모텔(mom and pop, 또는 family run motel)이 비용 증가에 직면하였고 체인과 경쟁이 되지 않아서 결국 파산하였다. 오늘날 미국 호텔객실의 50% 이상이 체인운영하에 있다.

1952년에 사업가 윌슨(Kemmons Wilson)은 테네시주 멤피스의 교외에 홀리데이 인 호텔 코트(Holiday Inn Hotel Court)를 오픈하였다. 이것이 홀리데이 인의 시작이다. 윌슨은 가족휴가여행을 대상으로 하는 모텔숙박시설에 불만을 느꼈다. 그래서 그는 적정가격으로 완전서비스를 제공하기 위해 직접 객실을 짓기로 결심하였다.

홀리데이 인은 그 당시 혁명적인 이노베이션(innovation)의 창시자였고 그 후 이것은 체인운영에 표준이 되었다. 그 이노베이션을 보면 수영장, 구내 레스토랑, 전체 에어컨, 각 객실에 TV와 전화, 베이비시터 서비스, 12세 이하 동반아동 무료숙박 등이다. 1965년에는 호텔산업에서 첫 번째로 전국적인 컴퓨터예약시스템(CRS)을 장치하였다.

해가 지남에 따라 홀리데이 인 호텔시스템은 염가모텔에서 다층의 시장을 대상으로 하는 연 수십억 달러의 숙박네트워크로 성장하였다. 홀리데이 인은 이제 미국 리조트 및 컨벤션산업에서뿐만 아니라 전 세계 호텔업계에서 가장 큰 사업체이다. 홀리데인 인은 현재 약 1,900개 호텔에서 35만 이상의 객실을 갖춘 세계 최대의 호텔체인이다.

대형 미국 체인의 세계적인 성장은 지난 30년간 호텔산업에서 주요한 발전의 하나였다. 몇 개의 호텔체인이 라틴아메리카의 인터콘티넨탈(1946), 푸에르토리코의 힐튼 인터내셔널(1949), 캐나다의 쉐라톤(1949)과 같은 해외시장의 초기 발판을 확보하였다.

그러나 확장이 본격적으로 시작된 것은 제트기의 상업적 취항 이후부터이다. 체인은 카리브해, 유럽 그리고 나중에는 중동, 아프리카, 극동, 태평양으로 전개되었다. 미국 이외의 52개국에 200개 이상의 사업체를 갖고 있는 홀리데이 인이 리더기업이고 그 다음으로 힐튼 인터내셔널, 인터콘티넨탈, 쉐라톤 순이다. 그 다음의 세계적 체인으로는 하얏트 인터내셔널, 웨스틴, 메리어트, 라마다 등이다.

미국체인이 해외로 확장한 것만이 아니라 최근에는 외국체인이 미국 내로 잠입하고 있다. 영국의 트러스트 하우스(Trusthouse), 프랑스의 메리디엔(Meridien), 캐나다의 포시즌(Four Seasons), 홍콩의 리젠트 인터내셔널(Regent International), 프랑스의 IBIS 등은 모두 미국에서 잘 운영되고 있다.

07 과잉건축과 장래 동향

현재는 세계적으로 새로운 건물이 매우 빠르게 신축되고 있다. 한국은 88올림픽에 맞추어 호텔객실의 신·증축이 이루어졌으나 그 후 5년간 객실건축허가가 사실상 사치성 건축물로 인식되어 거의 금지되어 왔다. 그 여파로 90년대 중반에 이르러 객실부족현상이 나타나기 시작하고 있다. 다행히 '93년 이후 이러한 조치가 완화되었으나 시장원리보다는 행정위주의 정책이 가져오는 폐해가 단적으로 나타났다고 볼 수 있다.

한편 규제가 완화된 미국의 많은 도시와 목적지는 호텔 과잉상태를 보이고 있다. 이것은 시장에서 필요한 것보다 더 많은 객실이 존재한다는 것이다. 객실과잉공급은 호텔산업의 가까운 장래 어떤 부문에 어려운 시기가 도래하리라는 것을 예상할 수 있다.

호화 부분시장은 하나의 적절한 예이다. 최근에 많은 체인들이 숙박시설의 등급향상, 부가적 설비, 호화시장에의 진입 등으로 이 시장은 급작스런 성장률을 보였다. 객실공급은 현재 수요를 초과하였지만 이 부분시장은 가까운 장래에 확장될 조짐을 전혀 보이고 있지 않다.

총수익과 총운영비가 동일한 지점인 손익분기점(break-even-point)의 이하로 운영할 수 있는 호텔은 없다. 손익분석(break-even analysis)은 호텔이 비용을 충당하려면 도달해야 하는 점유율을 결정한다. 여기서 손익분석이란 '최적의 의사결정을 유도해 내는 데 있어서 고정비, 변동비, 판촉비 등을 고려한 최적의사결정을 위한 통계적 접근방법'이다.

미국호텔의 손익분기점은 최근에 평균 약 60% 점유율이라고 한다. 비용이 증가하면 호텔은 손익을 맞추기 위해 객실료를 올리거나 높은 점유율을 달성해야 한다. 현재의 과잉시장에서는 호텔이 요금을 올려서 경쟁을 유지하는 것은 어렵다. 그래서 많은 호텔이 적극적인 마케팅기법을 채택하여 점유율을 증가시키려고 한다. 그 결과 주말패키지나 특별행사와 같은 인센티브 거래가 증가하고 있다.

미국의 호텔건축은 줄어들 것이고 장래에는 대형 컨벤션호텔이 아니고 특정시장을 목표로 하는 소형 호텔이 늘어날 것이다. 염가호텔과 올 스위트호텔의 전망이 가장 밝다. 지금까지 염가호텔과 올 스위트호텔은 객실과잉공급이 없이 놀라운 성장을 보여왔다. 또한 리조트호텔과 공항호텔이 꾸준히 성장할 것이다.

제 2 절

호텔 소유형태

20세기까지 거의 모든 호텔은 개인 소유로 운영되어 왔다. 그러나 호텔과 모텔체인의 발달로 리스, 조인트벤처, 프랜차이즈, 경영계약 등 많은 새로운 소유형태가 발전하였다.

01 개인소유

이는 소유자가 제3자로부터 자금지원이나 경영지원 없이 독자적으로 경영하는 형태이다. 미국호텔의 약 50%가 개인소유(Individual Ownership)로 운영되고 있다. 이들의 대부분은 아직도 호텔산업의 근간을 이루고 있는 100실 이하의 가족소유호텔이다. 그중에는 소규모 호텔, 컨트리 인이 포함된다. 개인소유라는 용어는 또한 1960년대 중반 이후 호텔산업에 투자해 대기업에 의해 소유된 개인호텔에도 적용된다. 이러한 개인소유 형태에는 자이언트 시티호텔과 디럭스 리조트 호텔도 포함된다.

개인소유호텔의 주요 이점은 정책과 운영을 완전히 통제할 수 있어 독립적이고 호텔자산으로부터 이익 전부를 차지한다는 점이다. 명백한 단점은 오너가 모든 위험을 감수해야 한다는 것이다.

개인소유의 장점

- 위탁 경영비 및 상표 사용 등의 수수료가 들지 않음
- 의사결정 등을 신속히 처리할 수 있음
- 독자적인 시스템으로 국내스타일에 맞는 유연한 경영
- local hotel의 기업이미지 형성이 가능

개인소유의 단점

- 투자에 대한 위험 부담이 높음
- 호텔 건설 및 경영 노하우가 부족
- 해외 마케팅의 한계(해외시장에서의 낮은 지명도)
- 선진 호텔 문화 및 서비스 도입의 한계

02 체인소유

다수의 자산으로 구성된 호텔체인은 수많은 호텔을 직접 소유하고 운영한다. 이는 체인소유(Chain Ownership)이다. 체인은 빌딩과 직원을 갖고 있다. 이러한 소유형태는 개인소유의 모든 이점을 제공한다. 그러나 체인의 확장은 자본능력에 따라 제한된다. 급속히 확장하기를 원하는 체인은 직접적 소유보다는 프랜차이징과 경영계약을 이용하고 있다.

03 리스와 조인트벤처

개인과 체인은 리스(Lease) 계약을 하여 소유하지 않고 운영할 수 있다. 연속 리스하에서 테넌트(tenant)는 호텔의 완전사용에 대해 지주에게 매월 고정된 렌트료를 지불한다. 호텔오너가 이익에 참가하는 이익분할 리스는 더욱 일반적이다.

조인트벤처(Joint Venture)는 두 회사 간, 두 개인 간 또는 1개 회사와 1개인 간의 파트너십이다. 조인트벤처는 모텔의 발전에는 빈번히 그리고 대형 호텔프로

젝트에는 간혹 사용되어 왔다. 거대자본을 투자하려는 개인자산가나 개발자와, 경영 노하우 및 개발기술에 기여하려는 기존 모텔체인 간에 주로 이러한 조인트벤처가 형성된다.

04 프랜차이즈 시스템

이는 모회사가 자회사에게 일정기간, 특정장소에 모회사의 상호, 제품, 마케팅 기법, 인테리어, 영업시스템, 권리를 사용하도록 허용해 주는 계약형태이다. 프랜차이즈(Franchise) 시스템하에서 호텔오너는 체인명의로 자산을 운영하도록 기존체인과 계약을 한다. 호텔의 오너 또는 프랜차이지(franchisee)는 초기개발비(initial development fee)로 그리고 매달 객실순판매액의 3~6%를 프랜차이즈비(franchise fee)로 지불한다. 그와 더불어 프랜차이지는 체인의 경영정책을 따르기를 동의한다.

그에 대해 체인본부 또는 프랜차이저(franchisor)는 직원의 선발과 훈련, 마케팅과 세일즈 및 광고지원, 중앙 컴퓨터예약시스템에의 접속 등에 도움을 준다. 아마도 가장 중요한 것은 프랜차이저가 널리 인지된 이미지와 친숙한 체인명칭을 제공하는 것이다. 우리나라에서는 가맹본부(프랜차이저)가 가맹점(프랜차이지)을 모집하는 것과 유사하다.

프랜차이즈 시스템은 개인소유 다음으로 호텔조직이 가장 일반적인 형태이다. 호텔과 모텔체인은 실제적인 자본투자 없이 조직을 확장하는 방법으로 1950년대 말과 1960년대 초에 프랜차이징 개념을 채택하기 시작하였다.

윌슨의 홀리데인 인은 프랜차이즈 시스템의 초기의 개척자로 명성을 날렸다. 운영 초기 2년 동안에 홀리데이 인은 겨우 4개의 모텔을 건설할 수 있었다. 이때 윌슨은 직접소유주의 개별 호텔에 의존하지 않으면 그의 체인은 매우 빨리 성장할 수는 없다는 것을 깨달았다. 프랜차이즈 시스템이 가장 실행 가능한 대안으로 제시되었고 그로부터 5년이 지나기 전에 홀리데이 인은 100개의 프랜차이지를 운영하게 되었다. 다른 체인도 재빨리 프랜차이즈 시스템 분야에 뛰어들어 1980년대 중반에는 거의 70%의 체인호텔이 프랜차이즈 계약을 맺게 되었다.

프랜차이즈 경영 호텔의 장점

- 직접투자나 비용에 관계없이 새로운 지역에 진출
- 프랜차이저 호텔의 각종 노하우를 활용할 수 있음
- 잘 알려진 브랜드의 사용으로 신용과 명성을 얻음
- 국내 및 국제적인 광범위한 공동 촉진
- 대량 구매에 의한 원가절감의 효과를 누릴 수 있음

프랜차이즈 경영 호텔의 단점

- 프랜차이저에게 수수료 지급(로열티, 가입비, 수수료 등이 비쌀 수 있음)
- 프랜차이즈 가입자는 표준화된 서비스 절차에 따라 가입자의 독창성이나 고객관리요령에 제한을 받음
- 지역적 특성이 희석될 수 있음
- 본부의 능력에 의존하게 됨

05 위탁경영시스템

위탁경영계약(Management Contract)은 호텔의 경영관리 기술을 가지고 있는 호텔 전문가와 호텔 소유자가 호텔경영 관리 위탁 또는 수탁계약을 맺고 운영하는 방식이다. 이는 자산을 효율적으로 운영・개발하기 위해 호텔, 식당, 컨벤션센터, 종합휴양지 등의 소유자들에게 전문화된 관리기법을 제공하는 경영협정으로, 관리회사는 이익의 일정 배율만을 받고 실질적 소유권을 갖지 않는다.

프랜차이즈 시스템에서 개인 또는 기업이 호텔을 운영하고 체인으로부터 지원을 받는다. 그러나 위탁경영계약 아래에서는 개인 또는 기업이 자산(호텔)을 소유하고 체인은 그것을 운영한다. 오너는 호텔의 운영에 관여할 필요 없이 프랜차이즈 시스템의 모든 혜택을 향유할 수 있다. 체인은 오너로부터 경영관리비(managerial fee)를 받고 호텔운영에 대한 완전한 통제권을 갖는다. 위탁경영계약으로 인하여 체인은 자본투자액을 최소한 아니면 전혀 없이 세력 확대가 가능하다. 반면에 오너는 체인이 아니고 그대로 투자가이다.

위탁경영시스템 개념은 미국체인회사가 해외에 확장하려는 방법의 하나로

1950년대에 개발된 것이다. 이 개념도입으로 인해 외국소유권법이나 정치적 상황이 외국회사의 소유권을 막고 있는 국가에서 호텔 오픈이 가능하게 되었다. 미국체인의 경영관리 및 마케팅 전문가를 원하는 해외호텔 개발업자는 자산(호텔)을 투자하고 그 운영에 미국호텔기업과 계약하기 시작하였다.

위탁경영계약의 장점

- 소유자는 호텔경영경험이 없어도 운영이 가능
- 체인본부의 상호를 사용하기 때문에 신뢰와 명성을 얻을 수 있음

위탁경영계약의 단점

- 호텔소유주는 위탁경영에 대한 일정액의 수수료인 경영위탁료를 지불
- 호텔소유주는 호텔경영상의 통제력을 행사할 수 없음
- 호텔소유주와 경영자 사이에 의사소통문제가 발생될 수 있음

제 3 절 호텔상품

01 호텔의 유형

30년 전 많은 호텔들이 특정시장의 다양한 욕구에 별다른 관심 없이 건설되어 운영되고 있었다. 오늘날 거기에는 다른 유형의 방문객들의 동기, 욕구, 기대에 크게 자각하고 있다. 또한 장애인 관광객들의 욕구에도 큰 관심을 두게 되었다.

시장조사를 통하여 호텔은 고객을 파악하고 그들이 욕구를 예상하고 그에 따라 서비스를 조정할 수 있다. 호텔은 이미 일반관광객을 대상으로 건설되고 있지 않다. 그 대신에 상용여행자, 컨벤션 단체, 휴가객, 주말객, 부자, 절약가 등 특정시장에 초점을 두고 있다. 특정 단체에 특정 제품을 개발한다는 개념은 시장세분화로 알려져 있다.

1) 기간에 의한 분류

시장세분화는 호텔산업에 커다란 변화를 가져왔다. 그러나 변하지 않은 것이 하나 있는데 두 개의 기본적인 호텔유형의 개념, 즉 단기체재호텔과 장기체재호텔이다.

단기체재호텔(Transient Hotel)은 '단기로 호텔을 이용하는 고객을 주 대상으로 영업하는 호텔'이다. 상용이나 위락여행으로 1일, 1주, 1개월 등 한정된 기간 동안 체재하는 고객을 대상으로 하는 호텔이다. 커머셜호텔, 모텔, 모터호텔, 컨벤션호텔, 인, 리조트호텔 등 대부분의 호텔이 여기에 속한다.

장기체재호텔(Residential Hotel)은 '적어도 1주일 이상의 체재객을 대상으로 하는 호텔로, 마치 자기 집과 같은 주거지로 이용할 수 있도록 장기체류 숙박객을 위해 발전된 숙박형태'이다.

2) 법규에 의한 분류

우리나라 관광진흥법 제3조 1항 2호는 관광숙박업의 종류를 호텔업과 휴양 콘도미니엄업으로 분류하고, 관광숙박업(호텔업)의 정의를 '관광객의 숙박에 적합한 시설을 갖추어 이를 관광객에게 제공하거나 숙박에 딸리는 음식·운동·오락·휴양·공연 또는 연수에 적합한 시설 등을 함께 갖추어 이를 이용하게 하는 업'이라고 규정하고 있다. 그리고 동법 시행령 제2조에는 호텔업의 세부업종을 관광호텔업, 수상관광호텔업, 한국전통호텔업, 가족호텔업, 호스텔업으로 분류하고 있다.

3) 규모에 의한 분류

규모에 따라서 소규모호텔(Small Hotel), 보통호텔(Average Hotel), 보통 이상 호텔(Above Average Hotel), 대규모호텔(Large Hotel) 등으로 구분할 수 있다.

4) 입지에 의한 분류

호텔의 입지에 따라서 메트로폴리탄호텔(Metropolitan Hotel), 시티호텔(City Hotel), 도심호텔(Downtown Hotel), 서버반호텔(Suburban Hotel), 컨트리호텔(Country Hotel), 에어포트호텔(Airport Hotel), 시포트호텔(Seaport Hotel), 터미널 호텔(Terminal Hotel) 등으로 구분할 수 있다.

5) 숙박목적에 의한 분류

숙박목적에 따라서 컨벤셔널호텔(Conventional Hotel), 커머셜호텔(Commercial Hotel), 리조트호텔(Resort Hotel), 아파트먼트호텔(Apartment Hotel) 등으로 구분할 수 있다.

6) 특별목적에 의한 구분

특별한 목적에 따라서 모텔(Motel), 유스호스텔(Youth Hostel), 보텔(Botel), 요텔(Yachtel), 로텔(Rotel), 플로텔(Flotel) 등으로 구분할 수 있다.

이 밖에 호텔은 앞절에서 본 경영형태에 의한 구분, 체재지역에 따라 도시호텔과 리조트호텔 등으로 구분하기도 한다.

02 객실가격에 영향을 미치는 요소

대부분의 호텔은 객실의 표준요금을 갖고 있다. 이 표준요금을 공표요금(rack rate 또는 tariff)이라고 한다. 공표요금은 호텔경영진에 의해 책정된 호텔객실당 기본요금이다. 객실의 가격결정에는 많은 요소가 영향을 미친다.

1) 호텔 위치

호텔의 위치(입지)는 호텔객실가격에 영향을 미치는 가장 중요한 요소이다. 멋있는 금빛 해변이 바라보이는 디럭스 리조트호텔은 동일해변에서 5km 떨어진 고속도로변의 리조트호텔보다 높은 객실가격을 요구할 수 있다는 것은 명백하다. 호텔객실은 동일지구에 다른 숙박시설이 없다면 더욱 비싸게 받을 수 있다. 도시호텔의 경우 상업센터, 관람매력물, 유명상가 아케이드로 접근하기 편리한 호텔이 도시외각에 자리 잡은 호텔보다 더 비싸다.

2) 객실 위치

한 호텔 내 객실의 위치는 가격에 직접적으로 영향을 미친다. 특히 리조트호텔의 경우는 전망이 좋은 위층의 객실일수록 더욱 비싸다. 대부분의 호텔에서 레스토랑, 수영장, 디스코텍 등 시끄러운 공공장소에서 멀리 떨어진 객실이 더 높은 가격을 받는 경향이 있다.

3) 객실 크기와 설비

염가시장을 대상으로 하는 일부 체인은 싱글이고 표준크기의 객실로 호텔을 운영하고 있다. 그러나 대부분의 호텔은 다양한 크기의 객실을 제공한다. 여기에는 싱글 룸(싱글베드 1개), 트윈 룸(싱글베드 2개), 더블 룸(대형 더블베드 1개), 트윈더블 룸(더블베드 2개), 스위트 룸(1개 이상의 베드 룸과 리빙 룸) 그리고 가격의 최상층에 펜트하우스 스위트(지붕, 수영장, 테니스장으로 접근하기 쉬운 최상층의 호화객실) 등이 있다.

다음 사항도 알아둘 필요가 있다. 한 객실을 차지하는 사람의 수는 반드시 가격에 영향을 미치는 것은 아니다. 싱글 룸은 때때로 트윈 룸이나 더블 룸의 가격만큼 비싸기도 하다. 그리고 일정 연령 이하의 어린이는 부모와 함께 투숙하는 경우에 추가비용이 없다.

설비는 대체로 표준화되어 있으며 보통 화장실, 샤워·욕조시설, 에어컨이 부착되어 있다. 전화, TV, 라디오는 미국의 염가모텔에서도 거의 표준이다. 그러나 세계 일부국가에서 그러한 실내설비는 사치품으로 간주되기도 하여 더 비싼 객실에만 비치되는 경우도 있다. 예를 들어 욕조가 각 객실에 없고 낭하 끝에 위치하는 경우도 있다.

표 8-1 호텔의 기본용어

Single	1인용 침대가 하나 있는 객실
Twin	1인용 침대가 두 개 있는 객실
Double	2인용 침대가 하나 있는 객실
Twin double	2인용 침대가 두 개 있는 객실
Suite	하나 또는 그 이상의 침대와 거실이 있는 객실
Penthouse suite	수영장, 테니스 코트가 있는 최상층에 있는 특실
Weekly rate	일주일 이상 장기 체류객을 위한 할인요금
Rack rate	공표요금
Run-of-the house rate	고정예약자들을 위한 할인요금
Corporate rate	대기업의 종업원을 위한 할인요금
Continental breakfast	커피, 주스, 롤빵, 과자 등의 간단한 아침식사
Full breakfast	계란·베이컨, 토스트 등이 포함된 아침식사
EP(European Plan)	유럽식 제도, 객실요금에 식사요금이 포함되지 않은 호텔요금
CP(Continental Plan)	콘티넨탈 제도, 아침식사 요금이 포함되어 있는 호텔 요금
MAP (Modified American Plan)	혼합 미국식 제도, 아침과 저녁식사가 포함되어 있는 호텔요금
AP(American Plan)	미국식 제도, 3식의 식사가 포함되어 있는 호텔요금
Family Plan	부모와 같은 객실을 사용하는 어린이에게 적용하는 제도로 요금을 징수하지 않는 특별가족요금

4) 체재기간과 시즌

일부 호텔 특히 유럽의 호텔에서는 주간특별요금을 제공한다. 그래서 공표요금(rack rate)으로 4~5일간 체재하는 것보다 더욱 저렴하게 1주일간을 숙박할 수 있다. 또한 미국의 커머셜호텔에서 제공하는 주말요금은 공표요금보다 더 저렴하다.

연간의 계절은 리조트호텔이 제공하는 객실요금에 중요한 근거가 된다. 예를 들어 스키리조트의 경우 겨울철보다 여름철의 요금은 상당히 저렴하다. 카리브해, 멕시코, 플로리다와 같은 따뜻한 목적지의 리조트호텔도 그렇다. 그곳은 겨울은 성수기이고 여름은 비수기이다.

5) 식사

많은 나라에서 특히 리조트호텔에서 일반화되어 있지만 객실요금에 식사를 포함하는 미국의 호텔은 거의 없다. 그러나 식사는 어느 나라이건 패키지여행의 가격에는 포함되어 있다. 호텔에서 객실요금에 포함된 식사요금제도에는 여러 가지 종류가 있다.

① 유럽식 요금제도(European Plan: EP)

서구식 경영방식으로서 숙박요금에 식사를 포함시키지 않고 숙박요금과 식사요금을 각각 구분하여 계산하는 요금제도이다. 숙박객에게 숙박요금 지불만을 원칙으로 하고 식사는 각종 식당에서 메뉴에 의해서 자기취향대로 먹을 수 있도록 하는 것이다. 그리고 특히 도시에서는 호텔 이외 다른 곳에서 자유로이 식사를 할 수 있기 때문에 호텔의 음식을 먹지 않아도 되는 것이다. 그러므로 현재 세계 대부분의 호텔들과 특히 도시의 호텔들이 이 요금제도를 채택하고 있다.

② 대륙식 요금제도(Continental Plan: CP)

대륙식 요금제도는 객실료에 대륙식 아침식사를 포함한 숙박요금제도이다. 이 대륙식은 미국식 아침식사와는 달라서 달걀요리, 오트밀, 콘플레이크 등의 메뉴가 없는 것이 특색이다. 그리고 롤빵이나 토스트에 곁들여서 커피나 홍차, 우유를 마시는 간단한 식사이다. 이것은 유럽 대륙에서 많이 이용되고 있으며 음식부문의 룸서비스가 식사를 객실에 제공하며 식당을 이용하는 고객은 소수이다.

❸ 미국식 중간형 요금제도(Modified American Plan: MAP)

숙박요금제도의 하나로 수정된 플랜을 뜻하며 미국식 플랜을 수정한 미국식 중간형은 객실료와 아침식사에 점심이나 저녁식사 중 하나를 부가한 것으로서 숙박요금에 2식이 포함된 요금제도이다. 호텔이 이 제도를 채택하면 식사요금이 점심과 저녁식사의 어느 것을 숙박요금에 포함시켜야 할 것인가를 고객과 합의해야 되므로, 이 요금제도를 실시할 경우에 대부분이 아침과 저녁식사를 포함시키고 있다. 그러나 이 제도는 현실적으로 많이 활용되지 않고 있으며 음식판매의 기록과 관리에도 부적합한 제도로 평가되고 있다.

❹ 미국식 요금제도(American Plan: AP)

아메리칸 플랜은 AP라고 약어로 사용하며 뜻은 호텔 숙박요금형식의 일종으로 객실료에 매일 3식의 요금이 포함되어 있다. 식사는 보통 테이블 도테(정식)로 full pension(특히 유럽에서)이라고도 한다. 이것은 또한 bed and board라는 별칭이 있다.

6) 특징(Special Feature)

레크리에이션 시설, 케이블 TV, 24시간 룸 서비스 등의 특별서비스의 유무 또한 객실가격에 영향을 미친다. 수영장, 테니스 코트, 헬스센터, 골프 코스, 기타 스포츠시설의 건축과 유지에 드는 고(高)코스트는 객실요금에 반영된다. 이러한 시설의 이용은 무료일 수 있지만 그 이용에 대한 가격이 객실료에 포함되어 있는 것은 물론이다.

만약 호텔이 역사적 또는 건축적으로 의미가 있는 곳이라면 객실료는 또한 높아지는 경향이 있다. 예를 들어 '조지 워싱턴이 여기서 숙박하다', '고르비가 여기서 묵다'라는 호텔의 자랑에 객실료가 비싸도 고객은 기꺼이 지불하려 할 것이다.

7) 특별요금

단체로 호텔에 숙박하는 개인은 보통 개별로 예약하는 고객보다 숙박시설에 덜 지불한다. 블록 부킹(block booking : 호텔의 객실, 항공기의 좌석 등 1구획을 한꺼번에 예약하는 것)에 대한 요금은 런 오브 더 하우스 레이트(Run of the House Rate)로 알려져 있다.

런 오브 더 하우스 레이트는 단체용으로 설정된 호텔 요금산정방식으로 스위트를 제외한 모든 객실에 있어서 단체투숙을 위한 최소요금과 최대요금 사이에 평균요금으로 결정하는 협정가격으로, 객실지정은 일반적으로 '최저이용가능한' 객실을 기준으로 한다.

대부분의 호텔은 또한 기업요금(Corporate rate)으로 대기업의 종업원에게 할인요금을 제공한다. 가장 큰 할인요금은 호텔 내에 컨벤션이나 미팅에 참가한 숙박고객에게 제공하는 것이다. 많은 체인이 가족할인요금(Family Plan Rates)이라는 특별가족요금을 운영한다. 이것은 추가 비용 없이 어린이를 부모의 방에 동숙시킬 수 있는 것이다.

03 호텔의 조직

호텔은 타 기업의 조직과는 상이한 여러 부문으로 구성되어 있다. [그림 8-1]은 300실 이하의 우리나라 호텔의 조직표이고, [그림 8-2]는 500~800실의 특급호텔의 전형적인 조직표이며, [그림 8-3]은 대형호텔 조직표의 예이다.

식사, 음료, 기타 서비스가 없는 소규모 개인소유 호텔(장급호텔)은 오너, 수명의 종업원, 객실청소담당인 메이드 1~2명으로 운영할 수 있다. 그러나 대부분의 호텔은 복잡한 조직구조를 이루지만 소형호텔은 일반적으로 6개의 부문으로 구성된다.

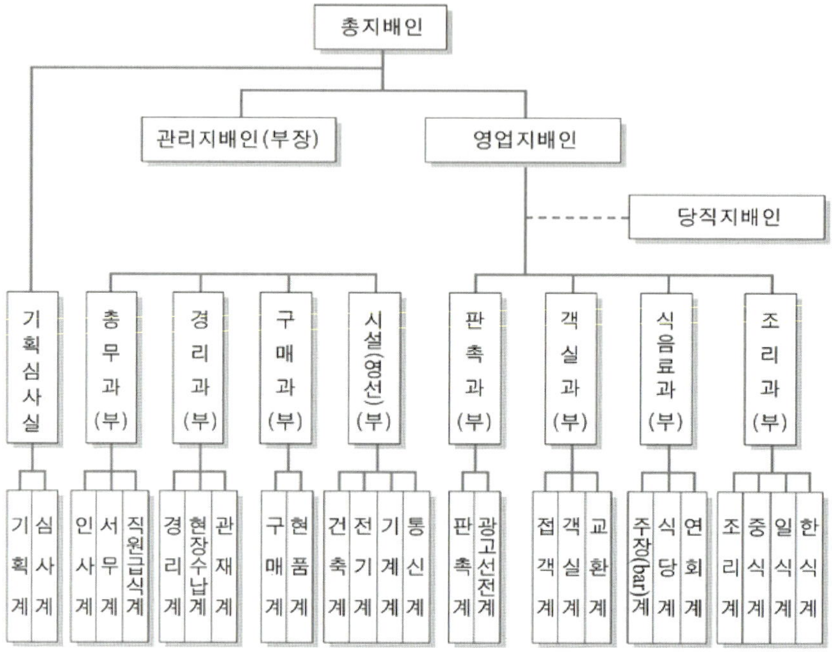

그림 8-1 호텔조직표(300실 이하)

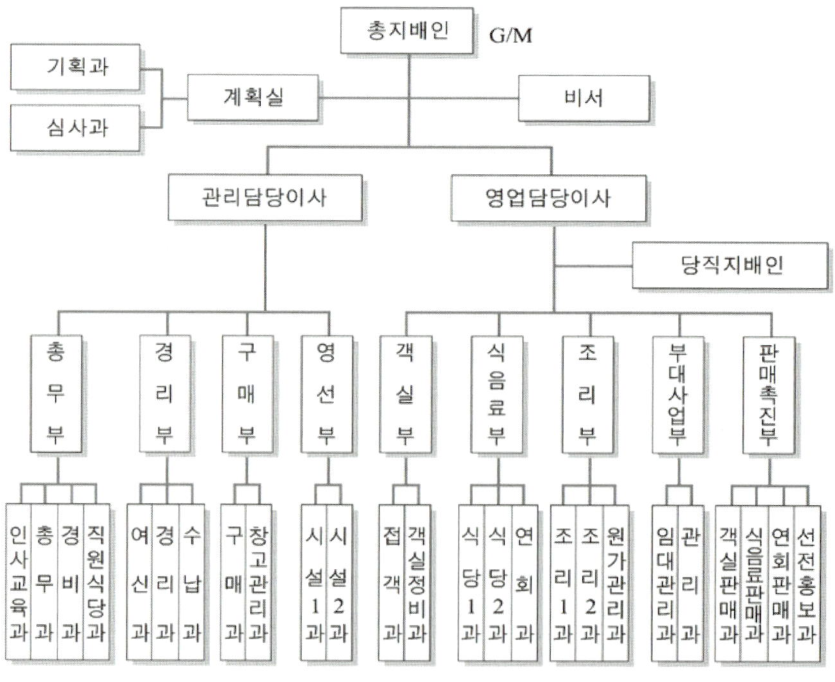

그림 8-2 호텔조직표(500~800실 : 실질조직)

그림 8-3 호텔조직표(대형호텔)

1) 관리부

모든 호텔은 총지배인을 비롯하여 매니저, 부매니저, 호텔운영 담당직원이 필요하다. 관리부문에서 일하는 사람은 회계, 재무, 구매, 영업, 마케팅 담당직원이다. 관리부문의 중요한 기능은 호텔종업원의 인터뷰와 선발이다.

2) 프런트 오피스

프런트 오피스는 숙박업에서 가장 가시적인 직업이다. 종업원은 고객과 직접 접촉하고 예약, 객실배정, 우편, 수하물을 처리하고 호텔과 주변지역의 오락활동에 대한 정보를 제공한다. 잘 조직된 프런트 오피스는 숙박업의 경영에 필수적이다.

3) 하우스키핑

고객의 안락함은 최우선이다. 대부분의 호텔은 객실 및 공공장소의 청결과 산뜻한 모습을 보이기 위해 다수의 하우스키핑 종업원을 고용한다.

4) 식음료부

호텔에 레스토랑, 뱅큇 룸, 칵테일 라운지가 있다면 식음료의 준비와 서비스에 많은 운영요원이 필요할 것이다. 호텔종업원의 약 반 이상이 이 부문에 종사한다.

5) 시설부

시설(영선)부 종업원은 고객과 접촉이 전혀 없지만 매일의 호텔경영에 있어서 중요한 역할을 담당한다. 호텔 내 모든 기계 및 전기장치의 유지, 수리, 보수에 책임을 진다.

6) 안전부

최근까지 호텔에서는 안전요원을 고용할 필요성을 느끼지 못하였다. 그러나 이제는 많은 대형호텔, 특히 도심호텔에서는 안전부문이 필수적이 되었다. 안전요원은 호텔고객과 고객의 재산을 보호할 뿐 아니라 또한 호텔의 재산을 지킨다.

더 복잡한 서비스를 제공하는 호텔은 부가적인 부문이 필요하다. 호화 리조트호텔에서는 레크리에이션활동을 조직하고 감독할 인원이 필요하다. 대형 시티호텔은 컨퍼런스나 미팅을 처리하기 위해서 독립된 컨벤션부문을 만들어야 한다. 만약 호텔이 실내점포, 임대매장, 주차장시설이 있다면 그 관리에 추가인원이 필요할 것이다.

제 4 절 기타 숙박시설

호텔 이외의 숙박시설은 특히 유럽에서 많이 볼 수 있는데 여기에서는 콘도미니엄, 유스호스텔, 빵숑, 민박, 빠라도르 등 기타 숙박시설에 대해 언급하기로 한다.

01 콘도미니엄

1) 역사

콘도미니엄(Condominium 또는 휴양콘도미니엄)은 관광숙박시설의 일종으로 호텔 또는 각종 휴양숙박시설의 장점을 골고루 발췌하여 가족단위의 레저시설을 즐길 수 있도록 특급호텔 수준의 시설을 갖춘 숙박시설이다.

콘도미니엄은 1957년 스페인에서 기존호텔에 개인의 소유개념을 도입하여 개발한 것이 그 시초이며 1950년대 이탈리아에서 중소기업들이 종업원 후생복지를 위해 회사가 공공투자를 하여 연립주택이나 호텔형태로 지은 별장식 가옥을 10여 명이 소유하는 공공휴양시설로 개발한 것이 그 효시이다.

호텔숙박시설의 대체안으로서 콘도미니엄(줄여서 콘도)은 남부 유럽과 미주대륙, 푸에르토리코에서 확산되기 시작하였고 1958년 푸에르토리코 정부는 콘도미니엄 소유권을 인정하였다.

미국에서는 1960년 콘도미니엄이 플로리다, 하와이, 캘리포니아, 콜로라도 등에서 처음으로 전개되었으며 1973년에 500개 이상의 콘도가 완성되었고 지금은 미국 전역과 카리브해 지역으로 확산되었다.

우리나라는 1981년 4월 (주)한국콘도에서 경주보문단지 내에 있는 25평형 103실을 분양한 것이 콘도미니엄의 시초로, 2014년 2월 현재 전국에 182개 업체가 있다.

2) 개념

콘도미니엄의 문자상의 정의는 결합소유권(joint dominion)을 뜻한다. 이것은 공동주택이나 혹은 개인주택으로 개인에 의해 소유하고 있으나 경영관리와 서비스의 단위는 콘도회사 측에서 제공한다. 원래 콘도미니엄은 한곳에 여러 유닛(unit : 숙박시설)을 한꺼번에 짓고, 관리는 콘도회사 측이 공동경영하고, 각 단위는 분양하여 개별적으로 소유된 주거단위를 지칭하였다. 소유주는 이것을 휴가기간 동안에 가끔 사용하고 나머지 기간은 휴가자에게 임대료를 받고 빌려준다. 콘도미니엄은 아파트식 숙박시설, 부엌시설, 콘도단지 지역 내나 가까운 장소에 레크리에이션시설을 제공한다.

3) 특징

콘도미니엄은 다음과 같이 몇 가지 특징을 갖고 있다.

① 객실투자가에게 숙박시설만 제공될 뿐 식사제공이 전혀 없다.
② 콘도미니엄의 투자자금은 회원을 모집하여 충당한다.
③ 회원권의 소유자와 관리회사인 경영이 완전히 분리되어 있다.
④ 콘도미니엄은 공동 이용이므로 연간 사용일수가 정해져 있다.
⑤ 전매 또는 상속이 가능하며 객실일 경우 소유주가 아닌 일반객도 사용이 가능하다.
⑥ 오너 회원인 경우 1가구 2주택에 해당하지 않으며 소유한 회원이 등기권을 행사할 수 있고 양도가 가능하다.
⑦ 1구좌로 체인화된 국내외의 콘도미니엄을 이용할 수 있다.
⑧ 공동제 회원은 등기를 필해야 하며 관리비 이외에 재산세를 납부해야 한다.

4) 발전

타임셰어링(Time sharing)의 개념이 유럽에 처음 도입되어 70년대 중반에 미국으로 전파되었다. 이것이 기존의 콘도미니엄 개념과 다른 점은 한 개인이 완전한 유닛을 소유하는 것이 아니고 여러 사람이 소유권을 공유한다는 것이다. 각 소유주는 보증된 연수 동안에 휴가 세그먼트(1년에 보통 2주일)를 구입한다. 세그먼트는 스케줄이 잡혀 있어서 그 유닛(unit)을 한 번에 한 사람의 소유주만이 사용할 수 있다. 최근에 우리나라에서 각광받고 있는 것은 이러한 개념이다. 일부 타임셰어링 회사는 고객들에게 다른 리조트의 타임셰어링 유닛을 소유한 사람들과 세그먼트를 교환하도록 허가하고 있다.

리조트 콘도미니엄은 숙박시설인 호텔 이외에 온천장, 사우나, 수영장, 테니스장, 레크리에이션 센터, 때로는 골프장, 스키장 등을 공동소유하여 관리하고 있다.

02 유스호스텔

유스호스텔(Youth Hostel)은 청소년을 위한 저렴한 숙박시설로 1912년 독일에서 시작되었다. 여행하는 청소년의 숙박에 적합한 구조 및 설비를 갖추어 이를 이용하게 하고 음식을 제공하는 숙박시설로서 영리를 추구하는 기업과는 달리 일종의 사회복지시설이다.

유스호스텔의 특징은 다음과 같다.

1. 공공시설(식당, 집회실, 도서실, 음악감상실, 운동장)을 갖추고 있어 남녀가 공동으로 이용할 수 있으나 객실은 엄격히 구별되어 있다.
2. 식당에서는 셀프 서비스가 원칙이며 자기가 원하는 사람은 자취를 할 수 있도록 되어 있다.
3. 각종 운동기구와 등산장비가 구비되어 있다.

유스호스텔은 간소, 청결, 저렴한 것이 특징이며, 오늘날 세계 각국에서 고조되고 있는 소셜 투어리즘(Social Tourism)의 영향을 받아 여행경비가 제약된 일반인의 여행에도 이용되고 있다. 전 세계에 약 6,000여 개의 유스호스텔이 있고, 회원 수는 약 700만 명이며, 회원국은 94개국이다.

03 빵숑

빵숑(Pension : 펜션)은 유럽에서 발생된 전형적인 하숙식 여인숙으로 저렴한 숙박시설에 장기체재형이며 주변에 레스토랑, 음식점이 많아서 조식은 제공되지만 석식은 제공되지 않는 것이 통례이다. 소규모의 객실을 보유하고 손님의 접대도 극히 제한된 서비스만을 제공하지만 비교적 저렴한 숙박비가 매력이다.

빵숑의 요금제도로는 흔히 빵숑 뿌랑(Pension Plan)이니 더미 빵숑(Demi Pension)이니 하는 것이 있는데 전자는 숙박에 3식이 포함된 객실요금이고 후자는 숙박에 1식이 포함된 요금제도를 말한다.

가족적 분위기의 따뜻한 접대와 비교적 저렴한 요금에 그 매력이 있는 반면, 불편하고도 노후한 시설로 인하여 체재 중 상당한 불편을 아울러 감수해야 하는 경우도 있다.

04 민박

민박(Bed and Breakfast : 줄여서 B & B)은 영국 전역에서 이용 가능하며 우리나라에는 민박, 일본에는 민숙에 해당된다. 문자 그대로 침실과 조식을 제공하는 개인 가정이 많고 직업생활을 끝낸 노부부가 자녀들이 독립해서 떠난 후에 몇 개의 방을 개조해서 숙박시설로 영업하고 있는 경우가 일반적이다. B & B의 간판을 달고 도로에 접한 객실 창문에 전광판으로 '빈방 있음'이라고 표시하고 있다.

로비, 응접실, 식당, 욕실 등은 집주인과 공용이다. 매우 저렴하므로 영국인의 자가용 여행에 흔히 이용되고 있다. 사전에 예약 없이 현지에서 어둡기 전에 보아서 고르는 것이 숙박의 한 방법이다. 최근에는 미국에도 도입되었다. 민박고객들은 풍성한 조식과 안락한 객실, 공동욕실을 기대할 수 있다.

05 빠라도르

스페인어로 빠라도르(Parador) 또는 뽀사다(Posada)는 정부에 의해 호텔로 개조된 성이나 역사적 건축물이다. 주로 휴가객을 대상으로 적정가격으로 풍성한 식사를 제공한다. 더욱 호화스런 대저택 숙박시설은 프랑스(chateaux), 독일, 오스트리아(schlosse)에서 가능하다.

제5절 숙박업에서 직업적 성공기회

호텔산업은 앞으로 더욱 전문화되고 발전할 것이다. 여기에는 더욱 세련되고 서비스가 월등하고 전문지식과 현장감각이 뛰어난 호텔전문인이 필요할 것이다. 호텔의 기본적인 직무를 보기로 한다.

01 프런트 오피스

프런트 오피스는 두 개의 부문으로 구성된다. 즉 서비스부문과 프런트 데스크이다. 첫째, 서비스부문의 서비스제공자는 도어맨, 벨맨, 포터, 엘리베이터 담당 등이다. 이들은 모두 입문수준의 지위이다. 이 부문을 감독하기 위해 서비스의 감독자가 임명되기도 한다.

둘째, 프런트 데스크(현관사무실)의 지위는 서기와 같은 업무이고 예약계, 룸 클럭(고객에게 객실을 할당하고 등록절차를 수행하는 자), 랙 클럭(객실 할당의 기록담당자), 메일 클럭(우편물과 전보, 메시지 취급자), 인포메이션 클럭(지역의 흥미로운 장소를 고객에게 제공하는 자) 등이 있다.

등록과 예약절차의 급속한 자동화에 따라 한 호텔에서 이러한 업무 모두를 수행하는데 이제는 1~2명의 프런트 데스크 직원만이 필요하게 되었다. 프런트 오피스 매니저는 모든 프런트 오피스 직원과 운영을 감독한다. 매니저는 부매니저의 도움을 받기도 한다. 또한 프런트 오피스의 야간업무자로 나이트 오디터가 있다. 나이트 오디터는 매일 밤 수취계정을 마감하여 잔액의 일치여부를 감사하고, 고객의 계산서를 새롭게 작성하는 일을 한다.

때때로 안전부문이 프런트 데스크의 일부분으로 간주되는 경우도 있다. 안전감독자는 하우스 오피셔와 경비요원을 감독한다. 안전요원은 안전업무를 수행하는 것뿐만 아니라 고객의 질문에도 응해야 한다.

02 하우스키핑 / 룸

입문수준의 하우스키핑으로는 룸 클리너, 재봉사(Seamstress), 실내가구장식담당자(upholsterer), 린넨룸담당자, 세탁담당자, 보이 등이 있다. 하우스키핑 부장의 지위는 모든 하우스키핑의 업무를 책임지고 필연적으로 관리적인 일을 하지만 소규모호텔에서는 청소와 기타 업무까지도 수행해야 한다. 대형호텔에서는 하우스키핑 부장의 업무부담을 경감시키기 위해 어시스턴트 하우스키퍼와 플로어 하우스키퍼를 임명하기도 한다.

03 식음료부문(F&B)

식음료부문은 가장 복잡한 조직이다. 대형호텔에서는 식음료, 레스토랑, 연회(뱅큇) 등 3개의 독립부서로 세분된다.

식음료매니저는 세 부서의 업무 모두를 감시하고 음식재료의 구매와 음식서비스 운영을 감독한다. 입문수준의 지위로는 접시닦기, 샐러드・샌드위치 담당자, 기타 키친종업원, 다이닝룸 담당자, 서버(server) 등이 있다.

치프 스튜어드(Chief Steward)는 호텔 내의 모든 식사서비스와 키친운영에 책임을 진다. 키친 헬퍼를 훈련하고 감독하는 팬트리(식기) 감독자가 치프 스튜어드를 돕는 경우도 있다. 주방장(Executive Chef)은 음식준비를 책임지고, 로스트 셰프, 샐러드 셰프, 프라이 쿡, 야채 쿡, 긴급주문 쿡(short-order cook), 페이스트리 쿡(pastry cook), 부처(butcher) 등을 포함하는 요리사 및 셰프 팀을 감독한다.

레스토랑 부서에서는 레스토랑 매니저, 어시스턴트 매니저, 호스티스, 서버, 다이닝룸 담당자 등이 일한다.

대형 연회가 줄을 잇는 호텔에서는 별도로 연회직원을 고용해야 한다. 연회(뱅큇)부서는 독립된 키친을 갖고 운영되기도 한다. 뱅큇 매니저는 모든 연회의 운영을 감시하고 또한 세일즈팀의 일원으로서의 기능을 한다. 이 부서의 많은 지위는 식음료나 레스토랑 부서와 거의 동일하게, 뱅큇 셰프, 뱅큇 서버, 뱅큇 키친 종업원 등이 있다. 이 부서의 독특한 2개의 지위로는 장식가(연회테이블의 정리, 경관에 책임을 짐)와 뱅큇 하우스키퍼(뱅큇 룸의 가구, 바 등의 세팅에 책임을 짐)가 있다.

04 판매와 기타 지위

대형호텔의 대부분이 자사의 상품을 판매하기 위해 종업원을 고용한다. 세일즈 매니저는 여행사, 투어 오퍼레이터, 항공사, 기업, 클럽, 사회적 · 정치적 · 전문가 조직으로부터 비즈니스를 끌어오는 판매담당자 팀을 감독한다.

단체와 컨벤션 세일즈는 주요 수입원이다. 대형 컨벤션호텔은 이 유리한 시장을 점유하기 위해 컨벤션전문가(예를 들어 플래너, 컨설턴트, 매니저 등)를 임명하기도 한다.

기타로 회계, 엔지니어링, 인사부문에 대해서 언급하지 않을 수 없다. 컨트롤러 또는 치프 어카운턴트는 캐셔, 나이트 오디터, 크레디트 어시스턴트, 페이롤 클럭 등 많은 인원을 거느리고, 호텔 재정운영의 모든 것을 책임지고 있다.

어시스턴트 엔지니어, 메인티넌스 엔지니어, 페인트공, 목수, 전기기사, 연관공, 열쇠담당자 등은 치프 엔지니어의 감독하에서 일한다.

종업원의 고용, 이익프로그램, 훈련계획에 책임을 지는 인사부에는 인사부장, 비서, 인사과장, 면접담당자, 클럭, 타이피스트 등이 있다.

숙박산업에서의 직무는 각 업체의 규모, 특성 등에 따라 매우 다양하지만 기본적으로는 <표 8-2>에 제시한 것과 공통점이 많다.

표 8-2 숙박산업에서 직업적 성공기회

직업	필요 교육수준	승진기회
(1) 식·음료 부서		
식당 종사원	전문대졸, 현장실습교육 대규모 호텔체인에 의한 공식훈련프로그램	수석웨이터, 조리보조자, 요리사
서버(server)	전문대졸, 현장실습교육, 식당 종사원의 경험, 대규모 호텔체인에 의한 공식 훈련프로그램	수석 웨이터
키친 헬퍼	전문대졸, 현장실습교육, 직업학교 교육	팬추리 슈퍼바이저 요리사
팬추리 슈퍼바이저	전문대졸, 현장실습교육, 경력자 샌드위치·샐러드를 만드는 사람으로서 직업훈련	요리사, 팬추리 지배인, 식음료 지배인(추가적인 직업연수 및 대학교육 필요)
요리사·조리사	전문대졸, 직업학교교육 조리보조사로서 경력, 현장실습교육	조리장, 조리부장
패스트리 치프·제빵사	전문대학, 대졸 유리	주방장, 조리장
치프 스튜어드·와인 스튜어드·연회 스튜어드	전문대학 및 대졸 유리 조리보조자 또는 요리사로서 현장실습교육, 대형 호텔체인에 의한 훈련 프로그램	케이터링 매니저
(2) 현관 사무실		
도어키퍼	전문대졸, 현장실습교육	서비스 감독자
벨맨·포터	전문대졸, 현장실습교육	데스크 클럭
캐셔·나이트 오디터	전문대졸, 현장실습교육	데스크 클럭, 업장 지배인 (경영관리 프로그램 이수 후)
데스크 클럭	전문대졸, 대졸 유리 벨맨 경력자 유리	부지배인, 프런트 오피스 지배인
프런트·오피스매니저	전문대졸, 대졸 유리 데스크 클럭 경력자	총지배인
(3) 하우스키핑		
메이드·하우스맨	고졸, 전문대졸, 현장실습교육	하우스키핑, 슈퍼바이저, 하우스키퍼
하우스키퍼	전문대졸, 현장실습, 경력자	하우스키퍼 부장
하우스키퍼 부장	가정경제학, 경영학 전공자 유리	총지배인

직업	필요 교육수준	승진기회
(4) 관리 · 경영부서		
호텔 총지배인	관광 · 호텔경영전공자, 대학원 전공자 유리, 대형호텔체인에 의한 책임자 훈련프로그램, 회계관리자 · 판매지배인 경력자	대형호텔의 총지배인
호텔 재무관리자 (Hotel controller)	회계학전공자 유리, 대형호텔 체인에 의한 회계관리자 훈련	총지배인
판촉지배인	경영, 마케팅, 광고, 호텔 경영전공자 유리, 호텔 체인에 의한 훈련교육 프로그램	총지배인
판촉담당자	경영, 마케팅, 광고, 호텔경영 전공자 유리	판매지배인

제 6 절 외식업5)

01 외식의 개념

인간의 삶의 과정 속에서 의식주는 기본적이면서 필수적인 요소이다. 세 가지 모두 중요한 부분이겠지만, 그중에서도 가장 기본적인 요소이며 삶의 원동력이 되는 요소가 바로 식(食)이라 하겠다. 이러한 식문화활동이 외식행위라 할 수 있다.

외식은 여가행동의 하나로 자리 잡고 있으며, 주 5일근무제의 확산, 가처분소득의 증가, 여가시간의 증대 그리고 여성의 사회참여 확대와 핵가족화 등이 외식행동의 확산에 일조하고 있다. 이러한 사회현상과 더불어 해외의 거대 외식 프랜차이즈기업의 등장은 국내 외식시장을 자극하기에 충분하였고, 국내 대기업들 역시 다방면에서의 외식업계 참여를 부추기고 있으며 매년 뚜렷한 증가세를 보이고 있다. 따라서 그 시장의 규모도 점차 커지고 있다.

본래 '외식'이라는 의미는 '가정외 식생활'을 줄여서 부르는 말이며, 이와는 반대로 '내식'이라는 의미는 '가정내 식생활'을 줄여서 부른 데서 기인하였다. 하지만 '내식'과 '외식'을 구분하는 것은 형식적일 수밖에 없으며 또한 근래에는 '내식'의 의미가 거의 사용되지 않고 있다.

많은 학자들이 외식의 정의를 내리고 있지만 외식을 명확히 구분하기는 어려

---

5) 김성혁 · 황수영 · 김연선(2009), 외식마케팅론, 백산출판사, pp.11~22.

울 수밖에 없다. 왜냐하면 다양한 업종과 업태가 꾸준히 생성되고 있으며, 가정 밖에서의 식생활도 다각도로 변모되고 있기 때문이다.

도이토시오[土井利雄]라는 일본학자는 소비자의 외식행위도 다양하고 새로운 개념을 가진 업체들의 등장으로 인해 외식의 내식화, 내식의 외식화 등 다양한 형태의 외식행위를 설명하기도 한다. 즉 내식적 내식은 가정에서 직접 조리하여 가정에서 직접 식사하는 행위를 설명하며, 외식적 내식은 가정에서의 조리행위가 극히 제한되는 반조리식품과 완전조리식품을 구매하여 가정에서 식사하는 형태를 의미한다.

내식적 외식은 가정에서 조리한 음식을 가정 밖에서 식사하는 행위를 말하며, 외식적 외식은 일반적인 외식행위, 즉 레스토랑에서의 식사행위를 의미한다. 넓은 의미로서의 외식의 범위는 내식적 외식과 외식적 외식을 포함하는 형태를 외식의 범위로 간주할 수 있을 것이다. 하지만 외식산업을 생산과 소비의 관점에서 또한 영리추구의 산업이라는 관점에서 이해한다면 엄밀히 말해서 외식은 외식적 외식을 말할 수 있다. [그림 8-4]는 내식과 외식의 분류를 잘 설명하고 있다.

사전적 의미로서의 외식의 정의는 '가정 밖에서 행하는 식사행위의 총칭', '자기 집이 아닌 밖에서 식사하는 것'으로 말하며, 학자들의 정의는 '가정 이외의 장소에서 시간의 구애됨 없이 대가를 지급하는 모든 식생활 활동'을 외식이라 정의하고 있다.

사전적 의미와 학자들이 정의한 외식의 정의를 종합적으로 정리하면, 외식은 '가정 밖에서의 식사행위를 말하며 식사에 대한 일정한 대가를 지불하는 식생활 활동'이라고 정의할 수 있다.

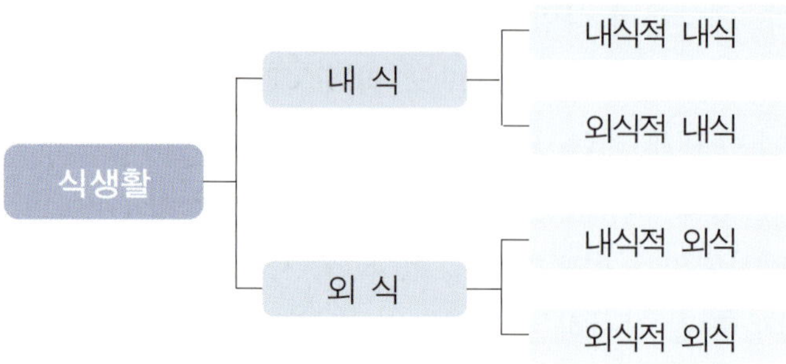

자료 : 도이토시오, 외식(일본경제신문사, 1990)에서 인용

그림 8-4 내식과 외식의 분류

02 외식산업의 정의와 특성

외식산업은 1940년대와 1950년대를 거치면서 미국에서 'Dining-out industry' 또는 'Foodservice industry' 등으로 불리었으며, 이 용어를 1970년대 이후 일본에서 외식산업이라고 번역하여 사용하였다. 이후 우리나라에도 롯데리아를 시작으로 외식업이 본격화되면서 외식산업이라는 용어를 사용한 것으로 본다.

외식사업연구소에 의하면, 외식산업이라는 용어는 초기에는 요식업, 식당업, 음식업 등으로 불리고 알려지다가 점점 그 규모가 커지고 경영 면에서도 체계적이고 합리적인 형태로 발전해 가면서 포괄적인 의미로 외식산업이라 칭하게 되었다.

손일락(1993)에 의하면, 외식산업을 인간의 외식행위에 대응하여 성립된 일단의 사업군이라 정의하였고, 이정실(2002)은 가정 밖이나 가정 내에서 상업적인 식생활 전체를 말하며, 일반적으로 가정이 아닌 밖에서 직접 혹은 간접적으로 조리·가공 식음료를 상품화하여 교환을 거쳐 고객에게 제공하는 업을 영위하는 기업군이라고 할 수 있다고 하였다.

따라서 외식산업은 고객에게 음식을 제공하는 산업이라고 할 수 있고, 레스토랑을 방문하는 고객이 직원에게 음식을 주문하고 이를 주방에 전달해서 주방에서 주방장이 음식을 생산하는 과정을 거쳐 다시 주문한 고객에게 음식을 제공하여 즉시 소비가 이루어지는 산업을 말하며, 이에 합당한 대가를 받는 산업을 말한다.

이러한 개념을 가지는 외식산업은 다음과 같은 몇 가지 독특한 특성을 가진다. 첫째, 주문과 생산, 소비가 동시에 이루어지는 동시성이다. 다른 산업군에서 보여지는 생산과 유통의 과정이 생략되고, 레스토랑이라는 장소 안에서 고객의 주문과 동시에 생산이 이루어지고 곧바로 고객의 식사행위라는 소비가 이루어지며, 또한 같은 장소 안에서 고객의 평가도 즉석에서 이루어지는 유일한 산업이다. 따라서 레스토랑에서는 시스템적으로 신속성과 이에 따른 정확성이 요구된다.

둘째, 외식산업은 수요예측이 어렵다는 점이다. 레스토랑은 시간대별, 요일별, 계절별, 특히 날씨에 따른 고객의 수요를 예측하기 어려운 점이 큰 특징이다. 날씨에 따라서 고객의 선호 음식이 시시각각 변하고 쏟아지는 미디어의 과잉 광고와 홍보에 따라서 변화하기도 한다. 이러한 문제로 인해 식재료 재고상의 문제와 원가상승에 악영향을 미치기도 하는데, 이러한 문제의 해결책으로는 예약문화의 정착으로 어느 정도 해결할 수 있지만 예약시스템의 도입이 어려운 소규모 업장에서는 과거의 레스토랑 운영경험에 의지할 수밖에 없는 문제점에 봉착하게 된다.

셋째, 외식산업은 사람의 노동력에 의존도가 높은 노동집약적 산업이다. 외식산업뿐만 아니라 환대산업(Hospitality Industry) 전체의 특징인 노동집약적인 문제는, 고객을 맞이하고 고객에게 서비스하고 고객의 평가를 받아야 하는 환대산업 전체의 공통적인 문제이기도 하다.

기계화와 자동화는 주방의 일부와 POS 관련 업무가 도입되었지만 아직도 일부분에 머물러 있는 실정이고, 대고객서비스의 많은 부분은 직원의 인력으로 충당하는 부분이 많다. 따라서 레스토랑에서의 직원관리의 필요성이 절실하며, 품격 있는 서비스를 제공하기 위해서는 자질 있는 직원을 선발하여 꾸준한 관리와 교육이 필요하리라 사료된다.

넷째, 외식산업은 주변 환경, 즉 정치 · 경제 · 사회 · 문화 등 다방면에서 민감한 반응을 보인다. 특히 외식과 내식의 의미로 보면 경기가 불황이고 사람들이 씀씀이를 줄이는 상황에서는 가계지출은 외식의 횟수와 비용을 가장 먼저 줄이고 내식의 비율을 높여간다. 이는 외식업계가 안고 있는 문제이며 이를 슬기롭게 극복하기 위한 방안 마련에 적극적으로 나서야 한다.

다섯째, 외식산업은 식자재의 부패가 용이하다는 단점이 있다. 외식산업에서의 식자재는 채소류, 과일류, 유제품류 또는 냉장류, 냉동류 등의 제품이 관리소홀로 인하여 쉽게 변질될 가능성이 있으며, 이를 식재료로 사용하게 되면 큰 문제에 직면할 수도 있다. 이러한 문제에서 자유롭기 위해서는 매일매일 식자재의 재고조사를 통한 유통기한의 확인과 아울러 신선한 상태를 유지해야 할 것이다.

여섯째, 외식산업은 입지의존성이 높다. 외식업체의 성공의 핵심은 첫째도 입지, 둘째도 입지, 셋째도 입지라고 할 만큼 큰 비중을 차지한다. 일반적으로 입지에 의한 매출과 영업력에 의해 좌우되는 매출의 비율이 7:3 정도로 알려진 바와 같이 매출은 입지에 의해 좌우된다고 해도 과언이 아니다.

아무리 훌륭한 음식과 멋진 실내 인테리어, 분위기, 세련된 서비스, 넓고 편리한 주차장 등이 잘 갖추어져 있다고 하더라도 접근성이 불편하거나 주변의 상주인구와 유동인구를 전혀 고려하지 않은 입지에 자리 잡고 있는 외식업체는 성공과는 거리가 멀 수밖에 없다.

일곱째, 고객의 외식 트렌드와 입맛이 빠르게 변화하고 있다. 인터넷과 다양한 형태의 매스미디어의 증가와 이러한 매체가 끼치는 영향, 또한 해외여행으로 인한 국제교류의 활성화 등으로 음식의 교류와 새로운 먹거리에 대한 열망이 높아지고 있다. 따라서 외식업체는 이러한 트렌드에 부응하기 위한 노력으로 새로운 형태의 음식문화를 선도하고, 고객의 입맛을 사로잡을 수 있는 신메뉴 개발에 노력을 기울여야 한다.

03 외식산업의 범위

외식산업의 범위는 가정 밖에서 이루어지는 식사행위의 산업군, 즉 전형적인 식사위주의 행위가 이루어지는 산업뿐만 아니라 제과점, 커피숍, 전통찻집, 유흥주점과 나이트클럽 등의 주점업 그리고 배달업과 출장연회(Catering) 등의 음식관련 사업까지도 외식산업의 범주에 포함된다고 할 수 있다. 게다가 근래에 많은 호응을 얻고 있는 테이크아웃 형태의 전문점, 도시락, 김밥 등의 업체도 외식산업의 한 범주에 속한다. 우리나라 외식산업의 범위는 [그림 8-5]와 같다.

자료 : 신재영 · 박기용(외식산업개론, 2000)에서 인용

그림 8-5 외식산업의 범위

우리나라의 외식산업은 크게 영리를 목적으로 하는 상업적 외식산업과 비영리적 목적, 즉 공익을 위하거나 회사의 직원, 학교의 학생, 군대의 군인 등을 위한 비상업적 외식산업으로 구분할 수 있다. 먼저 상업적 외식산업은 일반적 외식산업과 제한적 외식산업으로 구분되며 일반적 외식산업은 특급호텔을 비롯한 각 등급의 호텔 내에서 운영 중인 레스토랑과 바, 호텔 이외의 일반 외식업체의 레스토랑, 편의음식점, 음료전문점 그리고 알코올음료를 전문적으로 취급하는 주류전문점 등이 있다. 최근 들어 와인 바와 맥주 바, 사케 전문점, 막걸리 전문점 등 저 도주 취향의 주류와 다양한 형태의 주류 전문점이 틈새시장을 파고들어 각광받고 있다.

제한적 외식산업은 항공기나 선박, 기차 등의 승객이나 회원들을 대상으로 하는 운송외식업과 클럽외식업이 있으며 고객이 원하는 곳에 음식을 배달하여 서비스를 제공하는 출장연회(Catering)업은 편리성과 품격 있는 모임을 돋보이기 위한 수단으로써 많은 이들로부터 큰 호응을 받고 있다.

비상업적 외식산업은 일종의 단체급식의 형태를 띠며, 전적으로 무상으로 제공하는 형태의 공익성을 전제로 하는 외식산업이지만, 초·중·고·대학교나 병원 등의 외식산업은 단체급식을 전문으로 하는 업체에 위탁하여 경영하는 경우 제한적이기는 하지만 영리를 추구하는 단체급식의 형태에 속하기도 한다. 이러한 형태의 단체급식업체는 다른 외식업체에 비해서 위생관련 사고가 빈번히 발생하고 있어 위생적인 면에서 각별한 주의가 요구된다.

특히 단체급식을 하고 있는 초·중·고등학교의 식당은 식재료의 원산지 문제의 투명성과 이러한 부분에 있어서의 합리적인 방안 마련, 전문 영양사와 조리사를 고용하여 위생적이고 영양적인 면을 고려해야 한다. 또한 극단적인 영리추구보다는 공익적인 범주에서의 체계적이고 바람직한 방향으로의 운영을 기하여야 할 것이다.

04 외식산업의 현황 및 전망

우리나라에서 도입기라고 할 수 있는 1970년대부터 외식산업은 그야말로 매년 괄목할 만한 성장을 거듭하였고, '70~'80년대 급속한 경제성장의 여파로 인해 외식산업은 황금알을 낳는 산업으로서 각광을 받았으며, 현재도 잘만 운영하면 성공할 수 있는 길이 넓게 펼쳐져 있는 것이 사실이다.

1980년대 우리나라는 해외여행자유화, 문화개방정책, 국민의식수준의 변화, 3저(저달러·저금리·저유가) 영향, '86년 아시안게임, '88년 올림픽게임, 가처분소득의 증가, 중산층 확대 등의 영향으로 국민소득이 2,500달러를 돌파하고 외국의 외식프랜차이즈 기업이 대거 진출하는 시기가 되었다.

1990년대에 들어서면서 외식산업은 연평균 20% 이상의 고속성장을 하게 되는데, 이는 편리한 식생활추구, 다양한 외식 추구현상, 여성의 사회진출 확산 등이 계기가 되었다. 이후 IMF라는 외환위기 속에서 경기의 침체가 지속되면서 외식산업 역시 줄도산이 속출하게 되는데, 실직자들과 구직자들까지 가세하여 오히려 무분별한 생계형 창업이 줄을 잇게 되는 현상이 지속되었다.

2000년대에 들어서는 외식산업이 질적인 성장을 거듭하였고 IMF 이후 난립되었던 외식업이 프랜차이즈 형태의 거대 기업형으로 성장하기 시작하였다. 하지만 2002년 하반기 이후 저성장 추세의 경제여건으로 외식산업도 불황의 긴 터널에 진입하였고, 2007년 이후 경제의 하강곡선에 외식산업도 도산하는 업체가 증가하고 있다.

그러나 월평균 가구당 외식비가 급성장하였고, 이는 단순한 외식비의 증가뿐만 아니라 국내 외식산업의 규모가 커진 것이며, 이를 가능하게 한 배경은 급격한 소득의 증가, 여성의 사회진출 가속화, 주 5일근무제로 인한 여가시간의 증대, 핵가족화, 독신 남녀의 증가, 식생활의 간편화 추구, 식생활의 다양화 및 고급화 등을 들 수 있다.

또한, 1980년대와 1990년대 이후 꾸준히 증가해 온 외식시장은 1990년 10조 원 정도의 시장규모였던 것이 2014년에는 70조 원이 넘는 시장규모로 성장하였다. 외식산업의 전문가는 향후 지속적으로 성장할 것이며, 양적인 성장뿐만 아니라 내실 있는 질적 성장도 뒤따라야 한다고 조언하고 있다.

우리나라의 외식산업은 살펴본 바와 같이 과거 30~40년 동안 지속적으로 발전해 왔으며, 향후 전망은 다음과 같이 전망해 볼 수 있다.

첫째, 외식산업에서도 새로운 감각의 업태가 출현할 것이다. 또한 기존 업소는 적극적으로 근대화를 추진할 것으로 예상된다. 기존의 레스토랑이나 외식업체가 보여준 진부한 형태의 것이 아닌 감각적이고 신세대의 스타일에 맞추어 가는 새로운 형태의 업태가 계속적으로 나타날 것이다.

둘째, 외식산업에서도 독창적 아이디어가 가미된 차별화된 브랜드가 시장에서 고객들에게 사랑을 받을 것으로 본다. 기존 업체의 틈새시장을 겨냥한 독특하고 차별화한 이미지를 부각시키고 새로운 스타일의 메뉴개발을 통한 업그레이드 된 브랜드가 시장을 선점할 가능성이 있다.

셋째, 고객만족과 고객가치에 주안점을 두는 외식프랜차이즈 업체가 당분간 지속적으로 확산될 것이다. 이는 레스토랑 전반의 외식프랜차이즈 업체뿐만 아니라 와인과 맥주, 사케 전문점 등의 주류 업계에서도 지속적으로 성장할 가능성이 높다. 이러한 가능성은 현재에도 주류 프랜차이즈 전문점이 성황을 이루고 있는 것을 보면 예측가능하다.

넷째, 건강과 장수에 대한 기대가 높아지면서 외식산업에도 웰빙트렌드는 지속될 예정이며, 패스트푸드(Fastfood)보다는 슬로푸드(Slowfood) 중심으로 강세를 보일 것이다. 배고프고 한 번 먹으면 배부르게 먹던 시절의 외식은 이제 아주 먼 이야기가 되었고, 외식의 형태가 양보다는 질적인 면에 치우치고, 질적인 측면에서의 건강과 장수, 즉 웰빙에 대한 관심이 최고조인 시대이다. 창업의 주된 아이템 역시 웰빙에 관련한 소재를 택한다면 좋은 결과를 나타낼 것이다.

다섯째, 외식산업의 아이템은 육류 위주에서 시푸드(Seafood)와 야채, 로팻푸드(Lowfat Food) 또는 다이어트 식품 위주로의 다양화를 추구하는 시도들이 곳곳에서 진행될 것이다. 육류 위주의 식사가 건강에 극단적으로 해로운 것은 아니지만 향후 외식 아이템 역시 전술한 바와 같이 웰빙의 트렌드가 지속될 것이며, 시푸드와 야채, 로팻푸드와 다이어트식사 위주의 열풍이 당분간은 지속될 전망이다.

여섯째, 외식산업의 레스토랑들은 다운사이징(Downsizing)하여 점포규모를 줄이고 소자본, 저비용, 적은 인력으로 운영이 가능한 형태의 점포들이 출현할 것이다. 조사자료에 의하면 직장인 10명 중에 9명 정도가 창업을 고려한 적이 있으며, 역시 외식업이 가장 높은 비중을 차지하였고, 창업 자금으로는 1억 원 정도를 생각하고 있다고 한다.

이러한 응답으로 유추할 수 있는 점은 1억 원 정도의 소자본과 직원 5명 내외의 적은 인력으로 운영할 수 있는 소규모 점포를 희망한다고 볼 수 있고, 적은 비용으로 비교적 큰 이익을 창출하고자 하는 외식업종을 선호한다고 할 수 있다.

일곱째, 소비자들의 라이프스타일의 변화와 함께 편리성과 간편성을 추구하는 그들의 기호에 맞추어 가정식 대용식품(HMR: Home Meal Replacement)이라는 산업이 부각할 것이고, HMR시장이 확대될 것이다.

여덟째, 표준화, 시스템화, 매뉴얼화, 기술혁신 등의 용어로 설명되는 선진기술과 노하우(Knowhow) 등의 도입이 외식업체 전반에 걸쳐 가능하리라 본다. 새로이 오픈하는 외식업체에서는 이의 도입이 이미 진행되었고, 기존의 외식업체는 이러한 변화에 발빠르게 대응해야 할 것이다.

아홉 번째, 외식산업에서도 업체별로 다양한 마케팅활동이 전개될 것이다. 예를 들면 고객 분산 마케팅, 연계 마케팅, 인터넷 마케팅, 포인트나 마일리지 마케팅 등 다양한 종류의 마케팅 활동이 꾸준히 진행될 것이다. 고객 분산 마케팅은 해피아워 시간을 지정하여 다양한 혜택을 부여함으로써 고객이 어느 한 시점에 집중하는 것을 막고 고객을 분산시켜 매출액을 높이고자 하며, 레스토랑을 효율적으로 관리하고자 하는 데 그 목적이 있다.

열 번째, 외식산업이 다양한 형태로 발전할 것이다. 가령 다양한 업종에서의 테이크아웃(Takeout)점, 케이터링(Catering)업체, 단체급식 등의 업체들이 활성화될 것으로 전망한다. 테이크아웃점의 경우 기존의 커피와 분식류, 버거류 등에서 다양하고 광범위한 형태의 업태로 발전할 것으로 전망한다.

위와 같이 외식산업은 다양하게 발전할 가능성이 높으며, 또한 고객 만족서비스를 실천하고 노력한다면 비교적 다른 산업에 비해 성공할 수 있는 가능성이 높은 산업이다. 하지만 외식산업이 안고 있는 본질적인 문제들, 예를 들면 외식업체의 열악한 근무여건(미래의 비전부재, 낮은 급여, 복리후생 등)으로 말미암아 이직률이 높고, 생산성이 낮으며, 외식업체의 70% 이상이 가족중심으로 운영하는 생계형 독립경영 형태이다 보니 경영마인드가 낮은 현실적인 문제점은 외식산업의 공통의 과제이기도 하다.

이러한 어려움은 경영진과 근무하고 있는 직원 모두가 하나가 되어 본질적인 문제를 해결하고자 하는 의지를 보여주고 모두가 주인의식과 적극적인 자세를 가지고 근무에 임하여, 안 된다는 부정적인 생각보다는 해낼 수 있다는 자신감을 가지고 임하는 것도 하나의 방안이라고 본다. 특히 거대 외식기업에 맞설 수 있는 방안은 여러 가지가 있겠지만, 그중에 하나가 가족 같은 분위기로 외식업체의 운영을 화목하게 운영하는 것이라 할 수 있다.

제9장

크루즈업

제1절 크루즈의 기원

제2절 오늘날의 크루즈산업

제3절 크루즈산업에서 직업적 성공기회

제 1 절

크루즈의 기원

크루즈여행은 모든 여행 중에서 가장 매력 있는 것으로 널리 알려져 있다. 우리가 크루즈여행을 생각할 때 떠오르는 마음에 활력을 주는 단어들은 낭만과 흥분, 모험이다.

1920년대 이후 이미 일부 부자들과 유명인들은 크루즈여행을 이용하였으나 대중의 크루즈여행은 1960년대 초에 이르러 비로소 시작되었다. 유람선여행은 크루즈여행이라고도 부른다. 즉 양자는 같은 의미이다. 여기서는 주로 후자를 사용하나 때때로 혼용하기로 한다.

선박회사들은 제트기 출현 이후 승객 수송량의 감소에 대응하여 현대의 크루즈여행의 개념을 개발하였다. 현대 크루즈여행은 눈부신 마케팅 개혁을 이룩하였다. 선박은 이제 단순한 운송수단이 아니라 그 자체로서 여행목적이 되었다. 항해하는 것은 완전한 휴가 경험이 된다.

크루즈산업은 관광에 있어서 가장 놀랍게 성장하고 있는 부분이다. 크루즈여행은 세계 도처 대양과 수로에 등장하게 되었고 선박의 크기도 2,000명의 승객을 태울 수 있는 호화로운 쾌속선에서부터 단지 12명 정도를 태울 수 있는 자그마한 요트에 이르기까지 매우 다양하다.

01 선박의 발달

배는 기원전 3200년경에 이집트인들이 돛단배를 발명한 이후 인류역사상 중요한 역할을 담당해 왔다. 그리스인과 로마인, 그리고 다른 초기의 항해자들은 조선술의 다양한 기술적인 발전으로 배가 항해하기에 적합하도록 개선하였고 배의 속도도 증가시켰다. 배는 작게 만들었으나 배에 탄 사람을 위해 더욱 편리하게 만들어졌다. 초기의 배는 승객수송을 목적으로 하기보다는 원래 매매와 전쟁을 위해 사용되었다.

12세기에 나침반과 운항해도의 개발로 배는 위험을 무릅쓰고 더 큰 바다로 항해를 나갔다. 배를 조종하는 키의 발명으로 더 쉽게 배를 조종할 수 있게 되었고 더 무겁고 튼튼한 배를 건조할 수 있게 되었다. 1400년과 1800년대 후반 사이에 배의 설계에 대한 꾸준한 개선이 이루어졌다. 이때는 해외 영토 확장의 시대였고 유럽으로부터 극동까지 해항로가 열렸으며 대서양을 횡단하여 신세계로 향하였다. 무역이 아직까지 선박산업의 근본적인 동기였으나 여객수송의 중요성이 점차로 증가하기 시작하였다.

표 9-1 선박의 발달사

1300년	북유럽 선박업자들이 최초의 키(방향타)를 만듦
1450년	지중해 선박업자들이 최초의 완전한 돛배를 개발
1620년	무역선인 Mayflower가 아메리카대륙으로 첫 번째 청교도들을 실어 나름
1785년	미국의 John Fitch가 최초의 운행 가능한 기선을 만듦
1802년	세계 최초의 예인선이 탄생
1807년	Robert Fulton에 의해 만들어진 Clermont배가 최초로 상업적으로 성공함
1819년	미국의 Savannah호가 대서양을 횡단한 최초의 기선
1836년	기선을 끌 수 있는 최초의 프로펠러가 도입
1838년	영국의 Sirius는 오직 증기의 힘으로 대서양을 횡단한 최초의 배
1840년	Cunard사가 대서양을 횡단하는 증기 여객선을 진수
1871년	White Star사가 호화 여객선 Oceanic을 진수
1910년	발동기선(motorship) 발명
1912년	Titanic호 침몰
1954년	핵추진 잠수함 Nautilus가 미국에서 진수
1959년	최초의 핵추진 상선 Savannah가 미국에서 진수
1969년	미국의 유조선 Manhattan이 최초로 북서 항로를 항해
1969년	영국의 초호화 여객선 Queen Elizabeth Ⅱ 진수
1985년	침몰한 Titanic호의 잔해가 북대서양에서 발견됨
1987년	도나패즈선박의 침몰(필리핀). 사상자 2,000명으로 세계 10대 해상참사사고 중 7번째로 많은 사망자 수를 기록함
1988년	로얄 카리브 크루즈 여행사는 7만 4천 톤급의 바다의 황제(Sovereign of the Seas)호를 출항
1989년	Supertanker 엑손이 선체 중앙지점이 갈라지면서 천백만 갤런의 원유가 유출
1994년	인적 과실로 인한 해난사고를 방지하기 위해 선사의 사업장 및 선박에 일정기준의 안전관리조직 / 인력을 확보하고, 안전업무처리절차의 문서화로 선박의 안전운항을 위하여 국제해사기구(IMO)에서 제정한 선박안전관리규약임(발효 : 1998년 7월).
1994년	바다 위의 신칸센 TSL(Techno Super Liner)을 일본정부가 15년간 연구 끝에 개발하였으며 약 700명의 승객을 탑승시키고 200km 이상 속력으로 해상을 질주하는 고속선박임
1999년	처녀 운항을 시작한 보이저호는 138,000톤으로 당시 세계에서 가장 큰 크루즈로 모든 관심을 받음

2003년	파키스탄의 해안근처에서 유조선 그리스 선적 태즈만호가 사고로 원유의 62,000톤이 유출되어 파키스탄 역사에서 최악의 환경 재앙 중의 하나로 꼽히고 있음
2005년	세계적으로 12척의 크루즈선(70억 달러)이 발주되었음
2006년	프리덤호의 출항으로 로얄 캐리비안 크루즈는 크루즈 업계의 새로운 장을 열었으며 그전까지 프리덤호 이상의 가치를 보유한 크루즈는 없었음
2007년	10월 STX그룹이 세계 2위 크루즈선 조선업체인 노르웨이 아커 야즈(AKER YARDS)를 전격 인수
2008년	삼성중공업이 세계 최대규모인 26만 6천㎥급 LNG(액화천연가스)선 건조
2009년 11월	현대 미포 조선 9년 연속 최고 품질의 명품선박 건조 메이커로 선정, 영국의 조선해운 전문지 '네이벌 아키텍트'
2010년 4월	멕시코 만에서 '딥 워터 호라이즌'호의 폭발로 인한 대규모 원유 유출 사고
2011년 3월	대한민국 자체기술로 세 번째 이지스함 '서애 류성룡함' 취역
2012년 9월	중국 최초의 항공모함 '랴오닝호' 취역
2013년 11월	일본, 한국 제치고 LNG선 수주 따기 위해 일본 내 조선업계 연합 시도
2013년 12월	산업통상자원부, 대우조선해양의 초대형 철광석운반선(VLOC) '세계일류상품'에 선정
2014년 1월	현대중공업 세계 최대 1만 9천 TEU급 컨테이너선 착공

02 크루즈의 탄생

1958년에 최초로 상용제트여객기가 대서양을 논스톱으로 횡단하였다. 이 비행의 시작은 선박산업에 있어서는 종말을 예고하였다. 항공기는 1940년대 후반 이후 급증하는 승객을 수송하였다. 1958년에 많은 사람들은 해로 대신에 항로로 대서양을 건넜다. 1년 후 대서양을 여행하는 승객의 63%가 여객기를 이용하였다. 그것은 극적인 전환이었다. 사실상 바로 15년 전만 하더라도 대서양을 횡단하는 모든 승객들이 배편으로 건넜기 때문이다.

선박회사들은 '배에 타는 것만으로도 반(半)은 즐거움이다'라는 것을 강조하고 그들의 승객시장의 점유율을 놓치지 않으려고 부단히 노력하였다. 그러나 승객들은 점차로 선박을 이용하지 않게 되었다. 상용여행자들은 배로 4~5일 걸리는 것보다 비행기로 8시간 걸리는 대양횡단을 더 선호하게 되었다. 휴가자와 여행자들도 친구나 친척을 방문하는 데 비행기를 선택하기 시작하였다. 그들은 이동 중에 재미를 느끼기보다는 목적지에서 시간을 보내는 것을 더 중요하게 생각하였던 것 같다. 모든 유형의 동기, 욕구, 기대를 만족시킬 수 있었기 때문에 항공산업은 선박산업을 쓰러뜨리는 데 성공하였다.

항공교통 이용의 증가에 따라 많은 여객선들은 여객수송으로부터 철수하였다. 좌석의 반 이상이 비게 되어 배를 운행할 수 없었다. 일부 선박회사는 파산하였고, 일부는 화물을 운반함으로써 새로운 사업을 시작하였고, 일부는 관광객의 매력자원으로 탈바꿈함으로써 관광객으로부터 돈을 벌었다. 그러나 가장 의미 있는 것은 많은 선박회사들이 크루즈운영으로 사업을 바꾸었다는 점이다.

선박회사들은 현대 항해의 생각을 발전시켜 나감으로써 필요는 실로 발명의 어머니가 되었다. 선박회사들이 항공기와 경쟁할 수 없다면 그들은 완벽한 휴가제공자로서 선박을 제공하여 리조트호텔과 경쟁해야 할 것이다. '거기에 가면 재미가 반절이다'는 '여기에 오면 재미가 가득하다'라는 것에 무릎을 꿇게 된다.

제 2 절

오늘날의 크루즈산업

01 크루즈의 발달

초기의 크루즈는 소수의 부유한 엘리트에게 서비스를 제공하였다. 그러나 1960년대 초반에 개발된 현대크루즈는 사회의 더 큰 부분인 관광객시장을 표적으로 삼았다. 크루즈를 더욱 알리기 위해 전통적인 3개 등급(퍼스트, 캐빈, 관광자)이 단 하나의 상위계층의 숙박시설을 위하여 없어지게 되었다.

크루즈회사들은 1960년대 이후 계속해서 고급의 대형여객선을 만들었으나 이들은 두 가지의 목적이 있었다. 여름 동안에 거점코스(point to point), 즉 한 지역에서 다른 지역으로 여객을 수송하고, 그리고 겨울 동안에는 남쪽지방을 항해하는 선박으로 운행하였다.

다음 단계는 연중 계속되는 크루즈의 발전이다. 1966년에 마이애미에서 바하마까지 운항하는 최초의 대량패키지이자 연중크루즈를 패키지화한 것은 노르웨이 캐리비언사였다. 카리브해가 주요 크루즈지역이 됨에 따라 뉴욕을 대신하여 마이애미가 재빨리 미국의 제일의 항구도시로 탈바꿈하였다. 로열 바이킹사(Royal Viking Line)와 로열 캐리비언 크루즈사(Royal Caribbean Cruise Line)와 같은 새로운 회사들은 카리브해 운항을 위해 특별히 고안된 선박들로 이 시장에 잠입하였다.

초기의 기술적인 개선은 운항속도의 증가와 선박규모의 증대에 초점을 두어 왔다. 크루즈의 개발에 따라 연료효율, 저운항비, 안락함에 개선의 중점을 두게 되었다. 배의 상부구조(배의 주요 선체 윗부분)를 위해 알루미늄을 사용하게 되어 새로운 배는 이전의 배보다 상당히 가벼워졌다. 그 결과 연료 소모가 훨씬 감소되었다. 또한 연료비는 디젤엔진의 사용에 따라 더욱 줄어들게 되었다.

승객의 안락함은 안전장치의 도입으로 인해 크게 증대되었고 배가 옆으로 흔들리는 것을 최소화하였다. 선박은 레이더의 발전으로 폭풍우 속에서도 확실히 조종할 수 있었다. 점점 크루즈용으로 배가 건조됨에 따라 갑판설비가 크게 개선되었다. 객실은 전체 개인욕실과 에어컨이 장착되어 표준화되었다. 더욱 많은 공간이 공동이용실과 이용시설에 할당되었다. 식당은 배의 높은 곳에 위치하고 있어 승객들은 식사하면서 바다의 풍경을 느긋하게 감상할 수 있게 되었다.

항해 중인 배의 펄럭이는 깃발을 보고 모든 배를 자국의 배라고 단정할 수는 없다. 다수의 크루즈선박은 소위 편의의 기(flag of convenience)를 달고 항해한다. 예를 들어 미국의 카니발 크루즈사(Carnival Cruise Lines)의 선박은 리베리아 국적으로 항해한다. 외국 국적으로 등록한 선박들은 노임을 줄이는 것이 가능하다. 또한 그들 원래의 국가에서 엄격한 통제와 높은 세금을 피하게 해준다.

02 크루즈여행의 범위

크루즈산업은 여행객의 다양한 동기・욕구・기대에 부응하기 위하여 선박의 유형 및 목적지를 다양화하였다. 항해노선은 알래스카의 경관이 뛰어난 해안으로부터 남극대륙의 얼음물까지 해상의 모든 노선을 항해하고 있다. 모든 욕구와 기록에 적합하도록 여행기간을 가능한 다양하게 설정하고 있다.

여행객들은 바하마에서 주말여행, 유럽의 강을 따라 유람하는 6일 여행, 지중해를 항해하는 2주 여행, 남미 주위를 항해하는 6주 여행, 세계를 일주하는 3개월 여행 중에서 선택할 수 있다.

03 세계크루즈여행

세계크루즈여행(월드 크루즈)은 시간과 돈에 여유가 있는 사람을 위한 일생의 휴가이자 최고의 여행이다. 3개월 동안 승객은 최상의 요리와 국제적인 환대, 최상의 개인적인 서비스를 받고 이국적인 항구에 정박하여 해변을 유람한다.

퀸 엘리자베스 Ⅱ호의 디럭스 스위트는 약 7,500$에서 100,000$를 상회하는 비용을 지불해야 한다. 그러한 가격은 비교적 제한된 세계크루즈시장에서 그리 놀랄 만한 가격은 아니다.

쿠나드사는 1922년 말 겨울에 라코니아(Laconia)호를 이용하여 최초의 공식 유람항해를 제공하였다. 최고급 퀸 엘리자베스 Ⅱ호와 조금 작은 사가표르드호(Sagafjord)는 오늘날 세계크루즈여행에 있어서 쿠나드사의 전통을 만들어냈다. 또한 영국의 P & O사와 네덜란드 소유의 홀랜드 아메리카사(Holland america) 등 두 개의 다른 회사에서도 세계크루즈여행이 제공되었다. 양사는 승객운송에 100년 이상의 역사를 자랑하고 있다. 영국의 사우샘프턴이 모항인 P & O사의 캔버라(Canberra)호와 뉴욕이 모항인 홀랜드 아메리카사의 로테르담(Rotterdam)호는 원래 대양횡단 정기선으로 건조되었으나 유람선으로 전환하였다.

세계크루즈여행은 일반적으로 1월 첫 주에 시작하여 4월 초에 끝난다. 도중에는 세계의 30여 항구를 돌며 항해한다. 모든 배들은 동쪽에서 서쪽 방향으로 항해하며, 보통 북대서양에서부터 파나마운하를 거쳐 태평양으로 그리고 인도양으로 항해하고 지중해의 수에즈운하를 통해 그 다음에 북대서양으로 되돌아온다. 일부는 약간 남쪽 루트를 택하는데 그러한 경우 남미와 남아프리카의 끝을 돌아 항해한다.

크루즈선박은 완전한 세계크루즈상품을 판매할 뿐 아니라 그 여행의 일부분을 판매하기도 한다. 이러한 방법으로 크루즈회사는 세계크루즈여행의 사치와 자극을 즐기고 싶지만 여정 전체를 즐길 여유가 없는 사람들을 위해 부분적인 크루즈상품을 제공하고 있다.

또 다른 공급자가 고객의 욕구를 확인하고 그 욕구를 만족시킬 수 있는 상품을 제공하였다. 대표적인 부분시장으로는 뉴욕－로스앤젤레스, 로스앤젤레스－싱가포르, 홍콩－싱가포르, 싱가포르－리우데자네이루, 사우샘프턴－바베이도스 등의 여정이다. 여행자들이 이 세계크루즈상품의 각 부분에 신청하도록 유도하기 위해 크루즈회사는 승선과 하선 항구에까지 항공수단을 연결하는 폭넓은 서비스를 제공하고 있다.

표 9-2 쿠나드사 퀸빅토리아 108박 월드크루즈 여정표

2014년 1월 4일 New York 출발
Southampton(사우샘프턴), 런던/영국 Lisbon(리스본), 포르투갈 Civitavecchia(씨비타베키아), 로마/이탈리아 Port Said(포트사이드), 이집트 Safaga(사파가), 이집트 Muscat(무스카트), 오만 Dubai(두바이), 아랍에미리트연방 Bombay(뭄바이), 인도 Phuket(푸켓), 태국 Penang(페낭), 말레이시아 Kuala Lumpur(쿠알라룸푸르), 말레이시아 Singapore(싱가포르) Laem Chabang(램차방), 방콕/태국 Vung Tau(붕따우), 베트남 Hong Kong(홍콩), 중국 Shanghai(상해), 중국 Nagasaki(나가사키), 일본 Yokohama(요코하마), 일본 Rabaul(라바울, 뉴브리튼섬), 파푸아뉴기니령 Whitsunday(위트선데이 아일랜드), 퀸즐랜드/호주 Auokland(오클랜드)/뉴질랜드 Bay of Isles(베이오브아일즈), 뉴질랜드 Sydney(시드니), 호주 Adelaide(아델라이데), 호주 Fremantle(프리맨틀), 호주 Port Louis(포트루이스), 모리셔스 Durban(더반), 남아프리카공화국 Cape Town(케이프타운), 남아프리카공화국 St Helena(세인트헬레나), 영국령 해외영토 Rio De Janeiro(리우데자네이루), 브라질 Barbados(바베이도스) Fort Lauderdale(포트라더데일), 플로리다/미국 New York(뉴욕), 미국
2014년 4월 21일 Southampton(사우샘프턴), 런던/영국
1인당 요금 : $89,000~17,884 (Government Taxes and Fees : 489.87)

04 단기크루즈여행

단기크루즈여행은 선박산업의 근간이며 단연 승객이 가장 많은 여행이다. 태양과 즐거움(sun and fun)을 강조하는 난류항해는 가장 인기가 있다. 또한 최근에는 알래스카행 루트에 여행자가 크게 증가하고 있다.

1) 카리브해

카리브해는 1960년대에 현대 유람산업이 최초로 발전한 지역이고 관광객들에게 가장 인기 있는 지역이다. 카리브 지역에는 여러 열대섬들이 있는데 5~6개의 섬을 유람하는 데 1주일가량 걸린다. 카리브해의 유람은 태양 아래서 휴식하고 목적지에서 약간의 지역문화를 경험하기를 원하는 관광객에게 소구하고 있다. 카리브해가 비록 이국적인 매력을 제공하고 있지만 전혀 이질적인 문화를 경험하는 것을 원치 않는 미국여행객들에게는 아직까지 친숙하고 매우 안전한 곳이다. 이것은 일본이나 동남아시아에 한국인들이 많이 여행하는 이유와 유사하다고 볼 수 있다.

서카리브해의 섬들은 마이애미, 에버글레이즈(Fort Everglades), 로더데일(Fort Lauderdale), 탬파(Tampa) 등의 플로리다주 항구에서 배로 하루나 이틀 걸린다. 바하마제도의 낫소(Nassau)는 빈번히 방문하는 목적지의 하나이다.

푸에르토리코의 산 후안(San Juan)은 버진 섬(Virgin Islands), 과들루프(Guadeloupe), 마르티니크(Martinique), 바베이도스(Barbados), 기타 동카리브해의 섬들을 항해하기 위한 크루즈 기지이다. 버뮤다행 1주일 크루즈여행은 뉴욕을 출발하여 3박 4일 일정이다.

초기의 선박들은 단지 겨울철 몇 달 동안만 카리브해안으로 항해하였고 그 여정은 일반적으로 1주일간의 유람이었다. 겨울철이 아직도 가장 바쁜 계절이지만 지금은 많은 카리브해의 크루즈가 연중으로 항해하고 있으며 2~14일간 여정의 다양한 크루즈상품을 제공하고 있다. 최근에는 3~4일간의 여행이 대단한 인기를 끌고 있다.

카리브해에는 30개 이상의 회사가 운행되고 있고 1973년에 시작한 카니발 크루즈사(Carnival Cruise Lines)가 카리브해에서 가장 활발하게 영업하는 회사 중

하나이다.

크루즈사는 '세상에서 가장 인기 있는 크루즈회사(The most popular Cruise Line in the World)'라고 자사를 표방하고 있고, 평상시 분위기와 활동적인 선상프로그램을 주축으로 한 레크리에이션에는 어느 곳보다 확실하다는 것을 강조하고 있다. 또한 크루즈사 7개의 선박은 '즐거운 배(Fun ship)'라고 광고하고 있다.

2) 멕시코 리비에라

멕시코 리비에라는 북미의 서해안 항구로부터 항해하기에는 가장 인기 있는 목적지의 하나이다. 이곳은 최근 몇 년 동안 크루즈산업에서 가장 빠르게 성장한 지역 중 하나였다. 현재 12개 이상의 크루즈회사가 멕시코 서해안에서 정규노선을 운행하고 있고 마자틀란(Marzatlan), 푸에르토 발라타(Puerto Vallarta), 아카풀코(Acapulco)와 같은 항구의 매력과 태양 아래서의 즐거움을 한층 더해주고 있다. 최근 대부분의 항해는 7일 이상이고 겨울과 봄에 로스앤젤레스에서 출발한다.

3) 운하통과

다수의 크루즈노선은 멕시코 리비에라와 카리브해 양쪽 모두를 항해하는 크루즈상품을 제공한다. 승객들은 이같이 인기 있는 두 지역을 항해하는 경험뿐 아니라 파나마운하를 통과하는 경험을 얻게 된다. 그렇기 때문에 이러한 크루즈를 운하통과 크루즈(Trans-Canal Cruise)라 부르고 있다. 로스앤젤레스나 아카풀코, 로더데일 항구 사이의 전형적인 항해기간은 열흘 정도이다. 장기 크루즈 항해는 캐나다 밴쿠버에서 개시되고 종료된다.

4) 알래스카

선박들은 겨울철 동안에 로스앤젤레스로부터 남하하고 여름에는 때때로 알래스카로 북상한다. 알래스카항해는 크루즈시장에서 가장 급속도로 성장한 지역이다. 알래스카 크루즈는 행복하고 재미있는 항해와는 다른 시장을 표적으로 삼고 있다. 승객들은 전형적으로 태양보다는 모험을 더 좋아하는 자연주의자이거나 고래구경꾼이거나 자연환경보호 운동자들이다.

밴쿠버 출발의 7일간의 크루즈상품은 장관인 국립빙하공원 유적지(Glacier Bay

National Monument)를 항해하여 케치칸(Ketchikan), 스카그웨이(Skagway), 주노(Juneau), 시트카(Sitka)와 같은 북부항구에 정박한다. 14일간의 알래스카 크루즈상품은 로스앤젤레스와 샌프란시스코에서 출발한다.

5) 하와이 섬

현재 미국 본토에서 하와이 간의 왕복크루즈 노선은 없지만 캘리포니아와 하와이 간 크루즈는 계획단계에 있다. 그러나 호놀룰루는 로스앤젤레스나 샌프란시스코를 출발하는 장기 남태평양여행의 정박항구가 되기도 한다.

아메리칸 하와이언 크루즈(American Hawaiian Cruises)사는 1979년에 영업을 개시하여 연중 7일간 크루즈로 하와이의 주요 항구에 정박한다. 크루즈회사 측은 출발과 귀환항인 호놀룰루 이외에서 참가하는 사람들을 끌어들이기 위해 항공・크루즈(Air・Cruise) 패키지를 제공하고 있다.

6) 미국 동부

뉴잉글랜드 해변가는 많은 사람들 특히 연금생활자의 매력을 끌고 있다. 이 지역에서 운항되는 크루즈는 소형이고 최대수용인원은 100명이다. 연안크루즈는 호화로운 카리브해 크루즈나 멕시코 리비에라 크루즈보다 대체로 조용하다. 거기에 승선한 승객은 노년층이 대부분이어서 디스코와 같은 유형의 떠드는 오락은 거의 필요 없다. 이러한 여행자들은 상기와는 다른 동기, 욕구, 기대를 갖고 있다는 점을 주시할 필요가 있다.

계절크루즈는 메인주로부터 플로리다주 키(Key)해안까지 동부 연안을 따라 운항된다. 이스트 코스트를 따라 도는 전체항해의 여정은 2~3주가량 걸린다. 크루즈항해의 초점은 경치와 역사적인 해안도시에 있다. 뉴잉글랜드, 체사피크만(Chesapeake Bay), 발티모어와 사바나(Savannah) 간의 인터코스탈 워터웨이(Intercoastal Waterway), 플로리다의 짧은 항해 또한 가능하다. 여름에 이스트 코스트를 항해하는 많은 크루즈는 겨울에는 남하하여 카리브해에서 운항한다.

7) 지중해

지중해는 유럽의 주요 항해지역이며 카리브해 다음으로 가장 인기 있는 목적지이다. 크루즈선박은 동부와 서부지중해에 집중되어 있다. 약간의 선박이 그 전 노선을 운항하고 있다. 동부지중해는 카리브해와 유사한 이점을 제공한다. 이 지역은 또한 역사적인 고장이기도 하다. 문화는 지중해 유람여행자가 태양을 즐기는 것과 동등할 만큼 강한 동기가 되고 있다.

아테네 항구도시인 피라에우스(Piraeus)는 대부분 동부지중해를 항해하는 그리스 크루즈의 주요 출발지이다. 카리브해의 선박회사와 마찬가지로 이 지역의 크루즈도 여행 첫 경험자를 끌려는 시도로써 3~4일 여정의 유람을 제공하기 시작하였다.

서부지중해 항해는 대체로 제노아(Genoa)를 출발하여 바르셀로나, 지브롤터, 마조르카(Majorca), 미노르카(Minorca), 그리고 북아프리카 해안의 항구에 기항한다.

8) 북유럽

노르웨이의 노스 케이프(North Cape)는 유럽의 알래스카와 같은 존재이다. 알래스카처럼 그 주요한 매력은 노르웨이 서해안의 장관인 피오르(fjords) 경치이다. 크루즈는 6월에서 8월까지의 짧은 시즌 동안에 코펜하겐, 함부르크, 베르겐(Bergen), 브레머하벤과 같은 항구로부터 7일, 10일, 14일 예정으로 출발한다. 선박들은 트롬소, 하마페스트와 같은 먼 북쪽의 노르웨이 해안을 거슬러 올라간다. 일부 선박들은 더 항해하여 바렌트해(Barents Sea)로 들어간다.

코펜하겐과 함부르크는 또한 발트해에서 항해하는 출발거점이다. 여기에는 경치보다는 레닌그라드, 헬싱키와 같은 활력 있는 항구도시를 방문하는데 더욱 중점이 두어지고 있다.

9) 리포지셔닝 크루즈(repositioning cruise)

앞바다 항해의 주목할 만한 점은 리포지셔닝 크루즈이다. 유람산업의 계절적인 성격 때문에 시즌 간에 많은 선박들이 한 지역에서 다른 지역으로 이동해야만 한다. 선박회사는 겨울에 카리브해에서 그리고 여름에는 지중해나 북유럽에서 항해하도록 이동하기도 한다. 겨울이 끝날 무렵 대서양을 빈배로 건너는 것보다 리포지셔닝 크루즈는 특별한 항해로서 판매가 될 것이다. 리포지셔닝 크루즈는 또한 멕시코 리비에라, 알래스카, 그리고 카브리해와 이스트 코스트 간이 일반적이다.

05 테마 유람 · 특별흥미 유람

1) 내용

많은 대형크루즈 회사들은 종종 특별한 테마(주제)를 중심으로 해서 테마크루즈(Theme Cruise)을 제공함으로써 자사의 상품 다양화를 시도하고 있다. 프랑스 소유의 Croisières Paquet 선박은 1968년에 바다에서 여러 차례 클래식음악 페스티벌을 개최한 테마크루즈의 선구자이다.

표 9-3 크루즈의 시설 및 서비스 내용

시설 및 서비스	시설 및 서비스 내용
선상프로그램	하루의 모든 행사, 식사일정, 쇼핑뉴스, 기후관계, 스태프인사, 방문지역 및 기항지 관광 안내, 특별이벤트, 파티, 뉴스 등에 대하여 매일 발행되는 프로그램으로 전날 여행객 선실로 배달
객실시설	일반적으로 인사이드 객실, 아웃사이드 객실, 디럭스 객실, 스위트객실로 크루즈 선사에 따라 1~5인용까지 있음
식음료	레스토랑, 뷔페식당, 라운지
각종 레저시설	탁구, 농구, 배구, 테니스, 조깅트랙, 골프스윙 연습장, 수영장 등
각종 부대시설	면세점, 바, 영화상영관, 사우나, 스파, 피부미용실, 게임 방, 어린이 놀이방
편의시설	프린트 시설, 24시간 룸서비스, 메디컬센터, 사진촬영, 우편물서비스

다른 선박들도 마케팅 수단으로써 테마크루즈의 가치를 재빨리 깨닫고 광범위한 특별한 흥미에 적합한 특별흥미 크루즈(Special-Interest Cruises)여행을 개발하기 시작하였다.

2) 종류

테마크루즈는 여러 여행자의 다양한 동기를 반영하여 여러 종류로 나눌 수 있다.

① 오락적 테마크루즈(스포츠, 서양 주사위놀이, 브리지)
② 문화적 테마크루즈(고전음악, 오페라, 영화 및 극장 페스티벌)
③ 교육적 테마크루즈(역사 강연, 전문연수 프로그램 등)
④ 건강지향형 테마크루즈(다이어트, 운동, 온천, 사우나)
⑤ 취미지향형 테마크루즈(우표수집, 사진, 미식 요리, 포도주 맛 탐방, 살인 미스터리)

3) 관련기업과 표적시장

대부분의 선박들은 테마크루즈에서의 강연과 동승에 유명인사의 초청을 시도하고 있다. 예를 들어 프랑스의 Croisières Piquet는 1987년에 31번째 음악축제항해에 바이올린 연주가 이삭 스턴(Isaac Stern)과 플루트연주가 진피에르 람팔(Jean Pierre Rampal)과 같은 국제적으로 잘 알려진 연주가들로 인기물을 기획하였다.

이러한 빅 이벤트를 개최하는 회사들도 있지만 또한 단지 모험과 아카데믹 크루즈만을 기획하는 소규모회사들도 다수 있다. 그러한 회사들은 모험 및 연구를 강조한다. 초청된 학자들은 주제와 관련된 역사, 동물학, 식물학, 건축학, 인류학을 강연한다.

강사들은 강의를 받는 승객들에게 숙제를 완성하도록 요구하기도 한다. 이것은 재미(fun-in-the-sun) 유형의 크루즈와 완전히 대조되는 것이다. 명백히 이러한 고도의 특별한 항해는 난류(Warm Water)항해보다 전적으로 상이한 시장을 표적으로 하고 있다.

모험과 학구적인 크루즈여행은 일반적으로 150명 이하의 승객을 수용하고 대형크루즈가 접근하기 어려운 지역을 돌아볼 수 있도록 설계되어 있다. 살렌 린드블라드(Salen Lindblad) 크루즈회사는 모험과 학구적인 여행시장에서 리더 기업이다. 최근에 스웨덴 국적 크루즈회사는 북극과 남극, 중국과 극동, 갈라파고스 섬(Galapagos Islands)까지 크루즈상품을 제공하고 있다. 또한 다수의 미국적 회사로는 Exploration Cruise Line, Society Expeditions와 Special Expeditions 등이 있다.

06 화물선 항해

세계크루즈시장에는 전 세계 여행에 한정된 수의 승객에게 숙박시설을 제공하는 80여 척의 화물선(Freighter)이 크루즈항해에 보조적인 활동을 하고 있다. 그 명칭으로 알 수 있듯이 화물선은 주로 화물수송에 종사하지만 승객수송은 추가수입의 중요한 근원이 되고 있다.

화물선 항해는 대형크루즈의 다수의 군중을 피하려는 여행자에게 하나의 선택안이다. 화물선은 최대 12명의 승객을 수송한다. 만약 승객을 더 태우면 의사를 승선시킬 의무가 발생한다.

항해는 어느 곳이든 보통 1개월에서 4개월간 계속된다. 그렇게 많은 시간이 없는 여행자는 긴 항해의 일부분만을 구입할 수 있다. 화물선 항해의 주요 매력은 정기항해선에서는 좀처럼 방문할 수 없는 항구에 들른다는 점이다.

화물선의 선실은 항해선박의 선실처럼 크고 안락하고 가격도 적정한 편이다. 부정적인 측면은 선상의 오락 및 시설이 극히 한정되어 있다는 점이다. 스케줄과 항로 또한 사전 예고 없이 변경될 수 있다. 유람여행을 즐기도록 가능한 노력을 기울이지만 주사업은 화물을 운반하는 것이지 승객의 욕구를 충족시키는 데 있는 것은 아니다. 이러한 이유로 화물선은 예를 들어 카리브해 크루즈여행자와는 동기, 욕구, 기대가 다른 더욱 모험적인 여행자를 위한 선박이라고 할 수 있다.

07 강 크루즈

강 유람은 해안선 유람과 공통점이 많다. 이 두 가지 유형의 항해에서 선박은 해안가에서 멀리 떨어지지 않는다. 승객들이 항상 구경할 수 있는 경치가 있어야 하고 먼 바다 크루즈와 같은 다수의 오락은 필요치 않다. 강의 유람은 해안선 유람처럼 55세 이상의 단체에게 더욱 매력 있는 편이다.

미시시피강은 북미에서 유람여행으로 가장 인기 있는 강이다. 증기선 시대의 절정기에 수많은 외륜선이 미시시피강을 정기적으로 왕복운항하였다. 오늘날에는 두 가지가 있는데 오래된 증기보트인 델타 퀸(Delta Queen)과 현대식 자매선인 미시시피 퀸(Mississippi Queen)이 있다. 이 두 종류의 선박은 델타 퀸 증기선박회사에 의해 운항되고 있고 일 년 내내 미시시피강과 오하이오강을 2일에서 12일 스케줄로 운항하고 있다.

단기유람은 뉴올리언스에서 출발하여 남북전쟁 이전에 지은 대저택 엔테벨럼 맨션(Antebellum Mansion)과 미시시피강 하류의 역사적인 강가도시(river-boat)인 베이톤 라우지(Baton Rouge), 나체즈(Natchez), 빅케버그(Vickeburg)에 기항한다. 장기유람은 세인트루이스주의 멤피스와 미시시피주의 세인트 폴, 오하이오주의 신시내티와 피츠버그를 들린다. 계절적인 유람항해는 허드슨, 세인트로렌스와 북서태평양의 강 유역에서 제공되고 있다.

유럽의 수로에서는 4월과 10월 사이의 몇 달간 크루즈가 운행하고 있다. 호화 선박들은 200명의 승객을 태우고 라인강, 모젤강, 다뉴브강, 볼가강, 돈강을 항해한다. 소형 짐배(거룻배)는 영국과 프랑스의 조그마한 강과 운하를 따라 엔진소리를 내며 운행한다.

더욱 이국적인 강 보트유람은 이집트, 중국, 남아메리카에서 경험할 수 있다. 이것들은 대양의 모험항해를 즐기는 유형의 여행자들을 끌고 있다. 힐튼 인터내셔널과 린드블레이드 트레블은 일 년 내내 파라오신전과 이집트왕 무덤의 주요 매력물인 나일강을 항해하고 있다. 또한 린드블레이드사는 3월과 11월 사이에 중국의 양자강을 따라 3일에서 7일간 유람을 제공하고 있다. 620명의 승객을 태운 Sun Line Cruises사의 스텔라 솔라리스(Stella Solaris)는 모든 항해 행선지 중 가장 이국적인 곳 중의 하나인 아마존강을 항해한다.

08 요트 차터

요트는 승무원이 동승하거나 승무원 없이 전세된다. 전자, 즉 승무원 동승의 경우는 요트를 전세내는 그룹의 사람들이 여정을 결정하지만 실질적인 항해는 직업적인 선원에게 맡겨진다. 그러나 승객들에게 때때로 항해강습이 행해진다. 후자, 즉 승무원이 탑승하지 않는 경우는 자신의 배를 운항해 본 경험이 있는 항해자 그룹에게 전세되는 것을 말한다.

카리브해는 주요 요트 전세지역이다. 그리고 그리스섬과 뉴잉글랜드 해안에서 요트 전세가 이용되고 있다. CYBA(Charter Yacht Brokers Association)는 미국과 해외요트 소유자를 대표한다. 이 협회는 전세의 도매업자로 활동하고 있다.

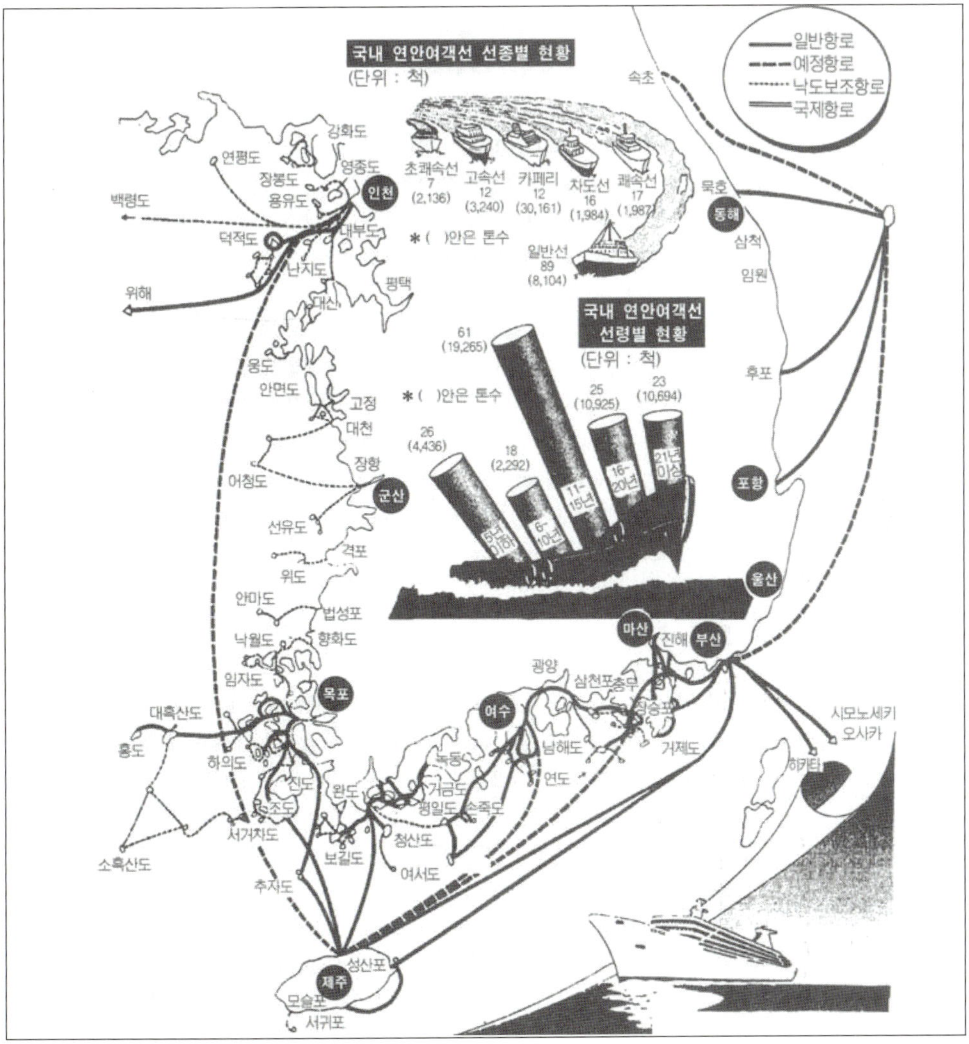

그림 9-1 여객선 항로도

제 3 절

크루즈산업에서 직업적 성공기회

크루즈산업에서의 직업기회는 다양하다. 그러나 주로 선상보다는 육상에서의 직업기회가 많다.

01 선상직원

크루즈 선상직원에는 두 가지 부류, 즉 선박승무원, 객실승무원이 있다. 선박승무원은 선박의 기계적인 운영을 담당한다. 객실승무원은 선박의 객실부문에서 리조트호텔의 직원의 업무와 유사한 일을 담당한다.

1) 선박승무원(Ship's Crew)

선장은 선상에서 가장 중요한 인물이다. 그는 배 전체를 책임을 지며 승객 및 선원의 안전과 선박의 운영에 책임이 있다. 일등급, 이등급, 삼등급 항해사 및 선장 보조가 있기도 한다.

기관사는 배의 엔진과 기타 기계장비의 운영 및 유지를 담당한다. 기관장은 기관부문을 감독한다. 무선사는 구두언어와 Morse Code(모스부호)로 육지나 타선박과 교신한다.

사무장(Purser)은 배의 사무작업과 금전출납을 담당한다. 그는 예를 들어 여행자수표를 환전하거나 세관 및 입국정보를 제공하고 해안여행상품을 판매하기도 한다. 대형크루즈에는 여러 명의 보조사무장이 있기도 한다.

갑판선원은 갑판장비를 담당한다. 그들은 항해사의 지시에 따라 정박과 출발, 항진 시에 밧줄과 계선용구를 다룬다. 일반선원은 갑판선원을 돕고 배의 갑판장비와 전 직원의 숙소를 청소하고 유지한다.

2) 호텔크루(Hotel Crew)

호텔크루는 대부분의 크루즈에서 선원보다 매우 많은데, 그것은 특히 다양한 서비스와 오락활동에 종사하는 직원이 많이 필요하기 때문이다.

크루즈는 흔히 선상에서 전 호텔서비스를 원활하게 운영하는 데 책임을 지는 호텔매니저를 고용하고 있다. 호텔매니저는 육지의 투어 에스코트와 유사한 기능을 담당하는데 고객의 사교적·오락적 활동을 준비하고 감독한다. 그는 항상 수많은 부하직원들의 도움을 받는다.

접객부문(Steward Department)은 대부분의 크루즈에서 갑판이나 엔진부문보다 더 많은 종업원이 있다. 객실종업원은 호텔객실 메이드와 동일한 일을 맡는다. 그들은 객실청소 및 침구정리 등을 한다. 식당종업원은 식당과장의 엄격한 감독하에 일을 하게 된다. 주류담당자(wine stewards)는 테이블에 와인을 제공한다. 야간담당자(night stewards)는 룸서비스를, 갑판담당자(deck stewards)는 갑판의자를 정비하고 갑판에서 음료를 제공하며 그 밖에 승객의 편의를 제공한다. 식음료 매니저는 선상의 사적인 파티를 계획하고 제공한다.

선박의 크기와 여행기간에 따라 수많은 서비스업무가 필요할 것이다. 여기에는 세탁담당자, 미용사, 바텐더, 헬스강사, 사진사, 연예인, 기타 직원이 있을 것이다. 12인 이상의 승객을 태우는 크루즈에는 의사가 동승해야 한다. 또한 대형선박에는 의사 이외에도 간호사가 필요할 것이다.

02 육상직원

크루즈의 일반적인 육상근무직원은 여러 부문으로 나누어진다.

- 세일즈와 마케팅
- 개인 예약담당
- 단체세일 및 예약담당
- 항공 · 유람(fly · cruise)
- 티케팅
- 회계
- 경영정보
- 컴퓨터 자료처리
- 시스템 분석

육상근무에서 입문수준의 직위는 주로 예약계와 전화세일즈담당이다. 많은 크루즈의 예약과 단체부문은 항공사나 투어 오퍼레이터의 업무와 거의 유사하다. 또한 크루즈는 전문적이고 지역적인 판매부대를 두고 있다. 그 세일즈맨들은 여행사, 단체와 투어 기획가, 기타 중간업자에 표적으로 삼고 있다. 그들은 일반인들에게 직접 판매하지 않는다.

직원들은 예약 및 세일즈의 입문수준의 직위로부터 세일즈, 단체, 항공 · 유람부문 또는 마케팅부문에서의 감독자 지위로 승진할 수 있다.

표 9-4 크루즈산업에서 직업기회

직 업	필 요 교 육 수 준	승 진 기 회
선상직원(Ship's Crew)		
일반선원	전문대졸 이상	갑판장
사무장	해양학교 졸업자, 연안 경비 자격증	대형선박의 수석 사무장
무선사	해양대학 졸업자, 연안 경비 자격증, 통신사 자격증	대형선박의 수석 무선사
기관사	해양대학 졸업자, 연안 경비 자격증	3등기관사에서 2등기관사 또는 일등기관사, 수석기관사
선장	항해사학교 출신자, 연안 경비 자격증, 갑판 경력자	자신의 배의 항해사 또는 크루즈의 항해사

직업	필요교육수준	승진기회
호텔크루(Hotel Crew)		
객실웨이터	특별한 교육자격 없음	수석 웨이터
식당웨이터	현장 실습교육	수석 웨이터
요리사	전문대졸, 현장 실습교육	주방장
연예부장	레크리에이션 교육이나 체육학 전공자나 관련자 상담경력이나 서비스경력자	호텔지배인
식음료지배인	대졸, 관련업종의 경력자	식당지배인
육상직원(Ashore Member)		
판매와 마케팅	전문대졸, 현장 실습교육	판촉부서장
예약업무담당자	전문대졸, 현장 실습교육	예약업무부서장
항공・크루즈 업무자	전문대졸, 현장 실습교육	담당 부서장
회계사	경영 및 회계전공자, 대졸	경리 부서장

제10장

육상교통업

제1절 철도산업

제2절 버스사업

제3절 자동차 대여업

제4절 육상교통업에서 직업적 성공기회

항공교통수단의 발달에도 불구하고 육로에 의한 여행은 아직도 인간의 이동에 있어서 중요한 역할을 담당하고 있다. 육상교통산업의 여러 종류, 이를테면 철도사업, 버스사업, 자동차 대여사업 등은 전 세계 여러 나라에서 현재 교통수단으로써 중요한 역할을 하고 있다. 그러나 자동차 대여사업을 제외한 모든 것들은 제2차 세계대전 후 이 분야의 선진국인 미국에서 쇠퇴한 경험을 갖고 있다.

제2차 세계대전 후 항공수송에 승객을 빼앗겼고 더욱 중요한 것은 자가용승용차의 증가로 인하여 많은 승객을 잃게 되었다는 것이다. 현재 미국에서 도시 간을 여행하는 사람들의 85%가 자동차를 이용하고 있다.

여객열차사업은 재조직화를 통해 겨우 명맥을 유지하고 있으며 시내버스나 고속버스운행과 같은 예정일정표 서비스에 대한 감소를 상쇄하기 위해 전세버스와 관광사업 쪽으로 전환하고 있다.

전통적인 서비스와 함께 새로운 서비스는 변화하는 환경 속에서 여행자들의 욕구에 맞는 상품을 공급하기 위해 육상교통산업의 방향을 바꾸고 있다.

제 1 절

철도산업

01 철도의 발전사

1) 초기의 철도

철도의 역사는 오래전으로 거슬러 올라간다. 16세기 초 말에 의해 동력을 공급받았던 초기의 철도는 석탄과 철, 목재 등을 운반하는 데 사용되었다. 1763년 와트가 증기기관을 발명한 후 철도의 역사는 시작되었다고 볼 수 있다. 그 후 디젤기관의 발명, 전기기관차의 개발, 고속전철의 개발로 이어진다.

현대철도의 시초는 19세기 초 증기엔진이 발명된 이후로 보고 있다. 1804년 영국에서 세계 최초의 증기기관차가 사람이 걷는 것보다 약간 빠르게 시간당 5마일의 속력으로 9마일의 선로를 따라 칙칙폭폭 소리를 내며 운행하였다.

2) 철도사업의 개시

증기기관차의 개념이 대서양을 건넜으며, 1829년에 사우스캐롤라이나 캐널과 철도(South Carolina Cannel and Rails)에 대한 업무가 시작되었다. 미국에서 정기적으로 승객을 태운 이 열차는 사우스캐롤라이나주 찰스턴에서 조지아주 함부르크까지 136마일의 거리를 달렸다. 당시로서는 놀라운 사건이었다.

비록 극소수의 사람들만이 철도산업이 운하교통수단에 성공적으로 경쟁할 수 있다고 믿었고 선견지명이 있는 기업가들은 철도사업에 뛰어들어 노선을 확장시켰다. 1835년에 운행 중인 철로의 길이는 1,000마일이었으며 1850년에는 9,000마일로 증가하였다. 초기의 대부분의 철도사업은 뉴잉글랜드와 미국 애틀랜타주에 집중되었고 그 지역의 욕구에 봉사하기 위해서 세워졌다.

미연방정부가 철도사업개발을 위해 각 주의 땅을 제공하는 정책을 실시한 1850년대에 이 모든 것들은 변화했다. 주는 지방철도회사에게 땅을 분양했으며 철도건설비를 마련하기 위해 정착민들에게 땅의 일부를 팔았다. 철도노선은 정착민이 없는 서부지역까지 확대되었으며 선로가 만들어진 곳은 어디나 새로운 공동사회가 생겨났다.

3) 대륙횡단철도

1869년 5월 10일 유타주 프로몬토리 포인트(Promontory Point)에서 정부고관들과 철도건설자들은 유니온 퍼시픽 노선(Union Pacific rail lines)과 센트랄 퍼시픽 노선(Central Pacific rail lines)이 연결되는 것을 표시하기 위해 캘리포니아 정치가가 금장못을 두들겼을 때 박수를 치며 환호하였다.

이로써 대륙횡단철도(Transcontinental Line)가 완성되었다. 그로 인하여 예전에 철도로 한 달 걸렸던 뉴욕에서 샌프란시스코를 6일 만에 여행할 수 있게 되었다. 19세기 말에는 4군데의 철도가 동부와 서부의 해안과 전국교통 네트워크에서 소외된 지역들을 연결하면서 전국으로 뻗어 나갔다.

4) 철도의 황금시대

계속해서 열차는 더욱 안전하게, 더욱 빠르게, 더욱 편안하게 발전되었다. 일부 열차는 조금은 사치스러웠다. 1900년까지 열차는 전깃불, 증기히터, 침대칸, 식당, 세면대 등 현대생활에 있어서 쾌적함을 제공할 수 있었다. 열차여행은 더 이상 한 지역에서 다른 지역으로 단순히 이동하는 교통수단으로만 간주되는 데 그치지 않았다. 열차의 탑승은 확실히 즐거운 경험이 되었다.

승객들은 20세기 열차(Twentieth Century Limited), 초호화 열차(Super Chief), 제국건설자(Empire Builder)와 같은 이름이 붙은 열차를 타고 목적지까지 이동하는 동안 여러 가지 오락을 즐길 수 있었다. 철도회사들은 막대한 이윤을 올렸고, 노선의 길이는 1916년에 25만 4천 마일로 최고에 달하였다.

5) 경쟁시대

1920년대 철도사업은 비교적 번영을 누렸지만 또한 다른 교통수단으로부터 경쟁상대가 나타나게 되었다. 자가용승용차와 도시 간을 연결하는 버스운송의 발전은 열차승객의 수를 감소시키는 주요 요인이 되었다. 동시에 트럭운송사업은 철도사업이 독점하고 있던 화물수송에 도전하게 되었다. 불경기 속에서 철도사업은 막대한 금액을 손해보았고 몇몇 회사는 파산하게 되었다.

제2차 세계대전으로 인해 일시적인 호전상태를 보였으나 그 이후 철도사업은 큰 어려움을 겪게 되었다.

6) 철도사업의 쇠퇴

1950, 60년대에 도시 간을 연결하는 철도사업은 급속도로 쇠퇴하였다. 1980년대에는 자동차 여행자(철도를 이용)를 포함하여 철도사업이 차지한 승객 마일수의 점유율은 1% 이하로 떨어졌다. 그 쇠퇴요인은 다음과 같다.

열차여행 쇠퇴의 주 요인은 의심할 여지없이 자동차 소유자의 증가이다. 1929년 미국에서 5명 중 1명은 차를 소유하고 있었다. 오늘날에 그 숫자는 2명 중 1명으로 변하였다.

철도사업 쇠퇴의 또 다른 중요한 요인은 항공사업이 계속 성장하고 있다는 점이다. 장거리 항공노선이 서비스를 시작한 후 열차에 의한 것보다 항공기에 의한 여행이 더 빠르고 때때로 경제적이어서 보스턴과 워싱턴 사이의 동부지역 및 다른 중거리 노선에서 열차여행에 경쟁할 수 있게 되었다.

철도사업의 세 번째 쇠퇴요인은 재정적 구조에 기인한다. 열차정규요금은 다른 교통수단에 비해 비싼 편이었다. 열차는 장비 유지 및 노동력에 많은 돈을 소비한다. 정부와 사기업 간에 정치적 역할 분쟁은 이 사업에 있어서 커다란 문제점으로 등장하였다.

해마다 거액의 적자를 낸 많은 철도회사들이 1959년부터 60년대에 들어서 파산하기 시작하였다. 다른 회사들은 비효율적인 서비스를 개선하면서 겨우 명맥을 유지하였다. 일부의 비관론자는 1970년대에는 여객철도운송이 종말을 맞이할 것이라고까지 예언하였다.

미연방정부가 철도사업을 국유화하고 경영해야 한다고 믿는 사람도 있었다.

반면에 이 계획에 대한 반대자는 다른 나라에서 철도사업을 국유화하여 경영하였으나 큰 손실을 보았다는 것을 지적하였다. 그러나 이 계획은 결국 합의가 되었다.

02 한국철도의 발달

1899년 5월 4일 오후 3시 동대문과 홍화문 사이로 전기를 이용한 수레가 기어가기 시작하였다. 지금은 빛 바랜 추억의 갈피 속에서나 나옴직한 전차가 첫선을 보였다. 정부의 고관귀족들이 멋을 한껏 부린 채 시승했고, 갑남을녀들이 홀린 눈으로 이 광경을 지켜보았다. 철로 주변에는 병정 3백 명과 순검 2백50명이 행여 발생할 사고에 대비해 경계 서는 풍경이 펼쳐졌다.

장안 한복판으로 시속 8km로 들어온 전차는 대중교통의 혁명을 몰고 온 셈이었다. 갑오경장(1894) 이래 소개된 인력거나 자전거는 견줄 바가 아니었다. 40인승 두 칸으로 연결된 이 전차는 밖을 내다볼 수 있게 유리창을 달았고 내부는 방과 마루로 구성되었다.

전차는 개통 후 보름 동안 점검을 마친 뒤 5월 20일부터 일반인에게 공개되었다. 오전 8시부터 오후 6시까지 '땡땡' 울리며 운행한 전차는 어느 골목에서나 승객이 손만 들면 태워주었다. 물론 청량리까지 엽전 닷 돈 등 구간에 따라 요금의 차등이 있었고 차장도 있었다. 경향 각지에서 전차를 한번 타보기 위해 사람들이 몰려들어 하루 평균 승차인원이 2천1백70명에 달했다고 한다(당시 서울인구는 약 21만 명이다).

이후부터 전차는 70년간 장안의 명물로 인기를 누렸다. 그러나 1968년 말 전차는 폭주하는 자동차에 밀려 끝내 서울의 거리에서 사라지고 말았다. 그리고 5년쯤 뒤부터는 땅 밑으로 사촌뻘인 전기를 이용한 지하철이 달리게 되었다.

우리나라 철도의 속도는 1899년 경인선이 개통될 당시 50km/h로 운전을 시작하여 1985년 새마을호가 평균속도 107km/h로 서울－부산 간을 운행한 바 있으며 최고속도는 152km/h를 기록한 바 있다. 그리고 KTX는 코레일이 운영하는 우리나라 고속철도 체계의 통칭이다. 열차와 관련된 기술은 주로 프랑스 테제베(TGV)에 기초를 두고 있으며, 제13편성부터는 프랑스의 알스톰사와 라이선싱 계약을 하여 우리나라의 현대로템에서 제작하였다.

코레일은 대전, 대구 시내구간을 제외한 전 구간을 고속화하여, 서울-부산 간을 2시간 10분에 주파하는 것을 목표로 하고 있다.

03 미국의 철도

1) 암트랙의 탄생과 발전

미국정부는 사철의 쇠퇴로 인하여 반(半)공공적이고 정부보조인 국가철도여객회사(National Railroad Passenger Corporation)를 1970년에 만들었다. 이로써 미국 철도사업은 새로운 국면을 맞이하게 되었다. 암트랙(Amtrak)으로 더 알려진 이 기관은 철도사업 참가자의 자본금과 연방보조금에 의해 공동재정으로 설립되었다. 그 목적은 서비스를 개선하고 비효율적인 노선을 제거하는 것에 의해 철도여행에 대한 일반인의 신뢰를 회복하는 데 있었다.

암트랙은 1971년 거의 모든 도시 간을 잇는 여객열차사업을 인수하였다. 암트랙이 운영을 개시한 당시 22개의 대형여객열차 사업체 중 18개가 이 기관에 합류하였다. 다른 4개 사(社)는 1983년에 합류하였다.

경영합리화의 첫 단계로서 암트랙은 노선과 운행서비스를 반으로 줄였다. 운행서비스는 보스턴-뉴욕-워싱턴, 로스앤젤레스-샌디에이고, 마이애미-올랜도-탐파와 같이 인구밀도가 높은 지역에 집중하였다.

초기에 암트랙의 전망은 그다지 밝은 편은 아니었다. 그러나 암트랙은 야심적인 최신화 프로그램으로 새로운 기관차와 개선된 철로를 제공하였다. 기름 값이 오르자 늘어나던 자동차 이용자들이 점차 열차여행으로 전환하였다. 처음 10년 동안 암트랙으로 여행하는 승객 마일수가 60% 상승하였고, 총수익은 300% 이상 증가하였다.

승객 이용의 급상승에도 불구하고 암트랙은 그들의 총운영 경비 중에 약 절반 정도를 아직도 연방보조금에 의지하고 있다. 일부에서는 암트랙의 미래는 불확실하다고 보고 있기도 하다.

2) 암트랙의 내용과 서비스

한국의 아웃바운드가 급증함에 따라 여행전문가로서 학습자는 암트랙 열차의 여러 형태와 특별서비스에 대해 숙지할 필요가 있다.

① 표준열차(standard coach)는 전국에 걸쳐 암플리트(Amfleet), 슈퍼라이너(Superliners), 메트로라이너(Metroliners), 터보라이너(Turboliner)로 주간이용이 가능하다.

② 메트로라이너는 뉴욕과 워싱턴 사이를 달리는 고속운행 1급의 전 좌석 예약제를 실시하고 있는 열차이다.

③ 클럽서비스(Club Service)는 북동지역의 많은 열차에서 여분의 공간, 예약, 개인자동차, 인적 서비스를 제공한다.

④ 엠파이어 서비스(Empire Service) 열차에서 이용할 수 있는 Custom class는 예약된 좌석, 안락한 의자(등받이와 발판이 조절되는 의자), 두 개 또는 하나를 배열할 수 있는 좌석 등을 제공한다.

⑤ 슈퍼라이너는 시카고와 뉴올리언스 그리고 웨스트 코스트 사이에 이층차(double-decker) 장거리 서비스를 제공한다.

⑥ 야간여행의 장비를 갖춘 헤리티지 코치 카(heritage coach car)는 동부에서 장거리 노선에 사용된다.

⑦ 비스타 돔 카(Vista Dome Car)는 동부와 중서부지역의 장거리 열차여행에서 연달아 이어지는 파노라마 광경을 제공한다.

04 캐나다의 철도

캐나다정부는 철도사업에서 주도적 역할을 수행하고 있다. 국가의 중요한 열차사업체 중 하나인 캐나다 국철(Canadian National Railway)은 정부의 소유이다. 한편 캐나다 퍼시픽철도(Canadian Pacific Railway)는 개인소유였으나, 1978년 캐나다 승객열차의 경영을 인수받은 정부기관인 VIA 열차캐나다에 의해 운행되고 있다.

주요 철도는 남부캐나다에 위치한 대부분의 도시의 해안에서 해안으로 뻗어 나갔다. 신고속 LRC 열차(Light Rapid Comfortable trains)를 비롯한 쾌속열차는 주요 도시 간을 운행한다. VIA 열차와 암트랙의 노선은 여러 지점에 연결되어 미국과 캐나다의 남북철도서비스를 제공하고 있다.

캔레일패스(Canrailpass)를 이용하면 캐나다 전체, 위니펙과 동부캐나다, 위니펙과 서부캐나다, 또는 퀘벡시 등에서 VIA rail 열차편으로 8일, 15일, 22일, 30일 기간 동안 고정요금으로 제한 없이 여행을 할 수 있다.

캐나다의 열차는 미국보다도 중요한 교통수단이 되고 있다. 각 나라의 열차 서비스는 정기적으로 비슷한 승객 수를 수송하지만 미국의 경우 캐나다보다 약 10배 정도의 승객을 운반한다.

05 유럽의 철도

1) 유럽철도의 정부보조 이유

여객열차사업이 미국 내에서 생존하기 위해 어려움을 겪는 반면에 유럽의 여객열차는 중요한 교통수단의 하나로 남아 있다. 유럽 대부분의 열차는 비록 적은 이익을 내고 있지만 정부의 소유로 운영되고 있다. 유럽정부들은 효율적이고 광범위한 여객열차를 필수적인 서비스로 여기고 있다.

유럽에서 여객열차가 정부에 의해 보조되는 이유는 다음과 같다.

1. 개인소유자동차 : 비록 유럽인들의 자가용 숫자가 최근 들어 증가했지만 아직까지 미국보다는 낮다.
2. 가솔린 가격 : 가솔린은 미국보다 유럽에서 더 비싸다.
3. 유럽 주요 도시의 근접성 : 대부분의 서부유럽도시들은 미국의 주요 도시들처럼 떨어져 있지는 않다. 예를 들면 제네바에서 파리로 여행할 때 열차를 타거나 비행기를 타거나 거의 동일한 시간이 소요된다. 유럽에서의 열차여행은 대체로 항공여행보다 안정적이고 더 경제적이며, 사고나 날씨 등으로 인한 연착 가능성이 적다. 또한 도시중심지에서 다른 도시중심지로 이동하는 데 있어서도 훨씬 편리하다.

④ 철도서비스의 정시성 : 전 유럽에서 열차는 언제나 예정대로 도착한다.
⑤ 항공여행의 가격 : 유럽에서 항공기로 목적지에 가는 것보다 열차로 가는 것이 훨씬 저렴하다. 유럽열차사업체들 사이에는 협력과 조정이 잘되고 있다. 각 나라의 국가적 시스템은 서유럽 9개국을 연결하는 일등급 열차여행을 제공하는 인터내셔널 인터시티 네트워크(International Intercity Network : 이전의 Trans-European Express Network)로 통합되어 있다.

2) 유레일패스

유럽 각국 간에 열차사업 통합의 예는 유레일패스(Eurailpass)이다. 유럽인이 아닌 관광객의 열차여행을 촉진하기 위해 1959년 처음 만들어진 유레일패스는 21개국의 참가를 통해 무제한의 일등급 여행을 제공한다. 참가 21개국은 오스트리아, 벨기에, 덴마크, 핀란드, 프랑스, 독일, 그리스, 아일랜드, 이탈리아, 룩셈부르크, 네덜란드, 노르웨이, 포르투갈, 스페인, 스웨덴, 스위스 등이다.

유레일패스는 또한 유람선이나 각 도시를 연결하는 버스서비스에서도 사용할 수 있다. 유레일패스는 15일, 21일, 1개월, 2개월, 3개월 기간 동안 유효하다. 유레일패스는 유럽 이외에서만 판매되며 유럽에서 살고 있는 사람들은 사용할 수 없다. 유레일 유스패스(Eurail Youth Pass)는 확정된 요금으로 26세 이하의 젊은 사람들에게 적용되고 있다.

3) 브리트 레일 패스

영국은 유레일패스에 참가하고 있지 않고 열차여행을 위한 개별적인 브리트 레일 패스(Brit Rail Pass)를 제공하고 있다. 브리트 레일 패스를 확대시킨 브리트 레일 시패스(Brit Rail SeaPass)는 영국에서 아일랜드나 유럽대륙을 여행할 수 있도록 유레일 시스템과 연결되어 있다.

유레일패스와 브리트 레일 패스는 큰 성공을 거두고 있다. 매년 외국에서 수만 명의 사람들이 열차로 유럽을 여행하는데 할인요금이라는 혜택을 받고 있다.

4) 유럽열차의 특징

유럽열차는 여러 가지 측면에서 미국열차와 다르다. 우선 대부분의 유럽열차는 일등급과 2등급으로 나누어져 있다. 이러한 등급 차이는 가격과 안락함에 기인한다. 일등급은 보통 적은 승객 수와 더 좋은 객실을 제공한다.

유럽열차의 또 다른 특징은 여섯이나 여덟 개의 칸막이 방으로 나눈 많은 차량을 갖고 있다. 긴 여행에는 약간의 추가요금으로 1등급이나 2등급의 좌석을 미리 예약하는 것이 가능하다. 야간여행에서는 선택의 여지가 있다. 승객은 정규좌석에서 잠을 잘 수 있고 2단으로 된 2등급 침대칸인 간이침대차(coachette)를 예약하고 사용할 수 있다. 왜건 리츠(wagon-lits)는 한두 사람을 위한 개인침실이 있는 열차이다.

야간열차여행은 많은 장점을 제공한다. 예를 들면 파리를 여행하는 여행객은 시내에서 저녁을 즐길 수 있으며 그 다음 리비에라(Riviera)행 야간열차를 탈 수 있다. 그는 간이침대차에서 잠을 잘 수 있으며 아침식사 시간에 니스(Nice) 거리를 걸어다니고 그 다음 해변에서 시간을 보내거나 산간벽촌을 탐험할 수 있을 것이다.

또한 그는 항공기 대신에 기차로 여행하거나 호텔 대신에 간이침대차에서 밤을 보내므로 여행비용을 절약할 수 있다. 그리고 장기여행에 휴가기간을 사용하는 대신에 목적지에서 하루를 즐길 수 있다.

유럽의 모든 장거리열차는 미국의 열차보다 상당히 빠르게 달린다. 가장 빠른 프랑스 TGV(Train a Grande Vitesse)는 시간당 160마일(380km)의 속도로 질주한다. 예를 들면 TGV는 파리에서 리옹까지의 거리인 265마일을 단지 2시간 40분 만에 도착할 수 있다.

5) 오리엔트 특급열차

대부분의 사람들은 소설로 꾸민 오리엔트 특급열차(Orient Express)에 대해 들어보았을 것이다. 오늘날 그 열차는 고급스런 명칭이 되었으며 아직 로맨틱한 여행경험에 있어서 대표적인 존재이다.

1833년에 개통한 이 오리엔트 특급열차는 장관의 경치를 통과하는 노선으로 파리에서 이스탄불까지 부유하고 권세 있는 사람들을 이동시켰다. 이 여행은 4일 걸렸으나 기품 있는 좌석과 더불어 고급스런 식사, 거기에 조화된 서비스는 시간을 빠르게 지나가는 것처럼 느끼게 했다.

1977년 옛 열차의 잊혀진 그림자로 초라한 오리엔트 특급열차가 마지막 운행을 하였다. 그러나 5년 후 베니스 심플튼 오리엔트 특급열차가 1920년대 열차의 여러 이점을 특징화하여 옛날 원래의 영화를 다시 복원하기 위해 개통되었다.

오늘날 오리엔트 특급열차 승객들은 런던에서 혹은 파리에서 그들의 여행을 시작할 수 있다. 프랑스를 횡단한 후 열차는 스위스와 오스트리아 알프스를 거쳐 베니스에 도착한다.

06 일본의 철도

일본에는 정부소유 국철이 있었으나, 1987년 4월 1일 21세기에는 국민생활에 충실을 기하기 위해 중요한 수단인 철도의 역할을 다하기 위해 그리고 철도사업의 재생을 꾀하기 위한 목적으로 국철개혁이 실시되었다. 그로 인해 민영화된 JR 6社(북해도 JR, 동일본 JR, 동해 JR, 서일본 JR, 시코쿠 JR, 규슈 JR)가 일본에서 승객서비스를 개시하고 있으며, 또한 최고의 서비스를 자랑하는 기존의 다수의 사철(私鐵)이 있다. 전문가들은 일본여객열차시스템이 세계제일이라 평가하고 있다. 일본철도의 서비스는 빠르고 편안하고 믿을 만하다.

1964년에 시작한 신간선(新幹線)은 시간당 125마일의 속도로 일본 내 인구조밀지역을 질주하고 있다. 일본 엔지니어들은 매글레브(maglev)로 불리는 새로운 고속열차를 현재 개발 중이다. 테스트에서 시간당 300마일의 속도를 내고 있다. 매글레브는 하나의 철도를 달리는 데 부상자기의 전도체를 사용한다. 만약 이것이 운행되면 매글레브는 일본과 세계의 여러 나라에서 철도사업의 혁신을 약속하게 될 것이다.

07 고속전철의 속도경쟁

19세기 영국, 프랑스, 독일, 미국, 일본 등 제국주의 열강들이 식민지 개척에 철도부설을 경쟁적으로 강행했던 것은 잘 알려진 사실이다.

영미와 독일을 중심으로 증기기관차와 디젤기관차로 이루어지던 속도경쟁은 2차 세계대전을 계기로 새로운 국면에 접어들었다. 항공기와 자동차의 기술개발로 영미에서는 기차가 잠시 사양길에 접어들었고 열차의 속도경쟁은 프랑스와 일본에 의해 전기기관차의 개발과 속도향상 경쟁으로 이어졌다.

한편 일본은 제2차 세계대전 중 시작된 '탄환열차 개발계획'을 전쟁 후 경제회복기에 재개하여 1964년 10월 1일 도쿄－오사카 간 515.4km의 동해도 신간선(도카이도 신칸센)을 210km/h로 개통하여 고속전철의 시대를 열었다. 일본 신간선이 항공기와 경쟁하여 크게 성공함에 따라 유럽 각국과 미국은 자국의 철도기술발전을 위한 새로운 계획을 수립하고 본격적인 고속전철에 의한 속도경쟁에 접어들었다.

그 결과 현재 210km/h 이상의 고속전철 제조기술을 보유하고 있는 국가는 일본, 프랑스, 독일, 한국을 비롯하여, 영국, 스웨덴, 이탈리아, 캐나다 등이 있다. 따라서 현재 고속열차를 운행하면서 고속열차에 의한 속도경쟁은 프랑스, 독일, 일본, 한국으로 압축되었다고 볼 수 있다.

❶ 1988년 406.9km/h로 당시 최고기록을 냈던 독일의 ICE

❷ 최고시속 515.3km/h를 냈던 프랑스의 고속전철 TGV

❸ 운행속도 350km/h로 개발 중인 일본 신칸센 WIN 350

❹ 한국 자체개발 KTX-II

그림 10-1 고속전철 차량제조 4국의 뜨거운 속도 경쟁

제 2 절 버스사업

버스로 더 잘 알려진 모터코치는 관광사업에 있어서 중요한 역할을 담당하고 있다. 우리나라에서 버스는 대중교통수단으로 가장 많이 사용되고 있고 값도 저렴하다. 도시 간과 도시노선에 방대한 네트워크를 차지하고 있는 버스는 열차나 항공기보다 더 많은 사람을 수송하며 많은 지역사회에 봉사한다.

여행자들은 동기, 욕구, 기대에 따른 여러 가지 이유로 인하여 버스를 이용한다. 적은 돈으로 여름방학에 여행하려는 대학생들은 주로 버스를 타고 전국을 돌아다닌다. 항공기나 자가운전을 싫어하는 나이든 사람들은 가족친목을 위해 시골의 작은 마을에 버스여행을 할 수 있다.

버스는 여러 고속도로와 전국을 걸쳐 지나가기 때문에 먼 지역과 작은 마을에 가려는 여행자들의 욕구에 봉사한다. 또한 도시 간의 여행에 있어서 가장 연료가 적게 드는 교통유형이다.

01 버스의 기원

1890년에 처음 나타난 버스로 인해 말이 끄는 역마차가 크게 감소하게 되었다. 역마차는 1670년 런던과 에든버러(Edinburgh) 간의 운행을 시발로 17세기에 유럽과 18세기에 미국에서 여객서비스를 개시하였다.

말이 이끄는 역마차는 가솔린 엔진이 발명된 1890년대까지 유럽과 미국에서

도시 간을 운행하는 데 사용되었다. 최초의 가솔린버스는 독일에서 만들어졌고 1900년대 초 도시버스는 런던과 뉴욕에서 운행을 시작하였다. 버스는 또한 도시 간을 여행하는 데 이용되었다. 미국에서 최초의 도시 간 운행은 오리건에서 시작되었다.

도시 간 연결망은 도로상황 및 버스제작의 개선과 더불어 급속하게 팽창하였다. 1928년 미국에서 대륙횡단버스 운행이 시작되었고 1930년대 버스는 미국 전역 고속도로에서 볼 수 있었다.

최초의 버스는 딱딱한 의자에 약 20명을 운송하였다. 또한 딴딴한 타이어로 달렸으며 스프링이 없었다. 1920년대 이후 여러 가지 세련된 설비가 만들어졌다. 더욱 편안해진 좌석, 개선된 엔진과 브레이크, 공기가 가득 찬 타이어 그리고 타고 내릴 때 더 편리한 낮은 층계 등이다. 이러한 개선으로 인하여 더 많은 사람들이 버스를 이용하게끔 되었다.

1930년대 버스사업은 미국에서 일반교통수단으로 독점하고 있던 열차사업에 도전하였다. 1939년에 약 1,000개의 버스회사가 있었다. 2차 세계대전은 도시 간 버스여행을 급속히 성장시켰으며 1945년에 버스회사의 수는 2,600여 개로 늘어났다. 그해 버스를 이용한 승객 수는 10억 명이 넘을 정도로 급상승하였다.

02 현재의 버스사업

버스는 아직까지 가장 접근하기 쉬운 교통수단이다. 도시 간을 연결하는 버스는 많은 승객을 운송하며 항공기와 열차가 결합해서 운송하는 것보다 더 넓은 지역을 운행하였다. 수많은 지역에서 버스는 유용한 공적 교통수단으로 제공되고 있다.

버스의 패턴은 최근 10년 동안 획기적으로 변화하였다. 전반적으로 보아 제2차 세계대전 후 버스사업에 있어서 두 가지 중요한 경향이 나타났다. 즉 정규 승객운송은 감소 추세에 있고 전세버스와 여행사업이 급격히 팽창하고 있다는 점이다.

1) 정규운송

1970년 유류파동 기간을 제외하고 도시 간 정규버스는 1945년 이래 매년 감소 경향을 나타내고 있다. 열차여행과 더불어 전후 이래 개인자동차의 증가는 버스이용을 감소시키는 주된 요인이 되었다. 또한 항공사업의 경쟁력 배양은 버스이용, 특히 장거리 노선의 감소에 결정적인 역할을 하였다.

도시 간 버스를 운영하는 회사는 1970년대 초 약 1,000개로 감소하였다. 1973년과 74년에 걸쳐서 일어난 유류파동사건은 사람들이 자가용차에 대한 경제적인 대체안으로 버스를 다시 찾게 되었기 때문에 버스사업이 잠정적으로 활기를 띠게 되었다. 그러나 기름값이 떨어지자 많은 사람들이 다시 개인교통수단을 이용하게 되었다.

1977년에 3억 2천5백만 명의 승객이 미국 도시 간 버스를 이용하였고 이 숫자는 1939년 이래 가장 적은 수이다. 5년 동안 정규노선버스의 이용률은 54%나 감소하였다. 1979년 제2차 유류파동이 전 세계를 휩쓸어 기름값이 두 배로 올랐고, 동력자원부는 외국기름에 의존하는 것을 더욱 줄이기 위해 도시 간 버스이용을 국민들에게 촉구하였다. 버스는 연료를 가장 효율적으로 사용할 수 있는 대체안이다. 이때도 제1차 유류파동의 경우와 마찬가지로 승객이 일시적으로 늘어났으나 1981년 이래 버스승객은 계속해서 감소하였다.

2) 전세버스와 관광버스

버스사업에 있어서 현재 가장 발전전망이 밝은 부문은 전세버스(charter)와 관광버스이다. 1926년부터 버스여행이 개시되었지만 제2차 세계대전 이전에는 여행시장에서 그다지 큰 영향을 끼치지 못하였다. 1939년 전세버스는 전체 버스수입의 겨우 3.4%를 차지하고 있었다.

지난 몇 년 동안 많은 새로운 버스회사가 세워졌으며, 이 회사들이 가장 치중을 두는 부문은 전세버스와 여행부문이다.

이러한 증가는 주로 규제완화와 미국인들의 여행형태가 변화한 것이 큰 원인이다. 제1차 유류파동 때까지 많은 미국인들은 미국 내를 버스로 여행하는 것에 대해 비난하곤 하였다. 그 대신에 패키지여행으로 외국에 나가는 것을 선호하였다. 그러나 1974년 유럽 및 기타 국가들을 여행하는 것이 많은 미국인들에게 너무나 값이 비싸졌고, 그로 인해 휴가여행의 대체안으로 국내버스여행이 나타나기 시작하였다. 1974년 버스사업은 1억 3천1백만 명의 전세승객을 운송하였다. 10년 후 그 수는 2억 1천4백만 명으로 증가하였다.

3) 관광버스회사

세계에서 가장 큰 관광버스회사인 그레이 라인(Gray Line)은 매일 1,500번 이상의 주유여행을 제공한다. 그레이 라인은 거의 200여 개 협력체를 소유하고 있으며 미국과 캐나다 그리고 주요 해외도시를 통해 사무실과 회사를 경영한다.

아메리칸 사이트시잉 인터내셔널(American Sightseeing International)은 미국의 50여 개 도시와 60여 개 다른 나라의 도시에 자리 잡고 있는 두 번째로 큰 관광버스회사이다.

상기의 두 회사는 지난 30년 동안 급성장하였다. 양사 모두 관광버스시장에서 약 90% 정도의 점유율을 차지하고 있다. 장거리와 지역관광에 있어서 두 회사는 전세버스, 리무진서비스, 운반교통수단을 포함한 모든 서비스로 영업을 확장해 오고 있다.

두 회사에 대한 정보는 Gray Line Sales & Tour Guide, American Sightseeing International World Tariff, World Association of Travel Agents(WATA) Master Key에서 찾아볼 수 있다.

4) 기타

대부분 다른 나라의 도시 간을 연결하는 운송서비스는 개인회사들뿐 아니라 정부소유의 버스노선에 의해 제공되고 있다.

정부운영버스는 가끔 국철사업과 함께 결합되어 운영되기도 한다.

03 버스상품

버스사업은 장거리와 단거리에 여행자를 운송하면서 매년 수천 억 원의 수익을 낸다. 대부분의 국민들에게 버스서비스는 유일한 공공교통수단이 되기도 한다. 일부 사람에게 그것은 필요불가결한 수단이기도 하다.

1) 버스관광의 형태

많은 승객을 끌어들이기 위해 버스회사들은 패키지관광과 전세버스서비스를 제공한다. 그들이 제공하는 관광형태는 다음과 같다.

❶ 전세관광(Charter Tours)

전세관광은 클럽조직, 협회, 학교 또는 자생단체들이 전세를 내는 관광이다. 단체는 스포츠, 행사, 박물관, 쇼핑센터 또는 카지노와 그 외 다른 곳을 여행하기 위해 전세 오퍼레이터로부터 버스를 전세내거나 빌려올 수 있다. 이것은 또한 휴일패키지에 적당하다. 보통 버스여행에 더불어 숙박시설, 식사 그리고 투어가 포함된다. 전세관광에서는 여행안내자는 동반되지 않는다.

❷ 동반관광 또는 에스코트관광(Escorted Tours)

이것은 국내에서 널리 사용되는 버스관광형태이다. 미국과 캐나다에서도 주요 도시에서 북미의 관광목적지까지 여행하는 계획된 단체관광형태이기도 하다. 대중적인 목적지는 록키산, 뉴잉글랜드, 펜실베이니아 Dutch 마을, 캘리포니아와 캐나다 해변 등이다.

또한 많은 여행사들이 유럽에의 에스코트관광을 제공한다. 5일에서 4주까지 어느 곳이든 계속되는 에스코트관광에는 호텔숙박시설과 모든 식사가 포함된다. 잘 교육받은 관광가이드가 여행하는 동안 그들과 동반하게 된다.

❸ 개별 패키지관광(Independent Package Tours)

정규버스로 여러 도시나 흥미로운 곳을 방문하는 관광이다. 호텔숙박과 유람이 포함된다.

❹ 도시 패키지관광(City Package Tours)

이는 개별 패키지관광과 유사하나 다만 한 도시만을 방문한다.

❺ 연계교통관광(Intermodal Tours)

관광사업에 있어서 최근의 경향은 서로 다른 교통수단과 연결한 버스관광의 개발이다. 연계교통관광은 암트랙서비스와 그레이하운드의 노선 9개를 연결하는 동시에 그레이하운드와 암트랙 사이의 티케팅 협약과 함께 1974년에 시작되었다.

트레일 웨이와 TWA는 후에 미국과 외국에 항공기-버스관광을 소개하였다. 유람선-버스관광은 대중화가 되었다. 이러한 관광의 예로는 뉴욕시에서 플로리다주까지 1주일 버스관광과 그 후 카리브해 1주일 유람선관광을 들 수 있다.

2) 이동수단으로서의 버스

이동(Transfer)이라는 용어는 여행코스 중에 교통수단의 변화를 일컫는다. 버스는 승객들이 공항과 호텔 또는 도시센터 간을 이동할 때 가장 널리 사용되는 수단이다. 많은 회사들은 미국에서 독립된 운영체로 또는 대형교통사업체의 소속업체로 이러한 서비스를 제공한다. 버스운송회사들은 또한 소도시와 시골지역에 여객서비스를 제공한다.

그라운드 교통서비스 잡지(Ground Transportation Services)는 운송수단에 대한 정보를 제공한다. 더불어 많은 호텔과 모텔은 자사버스로 공항왕복의 무료서비스를 제공한다.

제 3 절

자동차 대여업

자동차 대여업(렌터카사업)은 여행자들이 그들의 여정을 완전하게 조정할 수 있다는 점에서 다른 교통수단과는 다르다. 관광객은 시골구석에 있는 여관을 찾기 위해 또는 여행계획에 자의적인 변화를 추구하여 대중교통수단으로는 접근할 수 없는 먼 지역을 모험하는 데 렌터카를 이용하고 있다.

01 자동차 대여업의 발달

자동차 대여업은 자동차의 역사만큼 오래되었다. 자동차 대여의 시작은 미국 네브래스카주 오하마에 살고 있던 사운더(Sounder) 형제가 그들의 차가 고장났을 때 차를 빌린 1916년으로 거슬러 올라간다. 그때 사운더 형제는 자신들과 같이 일정한 기간 동안 자동차를 필요로 하는 사람이 반드시 있을 것이라고 생각하고 차 몇 대를 구입하여 렌터카사업에 뛰어들었다. 그들은 최저 3마일 내에서 마일당 10센트를 부과하였다. 사업은 성장하였고 그들은 더 많은 차를 구입하였다. 그리고 1925년에 다른 회사를 합병하여 21개 주에 사무실을 갖게 되었다.

오늘날 가장 규모가 큰 렌터카 회사인 허츠(Herts)사는 1918년에 영업을 시작하였다. 에이비스(Avis)사는 1946년에, 내셔널(National)사는 1947년에 시작하였다.

자동차 대여업은 1958년 최초의 상용제트기가 운항했을 때 활성화되기 시작하였다. 목적지 공항에 도착하면 대여자동차가 필요하게 된다. 자동차는 상용 여행자들이 택시와 다른 대중교통수단에 의존하지 않고 업무를 수행할 수 있도록 제공되고 있다.

공항 안에 자동차 대여 데스크를 운영하려는 아이디어는 에이비스사의 설립자인 와렌 에이비스(Warren E. Avis)에 의해 창안되었다. 40년대 후반부터 자동차 대여사업은 항공기사업과 밀접한 관계를 유지하게 되었다. 1950년대 후반에 이르러 주요 공항에 대여사무소를 설치할 수 있게 되었다.

02 오늘날의 자동차 대여업

자동차 대여업은 수익 측면과 대여자동차 대수 등에서 비약적인 팽창을 보여왔다. 허츠(Herts)와 에이비스(Avis)는 이 분야의 3위 회사인 내셔널(National), 4위인 버젯(Budget)사와 함께 계속적으로 이 분야의 선두를 차지하고 있다. 이 4개 회사는 가장 큰 규모를 갖고 있으며 가장 잘 알려진 렌터카 회사이지만 실제로 오늘날 미국에서만도 이 분야에 소속된 회사는 5,000개 이상이 된다. 이 숫자는 매년 증가하고 있다.

달러(Doller), 알라모(Alamo), 트리프티(Thrifty), 스내피(Snappy)사와 같은 진보적인 초심자들이 최근에 높은 시장점유율을 차지하고 있다.

자동차 대여업의 경제성은 다른 교통수단의 경제성과는 다르다. 어떤 회사들은 비교적 쉽게 시장에 잠입할 수 있다. 초기에 대규모의 자본투자는 필요 없다. 좋은 신용도는 은행으로부터 자동차에 대한 재정적인 후원을 얻을 수 있게 하며 대여사업장과 자동차 정비시설을 빌릴 수 있다. 대부분의 회사들은 체인의 한 형태로 자동차 대여사업을 시작한다. 그들은 체인의 상호와 서비스에 대한 편익의 대가로 체인본부에 그들 수익의 몇 %를 지급한다. 대여회사들은 사업이 침체될 때는 자동차를 팔아버리고 사업이 잘될 때는 더 많은 자동차를 구입하면서 시장수요에 재빨리 대응하고 있다.

자동차 대여업은 아직 상용여행자들에게 치중하고 있으나 여가시장은 20~30%로 급속히 신장되었다. 항공요금과 자동차대여가 포함된 항공(Fly)·승용

(Drive) 패키지상품에 대한 증가는 성장의 주요 요인이다. 이런 패키지상품의 인기는 낮은 항공요금과 할인된 자동차 대여가격으로 더욱 고조되었다. 항공・승용 패키지상품과 유사하나 항공기 대신에 열차를 이용한 열차・승용 패키지상품도 현재 이용되고 있다. 여가시장은 자동차 대여사업 분야에서 계속적으로 중요한 성장요인이 될 것이라 예측되고 있다.

03 자동차 대여회사

자동차 대여사업은 예전부터 매우 경쟁적인 상황을 보였고 2000년대에 많은 새로운 회사들의 잠입으로 그 경쟁은 더욱 치열하게 되었다. 대형회사들은 할인가격과 시장확보를 위해 촉진적인 상품을 제공하는 데 집중하고 있다.

1) 회사의 형태

자동차 대여회사들의 주요 형태로는 주식회사와 특허(라이선스)가 있다. 허츠, 에이비스, 내셔널을 비롯한 대형회사들은 대부분 주식회사이다. 그들은 자동차를 구입하고 소비자들에게 자동차를 대여한다. 자동차가 18,000에서 25,000마일 정도 운행되면 회사 측에서는 직접 고객이나 중고업자들에게 중고가격으로 자동차를 판매・처분한다. 특허회사들은 체인운영의 한 부분이다. 그들은 가끔 자동차를 구입하거나 다시 판매하는 것보다 대형회사로부터 자동차를 빌리는 형식을 취한다.

2) 위치

대형자동차 대여회사는 도심이나 외곽지역에 위치한다. 그러나 전체업무의 약 75%가 아직도 공항카운터에서 행해지고 있다. 그 공항업무를 100%로 보는 경우 허츠는 35%, 에이비스는 25%, 내셔널은 20%, 버젯은 17%가 시장점유율을 차지하고 있다. 자동차 대여회사의 카운터의 위치는 대여요금과 고객이 자동차를 선택하는 편리함에 영향을 미친다.

공항카운터에 있는 자동차 대여회사들은 꽤 비싸게 공항공간을 빌려야 하는데 그로 인해 자동차 대여요금이 영향을 받는다. 결과적으로 그들의 대여요금은 공항에 위치하지 않는 다른 회사들의 가격보다 보통 비싼 편이다. 그러나 고객들은 항공기에서 내려 바로 자동차를 빌릴 수 있다는 편리함을 갖고 있다. 따라서 허츠, 에이비스, 내셔널을 비롯한 대형회사들의 대부분은 주요 공항에 많은 대여사무실을 보유하고 있다.

비교적 소규모의 대여회사들은 공항사무실을 갖고 있지 않고 공항과 떨어진 곳에 사무실을 보유하는 것으로 대여요금을 낮출 수가 있다. 이 회사들의 대부분은 공항에서 그들이 위치한 사무실까지 무료교통수단을 제공한다. 고객들은 회사들이 부과하는 낮은 대여가격에 의해 그들의 불편함을 보상받는다.

3) 광고

광고는 소비자시장에서 엄청난 효과를 낸다. 1960년대 에이비스는 이 사업에서 점유율이 높은 허츠에 도전하기 위해 "우리는 더욱 노력합니다"라는 캠페인을 벌였다. 허츠는 "우리는 1위입니다"라는 슬로건으로 대응했으며 지금 대부분의 회사들은 전국적인 광고에 막대한 돈을 사용하고 있다. 허츠는 '렌터카의 슈퍼스타'라는 캠페인으로 심프슨(O. J. Simpson)과 파머(Arnold Palmer)와 같은 스포츠 스타를 등장시킨 적이 있다.

4) 회원제

많은 대여회사들은 고객충성심(Customer Loyalty)을 촉진시키기 위해 자동차 대여자들에게 무료 회원권을 제공하고 있다. 허츠의 넘버원 클럽(No.1 Club), 에이비스의 위저드(Wizard), 내셔널의 그린 라이트(Green Light)와 같은 회원제는 고객의 성명, 신용정보, 기타 사항이 기록된 컴퓨터정보시스템을 갖추고 있다. 이런 방법으로 회사들은 신속하게 더욱 효율적인 서비스를 회원에게 제공한다. 어떤 회원제는 회원에게 익스프레스 서비스(Express Service)를 제공한다. 익스프레스 서비스는 고객이 대여사무실에 직접 가지 않고도 그들이 원하는 자동차를 즉시 탈 수 있게 해주는 서비스이다.

04 자동차 대여과정

여행전문가로서 여러분은 자동차 대여과정에 대해 모두 알고 있어야 한다. 여행자들은 자동차를 대여받기 전에 대여조건에 대해서 알고 있어야 한다. 그리고 또한 그들은 여러 가지 대여요금, 제조업체와 적당한 모델 그리고 그들이 할 수 있는 최저요금에 대해서도 알아야 한다.

1) 자격조건

자동차 대여는 다른 교통수단과 상이한 점이 많다. 항공기, 열차, 버스는 교통회사에 소속된 종사원들에 의해 운행된다. 그러나 자동차 대여는 여행자들이 손수 운전해야 한다. 자동차 대여회사는 운송수단을 제공해 주는 자동차 열쇠를 양도한다. 그렇기 때문에 회사의 자동차를 빌리는 사람에 대해서 자격조건을 부여하는 것은 자동차 대여회사에게는 당연하다. 자동차를 빌리는 조건으로 고객은 보통 다음과 같은 것을 갖추어야 한다.

① 유효한 자동차 면허 : 일부 국가에서는 자동차 클럽이 부여한 국제자동차 면허를 필요로 한다.
② 정확한 연령 : 미국에서 최소연령은 보통 만 21세이다. 나라마다 최소연령과 최대연령이 있다. 보통 최소연령은 만 25세이고 최대연령은 만 65세이다.
③ 주요한 신용카드 소유 : 만약 여행자가 신용카드를 소지하고 있지 않다면 그들은 현금보증금을 지불해야 한다. 환언하면 그들은 예상된 대여료 및 특별보증금을 예치해야 한다.
④ 개인적인 의무 : 고객은 주소와 직업에 대해 정직하게 말해야 한다.

2) 요금형태

몇 년 전까지 대여회사들은 고정요금과 함께 운전한 마일수에 대해 추가적인 요금을 지불하게 하였다. 대여회사들 간에 경쟁이 심해지자 다수의 회사들은 허가된 대여기간 동안 고정요금으로 여행하는 것을 허락하는 무제한 마일리지(unlimited mileage) 플랜을 제공하기 시작하였다.

그러나 최근 4개의 주요 회사들은 그들의 이윤을 증가시키기 위해 대여된 자동차에 마일리지 캡(mileage cap)을 사용하기 시작했다. 마일리지 캡은 고객들에게 매번 일정한 마일수를 고정요금으로 제공하고 정해진 마일수 이상의 추가거리(마일)마다 20센트에서 30센트 정도의 요금을 부과하는 것이다.

대부분의 소규모 회사들은 대형회사들과 경쟁할 수 없기 때문에 마일수를 제한하지 않고 있다. 가격전쟁이 사업을 부추긴 반면에 그것은 야심적인 소규모회사들과 경쟁하려는 대형회사에게 있어서 이윤의 감소를 의미하기도 한다.

요금은 자동차의 크기, 기름, 세금이 포함되어 있는지 또는 서비스요금에 따라 다양하다. 많은 회사들이 다음과 같은 요금형태로 고객들에게 자동차를 대여하고 있다.

① 정규요금(regular rate) : 1일 표준요금으로 보통 운전하는 마일수에 따라 추가하게 된다.
② 특별요금(special rate) : 주말이나 휴일을 위한 할인된 요금이다. 특별요금에는 또한 무제한 마일리지 플랜을 포함시킬 수 있다.
③ 기업요금(corporate rate) : 대여량을 확장하기 위한 회사종업원들을 위한 할인요금이다.

3) 자동차의 등급

30년 전 대여회사들은 제너럴 모터스사나 포드사 등 미국에서 생산되는 자동차를 집중적으로 사용하였다. 보통 3개 내지 4개 모델만이 존재하였다. 하지만 오늘날 그 선택범위는 상당히 넓어졌다. 예를 들면 허츠는 밴(van), 트럭, 심지어 운전사가 있는 리무진까지 미국차는 물론 36개국의 자동차를 제공하고 있다. 장애인과 같이 특별한 장비가 필요한 여행자들은 많은 대여자동차회사가 장치한 밴, 왜건, 레크리에이션 자동차 및 특별히 제작된 자동차를 빌릴 수 있다.

많은 대여회사들은 각 등급에 합당한 자동차를 제공한다. 다음은 렌터카에 대한 기본적인 등급형태이다.

① 극소형(subcompact) : 매우 작은 자동차이다. Ford Escort, Mercury Lynx, Nissan Sentra가 여기에 속한다. 기아의 모닝, 대우의 마티즈 등이 있다.

② 소형(compact) : 보통 크기의 자동차이다. Chevrolet Cavalier, Ford Tempo, Honda Accord가 여기에 속한다. 현대의 액센트, 기아의 프라이드 등이 있다.

③ 중형(standard) : 표준크기로 Ford Thunderbird, Chevrolet - Celebrity, Buick Regal이 그 예이다. 현대의 소나타, 기아의 K5 등이 있다.

④ 고급형(deluxe) : 보통 많은 시설들이 보완된 대형고급자동차이다. Lincoln Town Car, Cadillac DeVille, Buick LeSabre가 여기에 속한다. 현대의 그랜저, 기아의 K7 등이 있다.

만약 고객이 예약한 후 필요로 하는 등급의 자동차가 없는 경우에는 대부분의 회사들은 추가요금 없이 한 등급 위의 차를 제공할 것이다.

4) 추가요금

대부분의 자동차대여회사의 추가요금은 그들의 서비스에 대한 기본요금에 포함되어 있지 않고 각 조건에 따라 추가로 요금을 지불해야 한다. 추가요금의 조건에는 다음과 같은 것이 있다.

① 반납장소(drop off) : 자동차를 빌린 장소에 다시 반납시킨다는 것은 빌린 사람에게 있어서 편안한 것은 아니다. 많은 회사들은 똑같은 회사라면 어느 곳이든 자동차를 다시 반납하는 것을 허락하고 있다. 그러나 보통 거기에 대한 서비스요금이 추가된다.

② 연료(gas) : 대여회사들은 보통 자동차의 연료탱크가 빈 상태에서 반납되어질 때 그에 대한 기름값을 고객에게 부가하고 있다. 가격은 보통 주유소에서 파는 연료비보다 훨씬 비싸다. 그렇기 때문에 고객은 자동차를 반납하기 전에 연료탱크를 가득 채워 돈을 절약한다.

③ 보험(insurance) : 고객은 자동차에 대해 특별한 손해를 끼쳤을 때에는 책임을 져야 한다. 자동차 대여회사는 하루당 약 8달러의 금액으로 CDW (Collision Damage Waiver)를 고객에게 부과한다. CDW는 보험은 아니지만 사고가 있을 경우 고객을 사고책임으로부터 보호하기 위한 것이다. 또한 추가적 요금으로 대여회사는 PAI(Personal Accident Insurance)를 제공하는데 이것은 고객이 신체적인 상해를 입었을 때 보험을 제공한다. CDW와 PAI

요금은 자동차 대여회사가 부수적인 수입을 올리기 위한 수단이 될 수도 있다.

④ 열쇠분실(lost key) : 만약 고객이 빌린 자동차의 열쇠를 분실했다면 추가요금을 부담해야 한다.

05 자동차 대여업의 국제화

1950년대는 세계적으로 자동차 대여사업이 급속히 성장한 시기이다. 미국 내에 회사들은 1960년대 해외시장에 진출했으며 현재는 거의 모든 나라, 심지어는 러시아와 중국에까지 사업을 확장해 나가고 있다. 유럽을 비롯하여 많은 나라들도 자동차 대여회사를 소유하고 있다.

1) 해외진출 미국회사

120여 개국에 사무실을 갖고 있는 허츠와 100여 개가 넘는 대행사를 보유하고 있는 에이비스는 세계시장을 지배하고 있다. 미국에 있는 다른 대형회사들 또한 외국에 사무실을 보유하고 있다.

해외영업의 확장에도 불구하고 미국 내 자동차 대여사업시장은 세계의 다른 나라를 포함한 시장보다 규모가 더 크다.

2) 기타 렌터카 회사

미국이 외국에서 자동차 대여사업을 운영하는 것과 더불어 외국자동차 대여회사들 또한 해외에서 자동차 대여를 원하는 관광객의 욕구에 부응한다. 이런 자동차 대여회사들은 Tilden(캐나다), Auto Europe, Kemwel Group, Europa Rent-a-Car(이상 유럽) 등을 들 수 있다. 일부 회사들은 미국차와 외국차 모두를 제공한다.

국내에서는 외국사의 라이선스를 빌려서 운행하는 일부 회사가 있다.

3) 외국에서의 운전

해외에서 자동차를 빌리려고 하는 여행자는 운전상황과 방법이 자국과 다를 수 있다는 것을 인지해야 한다. 예를 들면 영국, 바하마제도, 태국, 일본 등에서는 도로의 왼쪽으로 달리는 것이 표준이다. 운전대는 왼쪽이 아니고 오른쪽에 있고 기어는 오른쪽이 아니라 왼쪽에 있다.

미국을 제외하고 해외 여러 나라들의 자동차는 약간 소형이 많다. 관광객은 자동변속장치(오토메이션)가 되어 있는 자동차를 이용할 수도 있으며 보통 약간의 추가요금을 지불하여야 한다.

해외의 속도제한은 환산표와 미터법이 유용하기 때문에 보통 킬로미터(km)로 매겨진다. 속도제한은 나라마다 다양한데 예를 들면 프랑스 도로의 주행제한속도는 시속 최고 110km(66마일)이고 독일의 고속도로(아우토반)에서는 제한속도가 없으나 대개 자동차는 시간당 80마일에서 100마일의 속도로 질주한다.

제 4 절
육상교통업에서 직업적 성공기회

육상교통업에서 직업적 기회는 다양하다. 우선 많은 기계전문가나 운전기술이 필요하다. 다른 부분으로는 판매와 촉진에 관련된 직업도 있다.

01 철도사업에서의 기회

철도사업에서 가장 알려진 직업으로는 기관사와 승무원이 있다. 승무원이 승객을 안전하게 보살펴주고 있는 동안에 기관사는 열차를 안전하게 운행하는 데 책임을 진다. 다른 직업으로는 브레이크 담당자, 신호를 보내는 사람, 트랙작업자들이 포함된다. 철도사업에 있어서 어떤 직업은 대중적인 서비스를 수반하기도 한다. 여기에는 예약업무자, 판매대행자 등이 포함되고 또한 다양한 사무직원들이 있다. 서비스 담당으로는 예를 들면 고속철도열차의 승무원 등이 있다.

철도부문의 직원은 1920년대 약 2백만 명 정도(미국)였는데 2000년에는 30만 명으로 많이 줄어들었다. 그러한 이유는 사업상 전반적인 후퇴와 개인이나 회사에서 열차 대신에 자동차를 이용하는 추세이기 때문이다.

02 버스사업에서의 기회

일부 운전자는 도시 간을 운전하고 다른 운전자는 도시 내에서 대중교통수단을 운전한다. 또 일부 운전자는 특별서비스를 제공하는 전세버스를 운전한다. 이 분야의 직업은 대중과 직접 접촉하는 것으로 주로 티켓판매, 관광매니저, 관광대표부, 판매원 등의 서비스를 포함한다. 또한 다양한 사무직원이 있다. 규제완화 이후 전세버스, 유람투어, 관광이 크게 증가됨에 따라 고용이 증가할 것으로 예상되고 있다.

03 자동차 대여사업에서의 기회

고객을 위해 자동차를 준비하는 것은 자동차 대여업에 있어서 중요한 일이다. 각각의 자동차를 깨끗이 하고 능숙한 정비를 위해 메인티넌스, 수리서비스 등의 인원이 필요하다.

예약업자, 고객서비스 대행자는 자동차 대여사업에 있어서 대중들과 직접 거래한다. 역장(station manager)은 대여사무실을 운영해야 하고 대여직원을 감독하며, 판매원은 항공사, 여행사, 각 기업에 그들의 대여서비스를 판매해야 한다.

자동차 대여회사는 해마다 증가하고 있으며 이 사업에 있어서 직업적 기회는 장래성이 있다.

표 10-1 육상교통업에서 직업기회

직업	필요교육수준	승진기회
철도사업		
예약 클럭	전문대졸 이상, 현장실습교육	예약지배인, 예약감독자
선로원 · 보수반원	전문대졸, 현장실습교육, 견습활동	선로감독자
전신기사 · 전화교환원	전문대졸, 현장실습교육	발차담당자, 철도대행사
타워 교환원	전문대졸, 현장실습교육	계장
신호수 · 신호보수원	전문대졸, 현장실습교육	신호수장, 신호감독자, 신호기엔지니어, 신호기보수원장
철도 역무원	전문대졸, 현장실습교육	역장, 역 감독자
브레이크 오퍼레이터	전문대졸, 현장실습교육	부서장
차장	전문대졸, 대졸, 현장실습교육	여객부서장, 여객전무
엔지니어	전문대졸, 6개월훈련교육프로그램, 현장실습교육	도로서비스 엔지니어
버스사업		
발차담당자	전문대졸, 현장실습교육	터미널 관리부서장
표대행사 (승차권판매인)	전문대졸, 현장실습교육	예약판매, 영업부서장
여행담당자	전문대졸, 현장실습교육	관리부서장
판매담당자	전문대졸, 현장실습교육	영업부서장
특별서비스드라이버	전문대졸, 21세 이상, 현장실습교육	정규노선 드라이버
시내버스운전사	전문대졸, 현장실습교육	다른 분야의 운전
자동차 대여사업		
보수 · 서비스요원	전문대졸, 직업학교출신 유리, 현장실습교육	기계공
기계공	전문대졸, 직업학교출신 유리, 현장실습교육	감독자, 서비스 조언자
영업소 관리	대졸, 현장실습교육	수리점이나 서비스점경영 대형렌터회사관리자, 경영자

제 11 장

기타 관광업

제 1 절 관광편의시설업의 의의와 종류[6)]

01 관광편의시설업의 의의

관광편의시설업은 앞 장까지 설명한 관광사업(여행업, 관광숙박업, 관광객이용시설업, 국제회의업, 카지노업, 유원시설업=테마파크) 외에 관광진흥에 이바지할 수 있다고 인정되는 사업이나 시설 등을 운영하는 업을 말한다. 이는 비록 다른 관광사업보다 관광객의 이용도가 낮거나 시설규모는 작지만, 다른 사업 못지않게 관광진흥에 기여할 수 있다고 보아 인정된 사업이라고 하겠다. 여기에는 7장에서 언급한 여가시설 일부분이 중복되어 설명되기도 한다.

02 관광편의시설업의 종류

「관광진흥법」에서 규정하고 있는 관광편의시설업의 종류는 다음과 같다.

1) 관광유흥음식점업

식품위생법령에 따른 유흥주점영업의 허가를 받은 자가 관광객이 이용하기 적합한 한국 전통 분위기의 시설(서화・문갑・병풍 및 나전칠기 등으로 장식할

6) 김성혁・오재경 (2013), 개정판 관광사업개론, pp.277~284.

것)을 갖추어 그 시설을 이용하는 자에게 음식을 제공하고 노래와 춤을 감상하게 하거나 춤을 추게 하는 업을 말한다.

2) 관광극장유흥업

식품위생법령에 따른 유흥주점 영업의 허가를 받은 자가 관광객이 이용하기 적합한 무도(舞蹈)시설을 갖추어 그 시설을 이용하는 자에게 음식을 제공하고 노래와 춤을 감상하게 하거나 춤을 추게 하는 업을 말한다.

3) 외국인전용 유흥음식점업

식품위생법령에 따른 유흥주점영업의 허가를 받은 자가 외국인이 이용하기 적합한 시설을 갖추어 그 시설을 이용하는 자에게 주류나 그 밖의 음식을 제공하고 노래와 춤을 감상하게 하거나 춤을 추게 하는 업을 말한다.

4) 관광식당업

식품위생법령에 따른 일반음식점영업의 허가를 받은 자가 관광객이 이용하기 적합한 음식 제공시설을 갖추고 관광객에게 특정 국가의 음식을 전문적으로 제공하는 업을 말한다.

5) 시내순환관광업

「여객자동차운수사업법」에 따른 여객자동차운송사업의 면허를 받거나 등록을 한 자가 버스를 이용하여 관광객에게 시내와 그 주변 관광지를 정기적으로 순회하면서 관광할 수 있도록 하는 업을 말하는데, 지정기준으로 안내방송 등 외국어 안내서비스가 가능한 체제를 갖출 것을 요구하고 있다.

6) 관광사진업

외국인 관광객과 동행하며 기념사진을 촬영하여 판매하는 업을 말한다. 관광사진업을 운영하기 위해서는 사진촬영기술이 풍부한 자 및 외국어 안내서비스가 가능한 체제를 갖추어야 한다.

7) 여객자동차터미널시설업

「여객자동차운수사업법」에 따른 여객자동차터미널사업의 면허를 받은 자가 관광객이 이용하기 적합한 여객자동차터미널시설을 갖추고 이들에게 휴게시설·안내시설 등 편익시설을 제공하는 업을 말한다. 지정기준을 살펴보면, 인근 관광지역 등의 안내서 등을 비치하고, 인근 관광자원 및 명소 등을 소개하는 관광안내판을 설치하도록 하고 있다.

8) 관광펜션업

숙박시설을 운영하고 있는 자가 자연·문화 체험관광에 적합한 시설을 갖추어 관광객에게 이용하게 하는 업을 말한다. 이는 새로운 숙박형태의 소규모 고급민박시설이지만, 관광숙박업의 세부업종이 아님을 유의하여야 한다.

관광펜션업의 지정기준을 살펴보면, 자연 및 주변환경과 조화를 이루는 3층 이하의 건축물에 객실은 30실 이하여야 하는데, 취사 및 숙박에 필요한 설비를 갖추어야 한다. 또한 바비큐장이나 캠프파이어장 등 주인의 환대가 가능한 1종류 이상의 이용시설을 갖추어야 할 뿐만 아니라 숙박시설 및 이용시설에 대하여 외국어 안내표기를 함으로써 외국인 이용에도 대비토록 하였다.

그러나 「제주특별자치도 설치 및 국제자유도시 조성을 위한 특별법」을 적용받는 지역에서는 관광펜션업의 규정은 적용하지 아니한다. "제주특별법"에서는 관광펜션업 대신에 '휴양펜션업'을 규정하고 있기 때문이다. 따라서 제주자치도에서 휴양펜션업을 하고자 하는 자는 당해 사업에 대한 사업계획의 승인을 받아 도지사에게 등록하여야 한다.

9) 관광궤도업

「궤도운송법」에 따른 궤도사업의 허가를 받은 자가 주변 관람과 운송에 적합한 시설을 갖추어 이를 관광객에게 이용하게 하는 업을 말한다. 이는 궤도차량인 케이블카 등을 설치·운행하는 사업으로 안내방송 등 외국어 안내서비스가 가능한 체제를 갖추고 있어야 하는데, 종래의 「삭도·궤도법」이 전부 개정되어 「궤도운송법」으로 법의 명칭이 변경됨에 따라 2009년 11월 2일 「관광진흥법시행령」 개정 때 종전의 '관광삭도업'이 '관광궤도업'으로 명칭이 변경된 것이다.

10) 한옥체험업

한옥(주요 구조부가 목조구조로서 한식기와 등을 사용한 건축물 중 고유의 전통미를 간직하고 있는 건축물과 그 부속시설을 말한다)에 숙박 체험에 적합한 시설을 갖추어 관광객에게 이용하게 하는 업을 말하는데, 그 지정기준을 살펴보면 한 종류 이상의 전통문화 체험에 적합한 시설을 갖추고 이용자의 불편이 없도록 욕실이나 샤워시설 등 편의시설을 갖추어야 한다. 이는 2009년 10월 7일「관광진흥법 시행령」개정 때 새로 추가된 업종이다.

11) 외국인관광 도시민박업

외국인관광 도시민박업이란「국토의 계획 및 이용에 관한 법률」제6조제1호에 따른 도시지역(「농어촌정비법」에 따른 농어촌지역 및 준농어촌지역은 제외한다)의 주민이 거주하고 있는 단독주택 또는 다가구주택과 아파트, 연립주택 또는 다세대주택을 이용하여 외국인 관광객에게 한국의 가정문화를 체험할 수 있도록 숙식 등을 제공하는 업을 말한다. 외국인관광객 도시민박업의 지정기준을 살펴보면 건물의 연면적이 230제곱미터 미만이고 외국어 안내서비스가 가능한 체제를 갖추고 있어야 한다.

이는 2011년 12월 30일「관광진흥법 시행령」개정 때 새로 도입된 제도로, 도시지역의 주민이 거주하고 있는 단독주택 또는 아파트 등을 이용하여 외국인 관광객에게 숙식 등을 제공하고 한국의 가정문화를 체험할 수 있도록 함으로써 외국인 관광객의 유치 확대에 이바지할 수 있을 것으로 전망하고 있다.

제2절
관광편의시설업의 지정

관광편의시설업을[7] 경영하려는 자는 문화체육관광부령으로 정하는 바에 따라 특별시장·광역시장·도지사·특별자치도지사 또는 시장·군수·구청장의 지정을 받을 수 있다.

01 관광편의시설업의 지정대상업종 및 지정관청

관광편의시설업의 지정대상업종 및 지정관청은 다음의 구분에 따른다.

① 관광유흥음식점업, 관광극장유흥업, 외국인전용 유흥음식점업, 시내순환관광업, 관광펜션업, 관광궤도업, 한옥체험업 및 외국인관광 도시민박업의 경우 – "특별자치도지사·시장·군수·구청장"이 처리(지정 및 취소)한다.

② 관광식당업, 관광사진업, 여객자동차터미널시설업의 경우 – "지역별관광협회"가 시·도지사로부터 권한을 위탁받아 처리한다.

7) 2011년 12월 말 기준으로 관광편의시설업으로 지정된 업체는 총 3,482개소이다. 이 중 관광유흥음식점업은 46개 업체이며 관광극장유흥업 210개 업체, 외국인전용 유흥음식점업 369개 업체, 관광식당업 2,039개 업체, 시내순환관광업 21개 업체, 관광사진업 17개 업체, 여객자동차터미널시설업 13개 업체, 관광펜션업 316개 업체, 관광궤도업 7개 업체, 한옥체험업 444개 업체이다(문화체육관광부, 전게 2011년 기준 연차보고서, p.296).

02 관광편의시설업의 지정절차

1) 지정신청

관광편의시설업의 지정을 받으려는 자는 관광편의시설업지정신청서에 각종의 구비서류를 첨부하여 특별자치도지사 · 시장 · 군수 · 구청장 또는 지역별 관광협회에 제출하여야 한다.

2) 지정사항 변경신청

관광편의시설업을 지정받은 자가 지정사항을 변경하려는 경우에는 그 변경사유가 발생한 날부터 30일 이내에 관광편의시설업지정변경신청서에 변경사실을 증명할 수 있는 서류를 첨부하여 지정기관(특별자치도지사 · 시장 · 군수 · 구청장 또는 지역별 관광협회)에 제출하여야 한다.

3) 지정증발급

지정기관은 관광편의시설업의 지정신청(지정사항 변경신청 포함) 내용이 지정기준에 적합하다고 인정하여 관광편의시설업을 지정한 때에는 관광편의시설업지정증을 신청인에게 발급하여야 한다.

03 관광편의시설업자 지정대장 비치 · 관리

지정기관은 관광편의시설업의 지정을 한 때에는 관광편의시설업자 지정대장에 ① 상호 또는 명칭, ② 대표자 및 임원의 성명 · 주소, ③ 사업장의 소재지를 기재하여 비치 · 관리하여야 한다.

04 관광편의시설업지정증의 재발급

지정증을 잃어버리거나 그 지정증이 헐어 못 쓰게 되어버린 경우에는 지정증 재발급신청서를 작성하여 지정기관에 제출하면(헐어 못 쓰게 된 경우에는 지정증 첨부) 지정증을 다시 발급받을 수 있다.

05 관광편의시설업의 지정취소

지정기관은 관광편의시설업의 지정을 받은 자가 등록취소 등 사유에 해당하는 때에는 그 지정을 취소할 수 있다.

제12장

관광정책과 관광행정

제 1 절

관광정책

01 한국관광정책의 발전

관광정책에 대한 관심은 1961년 관광사업진흥법이 제정·공포되면서 일기 시작하여 1970년대에 접어들면서 외래관광객의 급증에 따라 제도적인 보완장치가 마련되기 시작하였고 70년대 후반부터 국민관광에 대한 정책의지가 크게 나타나게 되었다.

그러나 80년대에 들어서 '86 아시안게임과 '88 서울올림픽으로 우리나라를 둘러싼 관광환경이 크게 변하면서 국력신장에 맞는 해외여행 그리고 각국의 외래관광객의 다양화로 인한 국내관광개발의 선진화에 걸맞은 관광행정 및 정책이 절실히 필요하게 되었다.

1990년대 들어서 동구권과의 잇단 수교 및 1992년 중국과의 전격적인 수교는 이전에 실행하여 오던 관광정책을 전면적으로 수정하지 않으면 안 되게 되었다.

또한 1993 대전 엑스포와 1994 한국방문의 해 행사를 통하여 명실상부하게 관광한국의 위상을 전 세계에 알리게 되었다. 1994년 12월 정부조직개편에 따라 교통부에 속해 있던 관광정책기능이 문화체육부로 이관되었으며 1995년 이후 많은 제도가 개선되었다. 1996년도에 OECD 가입을 계기로 해외 거대관광자본의 유입을 기대하였으나, 1997년 말부터 불어닥친 외환위기로 인한 불경기로 인해 많은 관광레저기업이 도산하게 되어, 그때까지 규제 일변도의 관광정책은 일대 전환기를 맞이하게 되었다. 한편, 정부는 1999년도에 관광진흥을

위한 규제완화를 위해 관광진흥법을 개정하여 총 20개의 규제를 폐지하고 19건의 규제를 완화하였다. 2000년대에 들어서면서 여가시간의 확대, 노동시간의 감소, 국제화의 분위기 등으로 방한외국인 관광객의 수가 1,000만 명을 넘는 대량관광의 시대로 진입하게 되었다.

정부조직 개편에 따라 문화관광부는 문화체육관광부가 되었으며 시대적으로도 국민관광의 대중화와 다양화의 현상이 나타나면서 그동안 소외되었던 노인과 어린이 장애인에 대한 복지관광의 시대가 도래했다.

02 관광정책의 목적

관광정책은 주로 국가가 관광사업진흥을 위해 강구하는 방책이다. 관광정책은 그 대상에 따라 국내관광정책과 국제관광정책으로 대별된다. 1975년 12월에 제정된 관광기본법은 제1조에서 정책의 목적에 관해 다음과 같이 규정하고 있다.

「이 법은 관광진흥의 방향과 시책의 기본을 규정함으로써 국제친선의 증진과 국민경제의 향상을 기하고 건전한 국민관광의 발전을 도모함을 목적으로 한다.」

한국의 관광정책은 크게 관광진흥의 조성책 및 지도와 규제정책으로 나눌 수 있는데 각종 세법, 관광진흥개발기금법 등은 전자이며, 후자에는 관광사업법, 출입국관리법 등을 들 수 있다.

03 관광정책의 조직화

1) 공공관련부문의 개입 이유

공공부분이 관광에 개입하는 몇 가지 이유가 존재한다.

첫째, 정치적인 이유이다. 그 특성에 의해 관광에서는 사람들이 국경선을 넘나들게 된다. 따라서 정부는 외국관광객과 자국민의 출입국절차에 관련된 정책을 준비해야 한다. 그러므로 관광의 장려는 정치적인 목적에 사용될 수 있다. 관광은 두 국가 간에 더 나아가서 국제관계의 증진 수단으로써 또는 특정 목적지의 국내외 이미지 향상수단으로써 사용된다.

둘째, 환경적 이유이다. 관광은 한 지역의 풍경, 역사 그리고 문화적 유산과 같은 것들을 판매한다. 관광의 위험요소 중 하나는 국내환경을 외국시장에 더욱 받아들이기 쉬운 것으로 만들려는 시도로 관광요소 본래의 물리적·문화적인 환경특성을 소실하게 될지 모른다는 점이다.

셋째, 경제적 이유이다. 관광은 하나의 거대한 수출산업이다. 관광이 미치는 경제적 이득을 최대화하기 위해 정부는 어느 정도 이 정책에 관여해야 한다.

2) 공공부문의 역할

(1) 조정

공공부문은 흔히 조정기능을 담당한다. 조정은 관광의 여러 다른 측면과 관련된 정부기관 간에 필수적이다. 예를 들어 출입국 관리는 한 국가에 관광객의 입국을 신속히 처리하기 위해 입국수속절차를 완화하도록 요구할 것이다. 이것은 명백히 관광을 촉진할 것이다. 그러나 마약당국은 관광객의 유입과 더불어 마약의 유입이 증가하리라는 두려움 때문에 완화조치에 반대할 수도 있다. 그러므로 일부의 조정이 반드시 필요할 것이다.

조정은 또한 중앙정부, 특별시, 광역시나 도와 같은 중간단체, 시, 군, 읍, 면과 같은 기초단체 간에도 필수적이다. 관광이 실제로 효과를 발휘하기 위해서는 한 국가 안에서 조정되야 하고 그 결과 모든 지역이 동일목표를 향하여 움직여야 한다.

그와 같은 이유로 조정은 공공부문과 비영리조직 사이에서뿐 아니라 사적부문 간에도 필요하다. 비록 사적 부문이 관광을 그들의 주산업으로 하고 있지 않을지라도 수많은 교육기관과 문화기관은 관광객을 끌어들이는 데 자원을 제공하게 된다. 사적 부문이 관광에 개입하는 것은 명백한 사실이다. 그들의 노력이 중복되는 것을 막기 위해 목표와 전략이 반드시 조정되어야 한다.

(2) 계획

알제리와 이스라엘과 같은 국가에서 정부는 관광개발계획을 수립하고 있다.

국가관광개발계획은 정부가 다양한 관광관련 산업부문 중 어느 부문이 우선적으로 개발되어야 하는가, 적절한 성장률은 얼마이고, 누가 그 사업확장에 필요한 자본을 조달할 수 있는가를 결정하는 구상이다. 여기서 중요한 것은 공급(매력물, 시설, 상부구조)의 개발과 수요(관광객 수)의 촉진을 균형적으로 꾀하는 것이다.

(3) 입법과 규제

정부의 중요한 역할은 입법과 규제이다. 정부의 법률은 그해의 유급휴가 일수, 휴가 동안 사용할 수 있는 임의의 유급시간의 총계에 영향을 줄 수 있다. 또한 여권과 비자에 대한 정책이 결정되어야 한다. 비자(사증)는 국내를 방문하는 모든 외국관광객에게 요구되어진다.

정부의 영향은 관광사업 경영에 필요한 각종 규제에도 작용한다. 일부 국가에서 관광안내원은 자격증을 획득해야 한다. 각종 사업은 건축 및 면허 등 안전과 건강관련법규로 규제되고 있다. 관광객을 끌어들이는 관광자원을 보호하기 위해 훼손되기 쉬운 자원의 사용 및 출입을 제한할 수 있다.

(4) 기업가 정신

공공부문은 일반적으로 한 지역의 관광개발에 있어서 하부구조를 제공할 것이다. 그러나 그와 더불어 정부는 관광매력물 및 서비스시설을 소유하거나 운영하기도 한다. 많은 국가가 국적항공사를 경영하고 있고 스페인, 포르투갈의 정부는 호텔을 소유하고 경영하고 있다.

(5) 촉진자

정부는 세 가지 방안을 사용하여 중앙 및 지방의 관광을 촉진한다.

첫째, 일정기간 동안 장기 저리융자나 무이자 대여와 같은 재정적인 자극은 사적 부문의 투자를 유발할 수 있다.

둘째, 공공부문은 특정업체보다는 일개의 산업에 널리 이익을 주는 조사를 후원할 것이다. 예를 들면 특정 외국시장의 특성에 따라 조사가 이루어질 것이다. 그리고 자사의 특정시설을 활용해 이 시장을 끌어들이는 계획을 개발할 수 있는 사적 영리기업이 그 결과를 이용할 수 있도록 만들 수 있다.

셋째, 촉진활동에 자금을 쓰는 것에 의해 관광을 자극할 수 있다. 촉진노력은 전국 및 지방에 걸쳐서 이루어져야 하고 촉진활동은 관광수요의 창출에 목적을 둔 관광촉진으로 구성된다. 촉진활동에는 때때로 관광매력물과 시설에 대한 자본투자 유치를 목적으로 한 투자촉진이 전개되기도 한다.

3) 관광정책의 제정

공공부문에서의 정책이 좋건 싫건 관광과 관련된다는 것은 명백한 일이다. 사적 부문과 비영리부문의 행동을 유도하기 위해 관광정책을 수립하는 것은 타당한 일이다.

어떤 고려하에서 특정목적지의 필요에 대처하기 위해 어떠한 특정 목적과 행위가 추구되어야 하는가를 결정하는 데 관광정책은 일련의 지침으로 작용한다.

04 관광정책의 일반적 수순

어느 지역에 대한 잠재고객의 욕구는 적절한 조사기법을 사용하여 밝혀낼 수 있다. 관광목표는 이들의 욕구를 반영하지만 현존하는 시장과 자원시설에 의해 제약을 받는다. 일련의 프로그램 또는 전략은 목표를 성취하고 사전의 일치된 욕구를 만족시키는 데 목적을 둔 총체적 정책으로부터 나온다. 또한 시장과 자원의 제약조건은 정책에 의해 발생된 피드백의 결과에 의해 바뀔 것이다.

1) 정책목표

관광을 위한 목표는 정책이 개발되기 전에 이루어져야 한다. 그러나 관광부분에서의 목표는 개별적으로 설정되면 안 된다는 것이 중요하다. 예를 들어 관광과 레크리에이션 사이에는 매우 밀접한 관련이 있다. 이 때문에 관광은 숙박여행이나 가정과 일정거리 떨어진 형태의 레크리에이션이라고 주장되기도 한다.

관광의 목표는 또한 광범위한 국내의 이익과 일치하기 위해 그리고 관련분야에서 국가적 · 지방적 단체의 특정목적을 보완하기 위해 수립되어야 한다. 따라서 다음과 같은 사항이 정책목표의 내용이 되고 있다.

- 에너지 보존
- 완전고용
- 최저 인플레이션의 경제성장
- 중앙정부의 운영 개선
- 환경보호
- 자연자원의 분별력 있는 사용
- 도시의 재건
- 혜택받지 못한 사람들을 위한 기회균등
- 육체적·정신적 건강의 증진
- 국제무역 적자의 감소
- 공정한 조세
- 소기업의 경제적 생존능력
- 개인사업의 최소한 규제
- 국제신용의 향상
- 국내교통체계의 균형

2) 제약조건

제약조건은 관광지의 내부 또는 외부에서 많이 발생한다. 외적 제약조건은 관광지의 통제범위를 벗어난다.

(1) 외적 제약조건

첫째, 휴가에 대한 수용의 크기는 가처분 소득의 수준과 밀접하게 관련되기 때문에 정책은 관광객 송출국가의 총체적인 경제상태에 의해 크게 제약을 받는다. 부진한 경제상황은 자원의 양보다는 기껏해야 한정된 성장계획과 품질 증진 정책을 제안하는 데 그친다.

둘째, 정책은 세계 에너지상태에 의해 제약받는다. 특히 가솔린의 가격과 공급은 자가용관광객에게 의존하고 있는 관광지역에 영향을 준다. 가솔린 가격의 상승과 가솔린 공급의 불확실성으로 인한 전체적인 영향은 자가용관광객의 수를 감소시킬 것이고 보다 가까운 곳으로 관광객은 이동하게 되고, 주유형여행보다는 정주형여행으로 여행형태가 변화할 것이다. 그러한 상황은 대중교통의

시설개발과 조장에 대해 중요한 정책적 의미를 줄 것이다.

셋째, 다양하게 세분화된 시장의 여행잠재력은 관광정책에 영향을 줄 것이다. 스코틀랜드 패키지휴가의 증가는 교통수단 특히 항공기에 의한 단시간 접근이 가능하기 때문에 영국 남부지역에서 최고의 잠재력이 일어났다.

넷째, 기후조건은 개발할 수 있는 관광유형을 제한한다. 예를 들어 스코틀랜드의 기후는 많은 영국인들에게 바람직하지 못하다고 생각되고 있다. 그 이미지는 어느 정도까지 완전히 정당화할 수 없으므로 기후가 휴가를 즐기기에 좋은 계절에 촉진활동을 전개함으로써 이 이미지를 개선할 수 있다. 만약 나쁜 날씨가 휴가활동을 제한한다면 정책담당자는 더 많은 우기관광시설을 개발해야 할 것이다.

(2) 내적 제약조건

내적 제약조건이 비록 관광정책에 영향을 미치지만 정책의 결과가 나타남으로써 수정될 수 있다. 예를 들어 매력물과 관광시설의 질(質)은 합리적으로 끌어들일 수 있는 관광객의 유형을 제한한다. 미국의 관광시장은 호텔의 개인욕실에 매우 길들여져 있다. 만약에 개인욕실이 부족하면 관광정책은 그 욕실을 더 많이 건설하는데 현재시설을 현대화하기 위해 재정적인 원조를 해야 할 것이다. 반면에 개인욕실이 없이 건설되는 호텔시설들은 그러한 원조가 적당하지 않을 것이다.

관광정책이 레크리에이션 및 레저정책과 분리될 수 없다는 점이 일찍이 지적되어 왔다. 지역주민에 의한 매력물과 시설의 사용은 관광정책에 제약조건으로 간주되어야 한다. 도시지역 내와 주변지역의 극히 일부분의 레크리에이션시설이 관광객에게는 특히 주말에만 이용이 가능한 형편이다.

한편으로 어떤 문화적 시설 및 레크리에이션시설은 관광수요 때문에 지역사회에서 그 존재를 유지하고 있기도 하다. 런던의 대형극장은 그 대표적인 예이다. 이들 많은 극장들은 관광객의 왕래로 인하여 상업성을 유지하고 있다. 만약에 관광객의 수요가 존재하지 않는다면 많은 극장들이 문을 닫게 될 것이고 지역주민들은 이 자원을 잃게 될 것이다.

토지와 투자의 가능성은 또한 목적지와 관련이 깊다. 특히 조그만 지역에서는 적정한 토지이용에 관해 결정을 내리기가 어렵다. 미국에서는 그와 반대로 황야 또는 레크리에이션 용도로써 공유지의 사용에 대해 상당한 논쟁이 일어났다.

투자자본의 부족은 목적지에 특별한 문제들을 일으킨다. 투자에 대한 자본의 결여는 관광개발을 방해하지만, 그 지역 외부로부터의 자본의 촉진은 결국 지역통제를 잃게 될 것이다. 이러한 문제는 국가뿐만 아니라 지방에서도 똑같이 발생한다.

이용가능한 노동력은 또한 관광정책의 제약조건으로 작용한다. 관광은 인간산업이다. 관광산업의 특징은 특별한 고용문제를 일으킨다. 관광직종은 흔히 계절적이고 낮은 임금이 지불된다. 대중과는 다른 사회계층과 문화를 접하기 위해 가정에서 행하는 것과는 다른 행동방식과 식사제공방법을 배울 필요가 있다.

3) 관광목표

국내이익의 배경에 대하여 관광목표(Tourism Goal)는 네 가지 라인 즉 경제, 소비자, 자연자원 및 환경자원, 정부의 운영 등에 따라 개발될 수 있다.

① 경제 : 경제적 번영, 완전 고용, 지역경제발전, 국제수지 증진에 관광과 레크리에이션의 공헌을 최대화할 것

② 소비자 : 거주자와 방문객에게 일반적으로 접근하기 쉬운 여행과 레크리에이션의 기회와 이익을 만들 것
그 국가의 지리, 역사, 민족의 다양성에 대한 이해를 증진시키기 위해서 그리고 그 주민의 개인적 성장과 교육에 기여할 것
대중 건강보호법률로 그 국가에 들어가는 사람과 상품의 출입을 감시하고 자유롭고 환영받도록 외국인의 입국을 조장할 것

③ 자연자원 및 환경자원 : 지역사회 생활과 개발의 일부분으로써 일국의 역사적 · 문화적 토대를 보호 · 보존할 것. 또한 일국의 부유한 유산을 향유할 기회를 다음 세대에게 넘겨줄 것
관광, 레크리에이션 및 오락활동에 대한 정책이 에너지 개발과 보호관리, 환경의 보호, 자연자원의 적절한 사용 등 다른 국가적 이익에 대한 정책과 조화를 확립할 것

④ 정부의 운영 : 관광, 레크리에이션을 지지하는 모든 중앙정부의 활동을 가

능한 최대한으로 조화시킬 것, 관광과 레크레이션에 관련된 산업의 공적·사적 부문 그리고 일반대중의 욕구를 지원할 것, 관광, 레크리에이션, 국가적 유산보호와 관련된 모든 산업에 지도자 역할을 수행할 것

4) 관광목적

일단 상기에서 언급한 폭넓은 목표가 결정되고 나면 특정한 목적(Tourism Objectives)을 설정할 때 갈등이 발생한다. 갈등은 목표 간 또는 목표 내에서 일어난다. 예를 들어 카지노 도박을 장려해야 하는가? 그렇게 하는 것은 경제적인 목표에는 합치되나 소비자 목표에는 갈등을 일으킨다. 일부 지역을 예로 들면 트리니다드토바고(Trinidad and Tobago : 서인도제도의 영연방 독립국가)는 카지노 게임장의 운영에 대한 허가를 승인할 수 없다고 결정하였다. 비록 그들이 카지노의 잠재적 이득을 인식하였지만 사회적 비용이 너무 클 것이라고 보았다. 이와 유사하게 두려움을 느낀 미국 여러 주의 시민들은 카지노 도박을 중단시켰다.

유사한 갈등이 목표 내에서 발생할 수 있다. 예를 들어 현존의 관광항구에 관광객의 방문을 장려함으로써 국제수지가 개선되고 경제적 목표의 일부분을 달성하게 만들지만 그러나 그것은 지역경제개발을 최대화하려는 욕망에는 적합하지 않을 것이다.

단지 지역이익이 지역사회에서 최고의 것, 지역사회의 욕구에 합치하는 것에 놓여 있을 때만이 지역사회에 최고의 이익이 되도록 그러한 갈등은 해결될 수 있을 것이다.

5) 관광정책

합의된 목적, 설정목표에 대한 공식화가 목적지의 관광정책(Tourism Policy)을 구성한다. 관광목표에 합치하는 많은 대체방안은 기본적인 정책진술에 도달하는 방법에 있어서와 같이 트리니다드토바고에서 해결하였다.

트리니다드토바고는 베네수엘라 동북 해안 앞바다에 있는 영령 서인도제도 중 최남단의 섬이다. 1962년 그 동북방의 토바고와 합동하여 Trinidad and Tobago로서 영국연방 내의 독립국이 되었으며 1976년 공화국이 되었다. 수도는 Port of

Spain이다.

이하는 이 국가에서 도달한 기본적인 정책진술이다.

이 국가의 자원과 시설은 우선적으로 자국민의 욕구, 안락, 향락에 제공되는 것을 지향하여야 했기 때문에 일반대중은 전국의 모든 해안에 접근할 수 있고 어떤 사람이라도 인종, 피부색, 계급, 종교를 근거로 판단하는 것을 용인하지 않는다.

비록 카지노의 잠재적 수입이 크다 할지라도 사회적 비용이 지불가격보다 너무 높기 때문에 카지노 도박장의 운영이 허락되지 않는다.

이 섬나라 문화 이외에서 관광에 대한 주된 매력물이 증가할지라도, 이 나라의 예술형태와 이유 없는 파괴로 예술을 공연하는 예술가를 보호하기 위해 관광개발에 대한 프로그램이 긍정적으로 측정되고 있다.

관광투자에 대한 몫은 참가한 대자본가를 경유하거나 소형호텔 및 숙박시설을 경유하여 소규모 자본가에게 공평하게 떼어내주어야 한다.

관광개발에 종사하는 기업은 효과적인 의사결정이 국가의 시민에게 부여되어 있다는 것을 보여줄 필요가 있다.

전체산업은 수입에 크게 의존하는 성향을 바꾸려는 조치를 취해야 할 것이다. 지역 상품 및 서비스 특히 음식, 음료, 오락, 컨설팅 서비스 분야에서 그 사용의 최대화를 더욱 활발히 추구해야 한다.

6) 관광 프로그램

정책설정과 함께 관광개발자는 상기에서 진술한 목적에 대처하는 관광 프로그램(Tourism Program)을 세워야 한다. 본보기로는 특별한 투자동기를 확립하는 프로그램, 출입국 관리규정의 프로그램, 세금구조 조직의 프로그램, 특정표적시장에 대한 촉진캠페인 등이 있다. 이들 프로그램의 성공적인 완성은 결국 그 목적이 달성된다는 것이다. 그 다음에 이것은 합의된 관광목표 달성을 향하여 내적 제약조건에 영향을 줄 것이다. 이미 언급한 바와 같이 이러한 목표는 지역사회의 욕구와 일치하는 선에서 설정되어야 한다.

이상과 같은 내용을 도식화한 것이 [그림 12-1]이다.

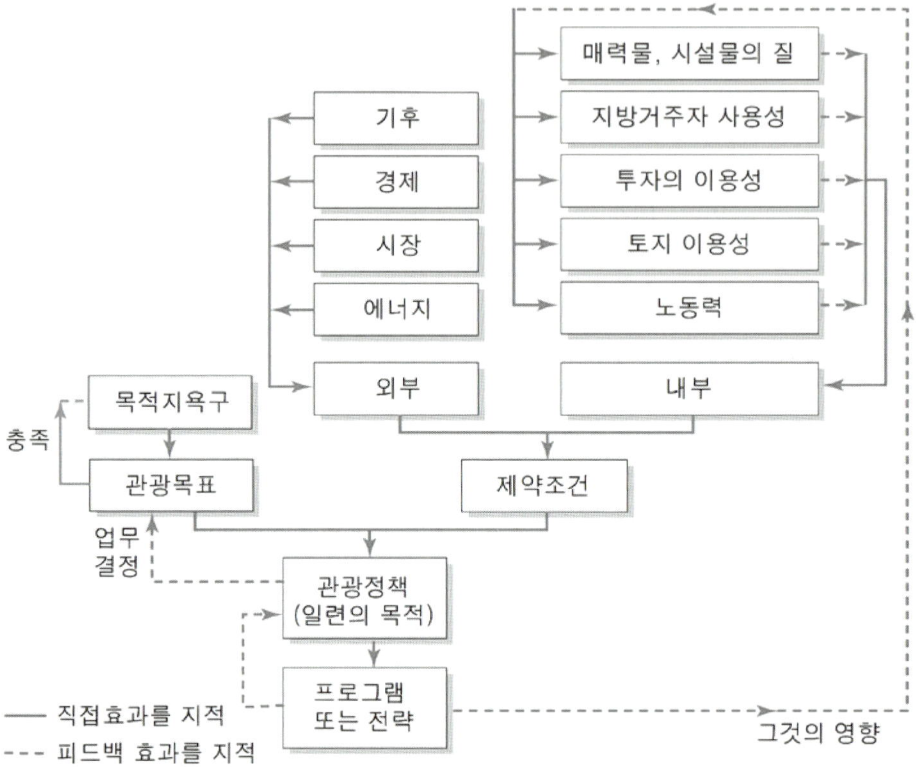

그림 12-1 관광정책 모델

05 우리나라 관광정책의 변천과정

1) 1950년대의 관광정책

8·15해방 직후의 대혼란을 거쳐 1948년에 정부가 수립되었으나, 미처 관광행정체제가 확립되기도 전에 1950년 6·25전쟁이 발발하여 전국의 관광시설이 전화(戰禍)로 전부 파괴되었다. 부산으로 피난을 간 정부는 1950년 12월에 교통부 총무과 소속으로 '관광계'를 신설하여 철도호텔업무를 관장케 하였으며, 그 후 1954년 2월 10일 대통령령 제1005호로 교통부 육운국에 '관광과'로 승격시켜 관광사업에 대한 행정적인 체제를 마련하기 시작하였다.

1957년 11월에는 교통부가 현 세계관광기구(UNWTO)의 전신인 국제관설관광기구(IUOTO)에 정회원으로 가입하게 됨으로써 우리나라도 세계관광의 흐름에 편승하는 계기가 되었다.

1958년 3월에는 '관광위원회'의 규정(規程)을 제정하여 교통부장관의 자문기관으로 중앙관광위원회를, 도지사의 자문기관으로 지방관광위원회를 각각 설치하여 다소나마 관광행정기능을 보강하였으나, 실질적으로는 관광행정이 이루어지지 못하였다.

2) 1960년대의 관광정책

1960년대는 우리나라 관광사업의 기반조성과 국제관광객 유치를 위한 체제정비의 시기였다고 할 수 있다.

1961년 8월 21일 제정·공포된「관광사업진흥법」은 우리나라 관광의 획기적인 발전을 위한 최초의 법률이 되었으며, 이어서 1962년 4월 24일 제정·공포된「국제관광공사법」에 의하여 국제관광공사(현 한국관광공사의 전신)가 설립되어 한국관광의 해외선전, 관광객 편의제공, 관광객 유치업무를 수행하기 시작하였다.

1963년 8월에는 교통부직제를 개정하여 관광과를 '관광국'으로 승격시켰는데, 이와 같이 관광의 중앙행정기관으로 신설된 관광국은 관광에 관한 종합적인 정책의 수립과 조정업무를 담당함과 동시에 시·도 관광업무의 감독기능을 수행케 함으로써 처음으로 통일되고 일관성 있는 관광행정을 집행할 수 있게 되었다. 또 1963년 3월에는「관광사업진흥법」 제48조에 의거 대한관광협회(현 한국관광협회중앙회의 전신)가 설립되면서 도쿄와 뉴욕에 해외선전사무소를 최초로 개설하였다.

1965년 3월에는 대통령령 제2038호로 '관광정책심의위원회 규정'을 제정·공포하고, 이를 근거로 국무총리를 위원장으로 하는 '관광정책심의위원회'를 발족하였는데, 여기서 관광정책에 관한 주요 사항을 심의·의결케 함으로써 이 기구의 법적 지위를 높이는 한편 기능을 강화하였다.

1965년에는 관광부문의 국제회의인 제14차 아시아·태평양관광협회(PATA) 연차총회를 한국에 유치하여 각국 관광업계 대표들에게 한국관광 전반에 대해 알릴 수 있는 계기를 마련하기도 하였으며, 관광업계 종사원의 양성·배출을 위해 1962년 통역안내원시험 실시에 이어 1965년부터 관광호텔종사원 자격시험제도를 실시하였다.

1966년에는 외국관광전문가에게 한국관광지 전반에 관한 연구를 의뢰하였는데, 그 연구보고서(일명 Kauffman보고서)에는 한국관광사업의 밝은 전망이 제시되었다.

1967년은 '국제관광의 해'로 정하여 국제친선과 외래관광객의 방한을 촉진하였으며, 같은 해 3월에는 「공원법」이 제정됨에 따라 국내 최초로 지리산이 국립공원으로 지정되었다.

3) 1970년대의 관광정책

1970년대에 들어와서 정부는 관광사업을 경제개발계획에 포함시켜 국가 주요 전략산업의 하나로 육성함과 동시에 관광수용시설의 확충, 관광단지의 개발 및 관광시장의 다변화 등을 적극 추진하여 1978년에는 역사상 처음으로 외래관광객 100만 명을 돌파하는 성과를 거두었다.

이러한 관광진흥정책의 적극적인 추진에 의해 우리나라 관광이 규모와 질적인 면에서 크게 성장함에 따라 종래의 관광법규를 재정비함과 아울러 관광행정조직도 강화할 필요성을 느끼게 되었다.

그래서 1972년 12월 29일 제정된 「관광진흥개발기금법」에 따라 정책금융으로 관광진흥개발기금을 설치하였고, 1975년 4월에는 「관광단지개발촉진법」이 제정되어 경주보문관광단지와 제주중문관광단지 등과 같은 국제수준의 관광단지개발을 촉진하여 관광사업발전의 기반을 조성하는 데 기여하였다.

그리고 1975년 12월 31일에는 우리나라 최초의 관광법규인 「관광사업진흥법」을 발전적으로 폐지함과 동시에 폐지되는 법의 성격을 고려하여 「관광기본법」과 「관광사업법」으로 분리제정하였다. 특히 「관광기본법」은 우리나라 관광법규의 모법(母法)이며 근본법(根本法)의 성격을 갖는데, 이 법은 우리나라 관광진흥의 방향과 시책에 관한 사항을 규정함으로써 국제친선의 증진과 국민경제 및 국민복지의 향상을 기하고 건전한 국민관광의 발전을 도모하는 것을 목적으로 제정되었다.

한편, 우리나라 관광사업이 양적으로 확대되자 1972년 8월에는 교통부직제를 개정하여 '관광국'의 업무과를 폐지하고 기획과, 지도과, 시설과를 신설하여 관광행정기구를 보강함과 동시에 지방자치단체인 서울, 부산, 강원, 제주도에는

'관광과'를, 기타 7개 도에는 관광운수과 내에 '관광계'를 두어 관광업무를 관장케 함으로써 관광진흥을 위한 보다 강력한 행정력이 뒷받침되기에 이르렀다.

더욱이 1979년 9월에는 관광국을 '관광진흥국'과 '관광지도국'으로 확대 개편하고, 관광지도국 내에 '국민관광과'를 신설하여 관광지의 지도 및 개발은 물론, 국민관광에 대한 본격적인 정책수립의 입안이 시행되기에 이르렀다.

4) 1980년대의 관광정책

1980년대는 우리나라 관광이 도약한 시기라 할 수 있다. 즉 건전한 국민관광의 조성과 관광시장구조의 다변화 등 국제관광과 국민관광의 조화 있는 발전을 이루는 성장과 도약의 시기였다고 할 수 있다.

1980년 1월 5일에는 야간통행금지가 해제되고, 1981년부터는 국민관광지를 개발하기 시작하여 전략적 국제관광단지로서 경주보문관광단지 및 제주중문관광단지 개발에 이어 1983년에 충남도남관광단지와 1984년에는 남원관광단지 개발을 추진하기 시작하였다.

한편, 1983년 ASTA총회 및 교역전 서울 유치, 1985년 IBRD/IMF총회, 1986년 ANOC총회 및 86아시안게임, 1988년 서울올림픽 등 대규모 국제행사를 성공적으로 개최함으로써 관광산업의 비약적인 발전을 가져왔으며, 1988년에는 외래관광객 200만 명을 돌파하는 성과를 거두기도 했다.

또한, 1970년대 후반기에 들어서서 1인당 국민소득이 약 1,000달러에 이르러 국민관광의 여건이 조성되자, 이제까지의 국제관광 우선정책에서 벗어나 국민관광과의 병행발전정책으로 전환하게 됨으로써 새로이 발생하는 관광수요에 능동적으로 대처하기 위해 관광법규의 전면적인 개편이 필요하게 되었다.

이에 따라 1986년 5월 12일 「올림픽대회 등에 대비한 관광숙박업 등의 지원에 관한 법률」이 제정되었는데, 이 법은 제10회 서울아시아경기대회(1986년 개최)와 제24회 서울올림픽대회(1988년 개최)를 원활히 개최하도록 하기 위하여 올림픽이 끝나는 1988년 12월 31일까지만 유효한 한시법(限時法)으로 제정되었다. 또 1986년 12월 31일에는 「관광진흥법」이 제정되었는데, 이 법은 관광여건을 조성하고 관광자원을 개발하며 관광사업을 육성하여 관광진흥에 이바지하는 것을 목적으로 한다.

5) 1990년대의 관광정책

1990년대는 2000년 ASEM회의 개최 준비, 2001년 한국방문의 해 사업 준비, 2002년 한·일월드컵축구대회 준비 등 다가오는 21세기 관광선진국을 대비한 재도약의 시기라고 할 수 있다.

1991년에는 외국인 관광객이 300만 명을 넘어섰고, 아르헨티나에서 개최된 제9차 세계관광기구(UNWTO) 총회에서 우리나라가 UNWTO 집행이사국으로 선출되어 국제관광협력의 기반을 다진 한 해였다.

1993년에는 대전엑스포를 성공리에 개최하였으며, 엑스포 전후 기간 중에는 일본인 관광객에게 무사증 입국을 허용함으로써 일본인 관광객 유치 증대에 크게 기여하였다.

1994년에는 서울정도 600주년을 기념하여 우리의 전통문화를 세계에 널리 알리고 한국관광의 재도약과 세계화의 계기로 삼기 위해 추진한 '한국방문의 해(Visit Korea)' 사업을 성공적으로 추진하였으며, 아시아·태평양관광협회(PATA)의 연차총회, 관광교역전 및 세계지부회의 등 국제행사를 유치 개최하였다.

한편, 제도 면에서는 종래 「사행행위등 규제 및 처벌특례법」에서 사행행위영업의 일환으로 지방경찰청에서 관리해 오던 카지노업을 1984년 8월 3일 「관광진흥법」을 개정하여 관광사업의 일종으로 전환 규정하고 문화체육부장관이 허가권을 갖게 되었다.

1996년 12월에는 대규모 관광수요를 유발하는 국제회의산업을 관광과 연계하여 발전할 수 있도록 하기 위하여 「국제회의산업 육성에 관한 법률」을 제정하였으며, 1997년 1월에는 관광숙박시설의 확충을 위해 「관광숙박시설지원 등에 관한 특별법」을 제정하였다. 그리고 이 해에는 우리나라가 세계에서 29번째로 OECD(경제협력개발기구)에 가입함으로써 서방선진국의 관광정책기구들과 협력할 수 있는 체계를 마련하기도 했다.

1998년 2월 28일에는 정부조직의 개편으로 문화체육부가 문화관광부로 그 명칭이 바뀌었는데, 이 과정에서 '관광(觀光)'이라는 단어가 정부부처 명칭에 처음으로 들어가게 됨으로써 정책입안 및 그 추진에 있어 관광산업에 높은 비중을 부여하게 되었던 것이다.

6) 2000년대의 관광정책

2000년대는 뉴 밀레니엄을 맞이하여 21세기 관광선진국으로서의 힘찬 도약을 준비하는 시기라고 할 수 있다.

2000년도에는 제1회 APEC 관광장관회의와 제3차 아시아·유럽정상회의(ASEM)를 개최하여 국제적 위상을 제고하였다. 2001년 인천국제공항이 개항하였으며, 제14차 세계관광기구(UNWTO) 총회를 개최하였다.

2002년에는 한·일 월드컵 축구대회 및 부산아시안게임의 개최로 국가이미지가 한층 높아졌으며, 2003년에는 개발중심의 관광정책에서 문화예술 및 생태적 가치지향의 관광정책으로 전환하였고, 관광정책 18대 과제가 수립되었다. 반면에 세계적으로 확산된 사스(SARS)와 이라크전쟁 등의 영향으로 세계적으로 관광시장이 위축되기도 하였다.

2004년 관광진흥5개년계획(2004-2008)이 수립되었고 주5일근무제의 확산, 고속철도(KTX)시대가 열렸으며, 제주에서 제53차 아시아·태평양관광협회(PATA) 연차총회가 개최되었다.

2005년 4월에는 관광과 첨단IT기술이 만나는 U-Travel시대의 개막이 선포되고, 5월에는 부산에서 제4차 APEC 관광포럼이 개최되었고, 또한 속초에서 ASEAN 10개국과 한·중·일 3국이 참여하는 ASEAN+3NTO(정부관광기구) 회의가 개최되었다. 또한 9월에는 광주에서 OECD 국제관광회의가 개최되었다. 같은 해 9월에 그랜드코리아레저(주)가 설립되었다.

2007년 4월에는 한국 고유의 관광브랜드 'Korea, Sparkling'이 선포되었고, 중저가 숙박시설인 '굿스테이(Goodstay)'와 중저가 숙박시설 체인화 모델인 '베니키아(BENIKIA)' 체인화 사업이 시작되었다.

한편, 2007년 5월에는 경의선 및 동해선의 남북열차연결구간 열차시범운행과 6월부터 내금강 관광길이 개통되었고 2007년 12월에는 당일코스의 개성관광이 시작되었다.

2008년 4월에는 「관광진흥법」, 「관광진흥개발기금법」, 「국제회의산업육성에 관한 법률」 등 이른바 관광 3법상의 권한사항이 제주특별자치도지사에게 일괄 이양되었다.

2009년에는 관광수지가 9년 만에 흑자로 전환되었고, 의료관광 활성화의 법적 근거 마련, MICE·의료·쇼핑 등의 고부가가치 관광여건을 개선하였다.

2010년에는 환율하락, 신종플루 및 구제역 발생, 경기 침체 지속이라는 대내외적인 위협요인을 극복하고 4대강 살리기 사업, 생태녹색관광 등 관광산업의 장기적인 경쟁력 확보에 주력하였다.

2011년에는 제19차 UNWTO 총회를 개최하였고 2010-2012 한국방문의 해를 계기로 국격 제고와 관광목적지로서의 매력도 향상을 위한 지역 맞춤형 마케팅을 전개하였다.

06 국민관광

1) 국민관광의 의의

국민관광은 일반적으로 전체 국민을 위한 관광 또는 복지국가의 혜택을 받지 못하고 있는 일부 국민을 위한 관광을 말하며, 흔히 복지관광정책 또는 소셜 투어리즘(social tourism)이라 부르고 있다.

국민관광은 관광행정의 현대적 과제이다. 국민관광은 관광이 국민후생에 커다란 효과를 갖고 있는 것에 주목하여 정부 또는 지방공공단체가 관광을 활성화하기 위한 시책 및 관광을 국민일반에게 확대시키는 것을 말하고 정부의 이러한 정책을 국민관광정책이라고 한다.

2) 국민관광의 정의

OECD가 내린 정의는 국민관광이란 여행자금이 부족하든지 여행에 친숙해 지지 않았다든가 또는 그러한 환경에서 자라지 못하여 여행사정에 어둡기 때문에 종래 관광여행의 울타리 밖에 있던 많은 국민층을 관광왕래에 참가시키기 위해 필요한 상태를 조성하는 것이다.

구체적으로는 근로대중의 휴가여행을 가능하게 하는 여러 조치나 제도를 포함하나 그것들은 법률이나 노사의 단체교섭 등에 의하여 정해지는 경우가 많다.

또한 유급휴가의 연장, 휴가수당의 지급, 교통비나 숙박비 등의 할인, 여행저축수표의 발행, 분할지불제도의 설정, 빈틈없는 여행정보의 제공 등 사회정책적인 색채가 농후하다.

3) 국민관광의 발전

국민관광의 개념이 확립되어 각국 특히 유럽국가에서 이것이 국책으로서 추진되기에 이른 것은 제2차 세계대전 이후의 일이다. 관광은 이미 부유층의 특권이 아니라 근로대중의 생산성 향상에 필요하다고 생각되었기 때문이다. 미국에서는 이런 종류의 관광형태는 그 자체로서는 문제도 되지 않지만 이것은 국민소득이 대체로 많고 여행업자가 각종의 여행을 제공하며 국민은 모두 독립심이 강하고 개인주의가 발달되어 있으며 선택의 자유를 좋아하는 기풍이 있기 때문이다.

한국에서는 관광에서의 건강・보건적인 측면(유스호스텔, 청소년 수련장 등)은 소셜 투어리즘에 속한다고 볼 수 있지만 아직 조직적으로 충분히 발달하지는 못한 상태에 있다.

4) 국민관광의 목적과 문제점

국민관광의 목적은 종래의 관광 비참여자의 참여기회를 제공하고 그들의 관광여건을 개선시킴으로써 관광측면에서 사회적 단층현상을 제거하고 참여지향적인 사회풍토를 조성함으로써 인간생활의 질을 높여 전 국민의 복지향상에 기여하는 데 궁극적인 목적이 있다.

구체적인 문제점으로는 공적시설이 충분하지 못하고 또한 있더라도 충분히 이용되지 못하고 있고 이른바 정부공무원의 담당영역이어서 서비스가 민간시설에 비해 그다지 좋지 못하다는 데 있다.

제 2 절
관광행정8)

01 우리나라 관광행정의 전개과정

우리나라 관광행정의 역사를 살펴보면, 1950년 12월에 교통부 총무과 소속으로 '관광계'를 설치함으로써 교통부장관이 관광에 관한 행정업무를 관장하기 시작하였고, 그 후 1954년 2월에는 교통부 육운국 '관광과'로 승격시켰으며, 1963년 8월에는 육운국 관광과를 '관광국'으로 승격시켜 관광행정조직을 강화함으로써 우리나라 관광이 발전할 수 있는 기틀을 마련하였다.

1994년 12월 23일에는 정부조직 개편에 따라 그동안 교통부장관이 관장하고 있던 관광업무가 문화체육부장관으로 이관됨으로써 우리나라 관광행정의 주무관청은 문화체육부장관이었으나, 1998년 2월 28일 다시 정부조직의 개편으로 문화체육부가 문화관광부로 개칭(改稱)되면서 '관광(觀光)'이라는 단어가 정부부처 명칭에 처음으로 들어가게 되었고, 2005년 3월 31일에는 관광레저도시추진기획단 직제를 신설하였다.

2008년 2월 29일에는 「정부조직법」 개정으로 문화관광부가 문화체육관광부로 명칭이 바뀌었고, 관광레저도시추진기획단장이 관광레저도시기획관으로 변경되었으며, 2009년 4월 17일에는 관광레저도시기획관이 관광레저기획관으로 변경되어 현재에 이르고 있다.

8) 조진호 외 3인 공저, 전게서, pp.69～86, 249～259.

이에 따라 문화체육관광부는 산하의 관광산업국이 중심이 되어 외래관광객의 유치증대와 관광수입증대, 관광산업에 대한 외국자본의 유치증대 등을 통한 경제사회 발전에의 기여 및 국민관광의 균형발전을 통한 복지국가 실현이라는 목표를 설정하고 각종 관광산업육성정책을 의욕적으로 추진하고 있다.

02 중앙관광행정조직

1) 개요

국가의 중앙관광행정기관은 「헌법」 및 그에 의거한 국가의 일반중앙행정기관에 대한 일반법인 「정부조직법」 그리고 관광에 관한 특별법인 「관광기본법」, 「관광진흥법」, 「관광진흥개발기금법」 등에 의하여 설치된다.

헌법과 법령에 의거한 국가의 중앙관광행정기관을 개관하면, 국가원수이자 정부수반인 대통령이 중앙관광행정기관의 정점이 되고, 그 밑에 심의기관인 국무회의가 있고, 그리고 대통령의 명을 받아 문화체육관광부를 포함한 각 행정기관을 통할하는 국무총리가 있다. 국무총리 밑에는 관광행정의 주무관청인 문화체육관광부장관이 있다.

2) 대통령

대통령은 외국에 대하여 국가를 대표하는 국가원수로서의 지위와 행정부의 수반으로서의 지위 등 이중적 성격을 갖는다.

대통령은 행정부의 수반으로서 중앙관광행정기관의 구성원을 헌법과 법률의 규정에 의하여 임명하고, 관광행정에 관한 최고결정권과 최고지휘권을 가진다. 또한 관광행정에 대한 예산편성권 및 기타 재정에 관한 권한을 가진다. 또한 대통령은 관광에 관련한 법률을 제안할 권한을 가지며, 국회가 제정한 관광관계법을 공포하고 집행한다. 그리고 그 법률에 이의가 있으면 법률안거부권을 행사할 수 있다.

한편, 대통령은 관광관련 법률에서 구체적으로 범위를 정하여 위임받은 사항과 그 법률을 집행하기 위하여 필요한 사항에 관하여 대통령령을 제정할 수 있는 행정입법권을 가진다. 대통령령으로 제정된 관광관련 행정입법으로는 「관광진흥법 시행령」, 「관광진흥개발기금법 시행령」, 「한국관광공사법 시행령」 등이 있다.

3) 국무회의

우리 헌법상 국무회의는 정부의 권한에 속하는 중요한 정책(관광정책을 포함)을 심의하는 행정부의 최고 심의기관이다. 국무회의는 대통령(의장)을 비롯한 국무총리(부의장)와 문화체육관광부장관 등을 포함한 15인 이상 30인 이하의 국무위원으로 구성된다.

국무회의에서는 관광에 관한 법률안 및 대통령령안, 관광관련 예산안 및 결산 기타 재정에 관한 중요한 사항, 문화체육관광부의 중요한 관광정책의 수립과 조정, 정부의 관광정책에 관계되는 청원의 심사, 국영기업체인 한국관광공사의 관리자의 임명, 기타 대통령·국무총리·문화체육관광부장관이 제출한 관광에 관한 사항 등을 심의한다.

국무회의는 의결기관이 아니고 심의기관에 불과하기 때문에 그 심의결과는 대통령을 법적으로 구속하지 못하며, 대통령은 심의내용과 다른 정책을 결정하고 집행할 수 있다.

4) 국무총리

국무총리는 최고의 관광행정관청인 대통령을 보좌하고, 관광행정에 관하여 대통령의 명을 받아 문화체육관광부장관뿐만 아니라 행정 각부를 통할한다. 또한 국무회의 부의장으로서 주요 관광정책을 심의하고, 대통령이 궐위되거나 사고로 인하여 직무를 수행할 수 없을 때에는 그 권한을 대행한다.

국무총리는 관광행정의 주무관청인 문화체육관광부장관의 임명을 대통령에게 제청하고, 그 해임을 대통령에게 건의할 수 있다. 또한 국무총리는 국회 또는 그 위원회에 출석하여 관광행정을 포함한 국정처리상황을 보고하거나 의견을 진술하고, 국회의원의 질문에 응답할 권리와 의무를 가진다.

국무총리도 관광행정에 관하여 법률이나 대통령령의 위임이 있는 경우 또는 그 직권으로 총리령을 제정할 수 있다.

5) 문화체육관광부장관

(1) 지위와 권한

문화체육관광부장관은 정부수반인 대통령과 그 명을 받은 국무총리의 통괄 아래에서 관광행정사무를 집행하는 중앙행정관청이다.

「정부조직법」 제30조에 의하면 "문화체육관광부장관은 문화 · 예술 · 영상 · 광고 · 출판 · 간행물 · 체육 · 관광에 관한 사무를 관장한다"고 규정하고 있으므로 문화체육관광부장관이 관광행정에 관한 주무관청이 된다.

문화체육관광부장관은 국무위원의 자격으로서 관광과 관련된 법률안 및 대통령령의 제정 · 개정 · 폐지안을 작성하여 국무회의에 제출할 수 있으며, 관광행정에 관하여 법률이나 대통령령의 위임 또는 직권으로 부령을 제정할 수 있다. 현재 관광과 관련하여 문화체육관광부령으로 제정된 부령으로는 「관광진흥법 시행규칙」과 「관광진흥개발기금법 시행규칙」 등이 있다.

그리고 문화체육관광부장관은 관광행정사무를 통괄하고 소속 공무원을 지휘 · 감독하며 관광행정사무에 관하여 지방행정기관의 장을 지휘 · 감독한다. 그리고 관광행정사무에 관하여 정책을 수립 · 운영하며 중앙관서의 장으로서 관광에 관한 각종의 재정에 관한 권한을 가진다.

(2) 보조기관 및 분장업무

문화체육관광부장관의 관광행정에 관한 권한행사를 보조하는 것을 임무로 하는 보조기관으로는 문화체육관광부 제1차관 및 관광산업국장이 있다. 새로 개정된 「문화체육관광부와 그 소속기관 직제」에 따르면 관광산업국장 밑에는 관광레저기획관을 두며, 관광산업국에는 관광정책과 · 관광진흥과 · 국제관광과 · 녹색관광과 · 관광레저도시과 및 새만금개발과를 둔다. 관광레저기획관은 녹색관광과 · 관광레저도시과 및 새만금개발과의 소관사무에 관하여 관광산업국장을 보좌한다.

(3) 관광산업국장은 다음 사항을 분장한다.

1. 관광산업진흥을 위한 종합계획의 수립 및 시행
2. 관광개발기본계획의 수립 및 권역별 관광개발계획의 협의 · 조정
3. 관광산업 정보화 및 통계

4. 남북관광 교류 및 협력
5. 국내 관광진흥 및 외래관광객 유치
6. 관광분야 전문인력 양성
7. 카지노업, 여행업, 관광숙박업, 관광객이용시설업, 국제회의업, 유원시설업 및 관광편의시설업의 육성
8. 문화・예술・민속・레저・생태・전통음식 및 문화관광축제 등 관광자원의 관광상품화
9. 관광지, 관광단지 및 관광특구의 개발・육성
10. 관광진흥개발기금의 조성과 운용
11. 국제관광기구 및 외국정부와의 관광 협력
12. 관광안내체계의 개선 및 편의 증진
13. 관광레저형 기업도시 개발・육성
14. 국내외 관광 투자유치 촉진 및 지방자치단체의 관광 투자유치 지원
15. 새만금 관광단지 개발
16. 4대강 유역 관광자원 개발과 활성화

03 지방관광행정조직

1) 국가의 지방행정기관

국가의 지방행정기관은 그 주관사무의 특성을 기준으로 보통지방행정기관과 특별지방행정기관으로 나누어진다. 전자는 해당 관할구역 내에 시행되는 일반적인 국가행정사무를 관장하며, 사무의 소속에 따라 각 주무부장관의 지휘・감독을 받는 국가행정기관을 말한다. 반면에 후자는 특정 중앙관청에 소속하여 그 권한에 속하는 사무를 처리하는 기관을 말한다. 관광행정에 관한 특별행정기관은 없다.

현행법상 보통지방행정기관은 이를 별도로 설치하지 아니하고 지방자치단체의 장인 특별시장, 광역시장, 특별자치시장, 도지사, 특별자치도지사와 시장・군수 및 자치구의 구청장에게 위임하여 행하고 있다. 따라서 지방자치단체의

장은 국가사무를 수임·처리하는 한도 안에서는 국가의 보통지방행정기관의 지위에 있는 것이며, 지방자치단체의 집행기관의 지위와 국가보통행정관청의 지위를 아울러 가진다. 그러므로 지방관광행정조직은 지방자치단체의 조직과 같다고 할 수 있다.

2) 지방자치단체의 관광행정사무

(1) 지방자치단체의 종류 및 성질

우리나라 지방자치단체는 국가공공단체의 하나로서 국가 밑에서 국가로부터 존립목적을 부여받은 일정한 관할구역을 가진 공법인(公法人)을 말한다. 현행 「지방자치법」의 규정에 따르면 지방자치단체는 ① 특별시, 광역시, 도, 특별자치도와 ② 시, 군, 구의 두 종류로 구분하고 있다. 여기서 지방자치단체인 구(이하 "자치구"라 한다)는 특별시와 광역시의 관할구역 안의 구만을 말한다.

특별시, 광역시, 도, 특별자치도(이하 "시·도"라 한다)는 정부의 직할하에 두고, 시는 도의 관할구역 안에, 군은 광역시나 도의 관할구역 안에 두며, 자치구는 특별시와 광역시의 관할구역 안에 둔다.

(2) 지방자치단체의 관광행정사무

지방자치단체는 그 관할구역 안의 자치사무와 위임사무를 처리하는 것을 목적으로 한다. 여기서 자치사무란 지방자치단체의 존립목적이 되는 지방적 복리사무를 말하고, 위임사무란 법령에 의하여 국가 또는 다른 지방자치단체의 위임에 의하여 그 지방자치단체에 속하게 된 사무를 말한다. 또한 위임사무는 지방자치단체 자체에 위임되는 단체위임사무와 지방자치단체의 장 또는 집행기관에 위임되는 기관위임사무로 구분된다.

관광행정은 국가사무이기 때문에 주로 기관위임사무이며, 이 사무를 처리하는 지방자치단체는 국가의 행정기관이 된다.

지방자치단체가 관광과 관련하여 행하는 사무로는 첫째, 국가시책에의 협조인데, 지방자치단체는 관광에 관한 국가시책에 필요한 시책을 강구하여야 한다. 둘째, 공공시설 설치사무로서, 지방자치단체는 관광지 등의 조성사업과 그 운영에 관련되는 도로, 전기, 상·하수도 등 공공시설을 우선하여 설치하도록 노력하여야 한다. 셋째, 입장료·관람료 및 이용료의 관광지등의 보존비용 충당사무이다. 지방자치단체가 관광지 등에 입장하는 자로부터 입장료를, 관광시설을 관람 또는 이용하는 자로부터 관람료 또는 이용료를 징수한 경우에는 관광지 등의 보존·관리와 그 개발에 필요한 비용에 충당하여야 한다.

(3) "제주특별법"상 관광관련 특례규정

「제주특별자치도 설치 및 국제자유도시 조성을 위한 특별법」(이하 "제주특별법"이라 한다)에 따르면 국가는 제주자치도가 자율적으로 관광정책을 시행할 수 있도록 관련 법령의 정비를 추진하여야 하며, 관광진흥과 관련된 계획을 수립하고 사업을 시행할 경우 제주자치도의 관광진흥에 관한 사항을 고려하여야 한다. 이에 따라 제주자치도는 자율과 책임에 따라 지역의 관광여건을 조성하고 관광자원을 개발하며 관광사업을 육성함으로써 국가의 관광진흥에 이바지하여야 하는데, 이를 위한 관광진흥관련 특례규정을 살펴보면 다음과 같다.

가) 국제회의산업 육성을 위한 특례

문화체육관광부장관은 국제회의산업을 육성·지원하기 위하여 「국제회의산업 육성에 관한 법률」 제14조에도 불구하고 제주자치도를 국제회의도시로 지정할 수 있다.

나) 카지노업의 허가 등에 관한 특례

관광사업의 경쟁력 강화를 위하여 외국인전용 카지노업에 대한 허가 및 지도·감독 등에 관한 문화체육관광부장관의 권한을 제주도지사의 권한으로 하고, 그와 관련된 허가요건·시설기준을 포함하여 여행업의 등록기준, 관광호텔의 등급결정 등에 관한 사항을 도조례로 정할 수 있도록 하였다.

다) 관광숙박업의 등급 지정에 관한 특례

① 「관광진흥법」 제19조제1항(관광숙박업의 등급)에 따른 문화체육관광부장관의 권한은 제주도지사의 권한으로 한다.
② 「관광진흥법」 제19조제2항(우수숙박시설 지정)에서 대통령령으로 정하도록 한 사항은 도조례로 정할 수 있다.

라) 외국인투자의 촉진을 위한 「관광진흥법」 적용의 특례

제주도지사는 카지노업의 허가를 받으려는 자가 외국인투자를 하려는 경우로서 일정한 요건을 갖추었으면 「관광진흥법」 제21조(카지노업의 허가요건등)에도 불구하고 같은 법 제5조제1항에 따른 카지노업(외국인전용의 카지노업으로 한정한다)의 허가를 할 수 있다.

마) 관광진흥개발기금 등에 관한 특례

1. 「관광진흥법」 제30조제2항(기금의 납부)에 따른 문화체육관광부장관의 권한은 제주도지사의 권한으로 한다.
2. 「관광진흥법」 제30조제4항(총매출액, 징수비율등)에서 대통령령으로 정하도록 한 사항은 도조례로 정할 수 있다.
3. 「관광진흥개발기금법」 제2조제1항(기금의 설치 및 재원)에도 불구하고 제주자치도의 관광사업을 효율적으로 발전시키고, 관광외화수입의 증대에 기여하기 위하여 제주관광진흥기금을 설치한다.

바) 관광진흥 관련 지방공사의 설립·운영

제주자치도는 관광정책의 추진 및 관광사업의 활성화를 위하여 「지방공기업법」에 따른 지방공사를 설립할 수 있도록 하였다.

04 관광기구

1) 한국관광공사

(1) 설립근거 및 법적 성격

한국관광공사(KTO: Korea Tourism Organization)는 관광진흥, 관광자원개발, 관광산업의 연구개발 및 관광요원의 양성·훈련에 관한 사업을 수행하게 함으로써 국가경제발전과 국민복지증진에 이바지하는 데 목적을 두고 「한국관광공사법」에 의하여 설립된 특수법인으로 「공공기관의 운영에 관한 법률」의 적용을 받는 정부투자기관이다. 당초에는 1962년 4월 24일 제정된 「국제관광공사법」에 의하여 1962년 6월 26일에 국제관광공사라는 명칭으로 설립되었으나, 1982년 11월 29일 「국제관광공사법」이 「한국관광공사법」(이하 "공사법"이라 한다)으로 바뀜에 따라 공사명칭도 한국관광공사(이하 "공사"라 한다)로 바뀌어 오늘에 이르고 있다.

한국관광공사는 2014년 1월 현재 경영본부, 마케팅본부, 경쟁력본부, 정책사업본부의 4개 본부에 13개 실·뷰로·단, 38개 팀·센터, 5개 국내지사, 4개 권역별 협력단, 19개국 29개 해외지사 조직과 총 540명의 정원으로 구성되어 있다.

(2) 주요 사업과 활동

➊ 주요 사업

1. 국제관광진흥사업
   가. 외국인 관광객의 유치를 위한 홍보
   나. 국제관광시장의 조사 및 개척
   다. 관광에 관한 국제협력의 증진
   라. 국제관광에 관한 지도 및 교육
2. 국민관광진흥사업
   가. 국민관광의 홍보
   나. 국민관광의 실태 조사
   다. 국민관광에 관한 지도 및 교육
3. 관광자원개발사업
   가. 관광단지의 조성과 관리, 운영 및 처분
   나. 관광자원 및 관광시설의 개발을 위한 시범사업
   다. 관광지의 개발
   라. 관광자원의 조사
4. 관광산업의 연구·개발사업
   가. 관광산업에 관한 정보의 수집·분석 및 연구
   나. 관광산업의 연구에 관한 용역사업
5. 관광관련 전문인력의 양성과 훈련사업
6. 관광사업의 발전을 위하여 필요한 물품의 수출입업을 비롯한 부대사업으로서 이사회가 의결한 사업

한국관광공사는 위의 사업 중 필요하다고 인정하는 사업은 이사회의 의결을 거쳐 타인에게 위탁하여 경영하게 할 수 있다. 여기서 '타인'이라 함은 공공단체·공익법인 또는 문화체육관광부장관이 인정하는 단체를 말한다.

② 주요 활동

한국관광공사는 '매력있는 관광한국을 만드는 글로벌 공기업'을 비전으로, 관광산업의 발전을 통한 국가경제 발전에 기여하기 위해 다양한 사업을 수행하고 있다. 외국인 관광객 유치와 관광수입 증대를 위하여 의료관광, 크루즈관광, 한류관광 등 다양한 고부가가치 한국관광상품을 개발・보급하고 있으며, 해외마케팅 전진기지인 15개국 27개 지사를 중심으로 해외관광시장을 개척함과 동시에 지방자치단체와 관광업계의 관광마케팅 활동을 지원하고 있다. 또한 국제회의 및 인센티브 단체 유치・개최 지원, 국제기구와의 협력활동 등을 통하여 대표적 고부가가치 상품인 MICE산업을 종합적으로 지원하고 있다.

한국관광공사의 주요 활동내용을 요약해 보면 다음과 같다.

1. 해외시장의 개척
2. 국제회의 유치・지원 및 국제협력
3. 마케팅 지원활동
4. 지방자치단체 및 업계와의 협력강화와 이벤트 관광상품 개발
5. 관광의식 선진화 및 관광수용태세 개선
6. 남북관광개발전략 수립 및 남북관광협력사업의 단계별 시행방안 추진
7. 종합적인 관광정보서비스 및 관광안내 편의 제공
8. 관광단지 개발
9. 지방자치단체 관광개발 컨설팅 지원
10. 관광개발분야에 대한 투자유치활동
11. 관광전문인력 양성
12. 판매사업관리 등

(3) 정부로부터의 수탁사업

우수숙박시설의 지정 및 지정취소에 관한 권한, 관광종사원 중 관광통역안내사, 호텔경영사 및 호텔관리사 자격시험, 등록 및 자격증의 발급업무 등을 위탁받아 처리하고 있다. 다만, 자격시험의 출제, 시행, 채점 등 자격시험의 관리에 관한 업무는 「한국산업인력공단법」에 따른 한국산업인력공단에 위탁함에 따라 이를 위한 기본계획을 수립한다.

2) 한국문화관광연구원

(1) 법적 성격

한국문화관광연구원(KCTI: Korea Culture & Tourism Institute : 이하 "연구원"이라 한다)은 관광, 문화예술 및 문화산업분야를 포괄하는 문화체육관광부 산하 연구기관으로서, 관광과 문화분야의 조사·연구를 통하여 체계적인 정책개발 및 정책대안을 제시하고 문화·관광산업의 육성을 지원함으로써 국민의 복지증진 및 국가발전에 기여할 목적으로 문화체육관광부장관의 허가를 받아 설립된 재단법인으로 공법인(公法人)의 성격을 갖추고 있다.

그런데 이 연구원은 2007년 2월 7일 종래 (재)한국문화관광정책연구원(2002. 12. 4. 개원)의 명칭을 변경한 것이다.

(2) 조직과 인원

한국문화관광연구원은 2014년 1월 말 기준으로 연구기획조정실, 문화예술연구실, 문화산업연구실, 관광정책연구실, 관광산업연구실, 융합연구실 및 행정실 등 7개 실과 각 실의 업무를 효율적으로 분장·수행하기 위한 관광서비스 R&D 센터, 여가·민투센터, 정책정보통계센터, 국제교류교육센터, 국제관광연구센터, 지역관광기획평가센터 등 6개 센터와 연구기획팀, 총무회계팀, 홍보출판팀, 출판정보팀 등 4개 팀으로 구성되어 있다.

(3) 주요 기능

연구원의 주요 기능은 다음과 같다.

1. 문화·관광발전을 위한 정책개발연구
2. 문화산업, 관광산업, 관광자원 육성·개발을 위한 조사·연구
3. 문화복지, 문화환경, 예술진흥, 전통문화진흥을 위한 조사·연구
4. 남북한 문화·관광교류 및 북한 문화예술·관광연구
5. 국민관광, 국민여가생활, 관광서비스 관련 조사·연구
6. 문화·관광 관련 연구용역의 수탁 및 위탁
7. 문화·관광 정보화 개발 및 정보서비스
8. 문화·관광 관련 자료의 조사·발간·서비스
9. 문화·관광 정책개발관련 사업 및 행사

10. 정부기관 및 문화체육관광부장관이 위탁하는 사업
11. 기타 연구원의 목적에 부합하는 학술연구・사업 및 위 각 호에 부대되는 사업

(4) 주요 활동

한국문화관광연구원은 기본연구사업과 수탁연구사업, 종합관광정보시스템 운영사업, 관광I & I사업, 국제협력사업 및 연구지원사업 등 다양한 연구활동을 수행하고 있다.

3) 경북관광개발공사

경북관광개발공사(KIDC: Kyongbuk Tourism Development Corporation : 이하 “공사”라 한다)는 정부투자기관인 한국관광공사가 100% 투자한 정부재투자기업으로써 경북지역의 주요 관광지를 운영관리하고 관광자원을 개발하기 위하여 활동하는 정부산하 공공기업이다.

이 공사는 1974년 1월 정부와 IBRD(국제부흥개발은행) 간에 체결한 보문관광단지 개발사업을 위한 차관협정에 따라 1975년 8월 1일 당시 「관광단지개발촉진법」(이 법은 1986년 12월 「관광진흥법」에 흡수・폐지되었다)에 의거하여 설립된 ‘경주관광개발공사’를 모태로 한다. 그 뒤 경북 유교문화권(안동시 일대) 개발사업을 담당해야 할 필요에 의하여 1999년 10월 6일 경북관광개발공사로 이름을 바꾸어 확대・개편하였다.

4) 경기관광공사

경기관광공사(Gyeonggi Tourism Organization : 이하 “공사”라 한다)는 「지방공기업법」 제49조에 의하여 2002년 4월 8일 경기도조례로 설치된 지방공사로서 공법상의 재단법인이다. 특히 공사는 지방화시대에 부응하여 우리나라에서는 최초로 지방자치단체가 설립한 지방관광공사이다.

경기도는 공사설립을 위하여 제정한 경기도관광공사 설립 및 운영조례의 규정에 의하여 공사의 자본금을 전액 현금 또는 현물로 출자하였는데, 2002년 5월 11일 경기도관광공사 정관을 제정하여 출범하게 된 것이다.

한편으로 공사의 운영을 위하여 필요한 경우에는 자본금의 2분의 1을 초과하

지 아니하는 범위 안에서 다른 기관·단체 또는 개인이 출자할 수 있게 하여 지방자치단체인 경기도가 오너(owner)로서 외부참여도 가능하도록 개방하고 있다.

5) 인천관광공사

인천관광공사(INCHEON Tourism Organization; 이하 "공사"라 한다)는 「지방공기업법」 제49조에 의하여 2005년 11월 「인천광역시관광공사 설립과 운영에 관한 조례」로 설립된 지방공사로서 공법상의 재단법인이다. 특히 지방자치단체가 설립한 지방관광공사로는 경기관광공사에 이어 두 번째인데, 이 공사는 「인천광역시관광공사 정관」을 제정하여 2006년 1월 1일부터 출범하게 된 것이다.

6) 제주관광공사

제주관광공사(JTO : Jeju Tourism Organization : 이하 "공사"라 한다)는 「제주특별자치도 설치 및 국제자유도시 조성을 위한 특별법」, 「지방공기업법」과 「제주관광공사 설립 및 운영조례」(이하 "조례"라 한다)로 설립된 지방공사로서 공법상의 재단법인이다. 2008년 7월 2일 제주관광공사 정관에 따라 출범한 제주관광공사는 지방자치단체가 설립한 지방관광공사로는 경기관광공사와 인천관광공사에 이어 세 번째로 설립되었다.

05 관광사업자단체의 관광행정

관광사업자단체는 관광사업자가 관광사업의 건전한 발전과 관광사업자들의 권익증진을 위하여 설립하는 일종의 동업자단체라 할 수 있다. 관광사업자들은 관광사업을 경영하면서 영리를 추구하고 있지만, 관광의 중요성에 비추어볼 때 관광사업이 순수한 사적인 영리사업만은 아니라고 보며, 관광사업자는 국가의 주요 정책사업을 수행하는 공익적인 존재라고도 할 수 있다. 따라서 관광사업자단체는 이러한 공공성 때문에 사법(私法)이 아닌 공법(公法)인 「관광진흥법」의 규정에 의하여 설립하는 공법인(公法人)으로 하고 있다.

1) 한국관광협회중앙회

(1) 설립목적 및 법적 성격

한국관광협회중앙회(KTA: Korea Tourism Association; 이하 "중앙회"라 한다)는 지역별 관광협회 및 업종별 관광협회가 관광사업의 건전한 발전을 위하여 설립한 임의적인 관광관련단체이며, 우리나라 관광업계를 대표하는 단체이다.

중앙회는 관광사업자들이 조직한 단체이므로 사단법인에 해당되며, 영리가 아닌 사업을 목적으로 하므로 비영리법인에 해당한다. 또 '중앙회'는 「관광진흥법」이라는 특별법에 의하여 설립되므로 일종의 특수법인이라 할 수 있다. 따라서 '중앙회'에 관하여 「관광진흥법」에 규정된 것을 제외하고는 「민법」 중 사단법인에 관한 규정을 준용한다.

(2) 회원

'중앙회'의 회원은 「관광진흥법」 제45조에 의하여 설립된 지역별 관광협회 및 업종별 관광협회와 동법 제2조 제2호에 의한 관광사업자(업종별위원회)로 하며, 관광관련 기관 및 유관기관·단체와 이와 유사한 성질의 법인 또는 개인(외국법인 또는 개인을 포함한다)은 특별회원이 될 수 있다. 현재 '중앙회' 산하에는 16개 시·도 관광협회와 업종별 협회를 회원으로 두고 있다.

(3) 주요 업무

가) 목적사업

'중앙회'는 그 목적을 달성하기 위하여 다음의 업무를 수행한다.

1. 관광사업의 발전을 위한 업무
2. 관광사업 진흥에 필요한 조사·연구 및 홍보
3. 관광통계
4. 관광종사원의 교육과 사후관리
5. 회원의 공제사업
6. 국가나 지방자치단체로부터 위탁받은 업무
7. 관광안내소의 운영
8. 위의 1호부터 7호까지의 규정에 의한 업무에 따르는 수익사업

나) 정부로부터의 수탁사업

① 관광종사원 중 국내여행안내사 및 호텔서비스사의 자격시험, 등록 및 자격증의 발급업무와 ②「관광진흥법 시행령」 제66조 제1항의 규정에 의하여 호텔업의 등급결정권을 문화체육관광부장관으로부터 위탁받아 등급결정을 하고 있다.

2) 한국일반여행업협회

(1) 설립목적

한국일반여행업협회(KATA: Korea Association Travel Agents)는 1991년 12월「관광진흥법」 제45조의 규정에 의하여 설립된 업종별 관광협회로서, 관광사업의 건전한 발전과 회원 및 여행종사원의 권익증진을 위한 사업, 여행업무에 필요한 조사·연구 및 통계, 홍보활동, 여행업무 종사자에 대한 지도·연수, 관광진흥을 위한 국제관광기구의 참여 등 대외활동을 통하여 여행업의 건전한 발전에 기여하고 관광진흥과 회원의 권익증진을 목적으로 하고 있다.

(2) 주요 사업

한국일반여행업협회는 다음의 사업을 행한다.

1. 관광사업의 건전한 발전과 회원 및 여행업종사원의 권익증진
2. 여행업무에 필요한 조사·연구·홍보활동 및 통계업무
3. 여행자 및 여행업체로부터 회원이 취급한 여행업무와 관련된 진정(陳情) 처리
4. 여행업무종사원에 대한 지도·연수
5. 여행업무의 적정한 운영을 위한 지도
6. 여행업에 관한 정보의 수집·제공
7. 관광사업에 관한 국내외단체 등과의 연계·협조
8. 관련기관에 대한 건의 및 의견 전달
9. 정부 및 지방자치단체로부터의 수탁업무
10. 장학사업업무
11. 관광진흥을 위한 국제관광기구에의 참여 등 대외활동
12. 관광안내소 운영

13. 공제운영사업(일반여행업에 한함)
14. 기타 협회의 목적을 달성하기 위하여 필요한 사업 및 부수되는 사업

3) 한국관광호텔업협회

(1) 설립목적

한국관광호텔업협회(KHA: Korea Hotel Association)는 「관광진흥법」 제45조의 규정에 의하여 1996년 9월 12일에 문화체육관광부장관의 설립허가를 받은 업종별 관광협회이다. 이 협회는 관광호텔업을 위한 조사·연구·홍보와 서비스 개선 및 기타 관광호텔업의 육성발전을 위한 업무의 추진과 회원의 권익증진 및 상호친목을 목적으로 하고 있다.

(2) 주요 사업

한국관광호텔업협회는 다음의 사업을 행한다.

1. 관광호텔업의 건전한 발전과 권익증진
2. 정부로부터의 수탁사업으로서 호텔업에 대한 등급결정업무
3. 관광진흥개발기금의 융자지원업무 중 운용자금에 대한 수용업체의 선정
4. 관광호텔업 발전에 필요한 조사연구 및 출판물간행과 통계업무
5. 국제호텔업협회 및 국제관광기구에의 참여 및 유대강화
6. 관광객유치를 위한 홍보
7. 관광호텔업 발전을 위한 대정부건의
8. 서비스업무 개선
9. 종사원교육 및 사후관리
10. 정부 및 지방자치단체로부터의 수탁업무
11. 지역간 관광호텔업의 균형발전을 위한 업무
12. 위 사업에 관련된 행사 및 수익사업

4) 한국종합유원시설업협회

(1) 설립목적

한국종합유원시설업협회는 1985년 2월에 설립된 유원시설업 단체로서 「관광

진흥법」 제45조의 적용을 받는 일종의 업종별 관광협회이다. 유원시설업체간 친목 및 복리증진을 도모하고 유원시설 안전서비스 향상을 위한 조사・연구・검사 및 홍보활동을 활발히 전개하며, 유원시설업의 건전한 발전을 위한 정부의 시책에 적극 협조하고 회원의 권익을 증진・보호함을 목적으로 한다.

(2) 주요 사업

이 협회는 다음의 사업을 수행한다.

1. 유원시설업계 전반의 건전한 발전과 권익증진을 위한 진흥사업
2. 정기간행물 홍보자료 편찬 및 유원시설업 발전을 위한 홍보사업
3. 국내외 관련기관 단체와의 제휴 및 유대강화를 위한 교류사업
4. 정부로부터 위탁받은 유원시설의 안전성검사 및 안전교육사업
5. 유원시설에 대한 국내외 자료조사 연구 및 컨설팅사업
6. 신규 유원시설 및 주요 부품의 도입 조정시 검수사업
7. 유원시설업 진흥과 관련된 유원시설 제작 수급 및 자금지원
8. 시설운영 등의 계획 및 시책에 대한 회원의 의견 수렴・건의 사업
9. 기타 정부가 위탁하는 사업

5) 한국카지노업관광협회

(1) 설립목적

한국카지노업관광협회는 1995년 3월에 문화관광부장관(현 문화체육관광부장관)으로부터 카지노분야의 업종별 관광협회로 허가받아 설립된 사업자단체로서 한국관광산업의 진흥과 회원사의 권익증진을 목적으로 하고 있다.

(2) 주요 업무

이 협회의 주요 업무로는 카지노사업의 진흥을 위한 조사・연구 및 홍보활동, 출판물 간행, 관광사업과 관련된 국내외 단체와의 교류・협력, 카지노업무의 개선 및 지도・감독, 카지노종사원의 교육훈련, 정부 또는 지방자치단체로부터 수탁받은 업무 수행 등이다.

2011년 말 기준으로 전국 17개의 카지노사업자와 종사원을 대변하는 한국카

지노업관광협회는 이용고객의 편의를 증진시키기 위해 카지노의 환경개선과 시설확충을 실시하는 한편, 카지노사업이 지난 30여 년간 국제수지 개선, 고용 창출, 세수증대 등에 기여한 고부가가치 관광산업으로의 중요성을 홍보하여 카지노산업의 위상제고와 대국민 인식전환을 추진하고 있다.

6) 한국휴양콘도미니엄경영협회

(1) 설립목적

한국휴양콘도미니엄경영협회는 휴양콘도미니엄사업의 건전한 발전과 콘도의 합리적이고 효율적인 운영을 도모함과 동시에 건전한 국민관광 발전에 기여함을 목적으로 1998년에 설립된 업종별 관광협회이다.

(2) 주요 업무

협회의 주요 업무로는 콘도미니엄업의 건전한 발전과 회원사의 권익증진을 위한 사업, 콘도미니엄업의 발전에 필요한 조사・연구와 출판물의 발행 및 통계, 국제콘도미니엄업 및 국제관광기구에의 참여와 유대강화, 관광객유치를 위한 콘도미니엄의 홍보, 콘도미니엄의 발전에 대한 대정부 건의, 관광정책 등 자문, 콘도미니엄업 종사원의 교육훈련 연수, 유관기관 및 단체와의 협력증진, 정부 및 지방자치단체로부터 위탁받은 업무 등이다.

7) 한국외국인관광시설협회

(1) 설립목적

한국외국인관광시설협회는 1964년 6월 30일에 설립된 업종별 관광협회로서 주로 미군기지 주변도시 및 항만에 소재한 외국인전용유흥음식점을 회원사로 관리하며, 정부의 관광진흥시책에 적극 부응하고 업계의 건전한 발전과 회원의 복지증진 및 상호 친목도모에 기여함을 목적으로 하고 있다.

(2) 주요 업무

협회의 주요 업무로는 회원업소의 진흥을 위한 정책자문, 회원이 필요로 하는 물자 구입 및 공급, 주한 미군・외국인 및 외국인 선원과의 친선도모, 외국연예인 공연관련 파견사업 등 외화획득과 국위선양을 위해서 노력하는 것 등이다.

또한 전국 지부소속 회원사에서는 고객서비스 향상, 외국인 및 외국 연예인에 대한 한국소개와 지역 특성에 맞는 문화유적관광 프로그램 제공으로 한국 이미지 제고에 역점을 두고 사업을 시행하고 있다. 협회의 분야별 추진업무는 회원업소 육성사업, 한미친선사업, 외화획득사업, 실천적 선도사업 등이다.

8) 한국MICE협회

한국MICE협회는 「관광진흥법」 제45조의 규정에 따라 2003년 8월에 설립되어 컨벤션 기관 및 업계의 의견을 종합조정하고, 유기적으로 국내의 관련기관과 상호 협조·협력활동을 전개함으로써 컨벤션업계의 진흥과 회원의 권익 및 복리증진에 이바지하고, 나아가서 국제회의산업 육성을 도모하여 사회적 공익은 물론 관광업계의 권익과 복리를 증진시키는 것을 목적으로 하고 있다.

또한 2004년 9월에는 「국제회의산업 육성에 관한 법률」상의 국제회의 전담조직으로 지정되어 국제회의 전문인력의 교육 및 수급, 국제회의 관련 정보를 수집하여 배포하는 등 국제회의산업 육성과 진흥에 관련된 업무를 진행하고 있다.

9) 한국관광펜션업협회

한국관광펜션업협회는 주5일근무제의 본격적 시행과 더불어 가족단위 관광체험 숙박시설의 확충이 필요함에 따라 관광펜션 지정제도를 만들어 이의 활성화를 위해 「관광진흥법」 제45조의 규정에 의거 2004년 5월에 설립된 업종별 관광협회이다.

관광펜션은 기존 숙박시설과는 차별화된 외형과 함께 자연을 체험할 수 있는 자연친화 숙박시설로 앞으로 많은 관광객들이 이용하게 될 가족단위 중저가 숙박시설로 육성할 계획이다.

한국관광펜션업협회는 관광펜션업의 차별화를 위해 현 관광펜션업의 문제점을 파악하고 관광펜션업의 활성화를 위해 관광펜션 예약망 구축, 경영관리, 교육훈련지원, 홍보마케팅, 관광펜션과 연계된 관광프로그램 개발 등 다양한 대안사업을 적극 추진하고 있다.

10) 한국골프장경영협회

한국골프장경영협회는 「체육시설의 설치 · 이용에 관한 법률」 제37조에 의하여 1974년 1월에 설립된 골프장사업자단체로서 한국골프장의 건전한 발전과 회원골프장들의 유대증진, 경영지원, 종사자교육, 조사연구 등을 목적으로 하고 있다.

특히 협회의 부설연구기관으로 한국잔디연구소를 설립하여 친환경적 골프장 조성과 관리운영을 위한 각종 방제기술 연구 · 지도와 병충해예방 · 친환경적 골프코스관리기법연구 등을 수행, 환경경영에 앞장서고 있는 것은 물론, 1990년부터 '그린키퍼학교'를 운영하여 전문성을 갖춘 유자격골프코스관리자를 배출하고 있다. 현재의 골프장은 골프채 · 골프회원권 · 골프대회 · 골프마케팅 등 골프산업의 중심축에 자리하고 있으며, 협회는 스포츠산업 및 레저산업을 선도하는 업종으로 그 기능을 충실히 수행하고 있다.

골프장업종에 대한 불합리한 규제의 개선을 통한 경영환경개선, 건전한 골프문화 조성을 위한 대국민 홍보, 불우이웃돕기와 장학금지원 및 골프장개방 등 지역사회와 함께하여 국민대중 속의 친화적 골프장으로 자리매김하도록 적극 추진하고 있다.

11) 한국스키장경영협회

한국스키장경영협회는 스키장사업의 건전한 발전과 친목을 도모하며 스키장사업의 합리적이고 효율적인 운영과 스키를 통한 건전한 국민생활체육활동에 기여하고자 함을 목표로 한다.

한국스키장경영협회는 스키장경영의 장기적 발전을 위한 사계절 종합레저를 모색하고, 스키장경영의 경영활성화를 위한 개선책을 강구하며, 스키장경영의 정보교환 및 상호발전을 도모하기 위해 노력하고 있다. 또 협회는 스키장사업과 관련되는 법적 · 제도적 규제완화 또는 철폐를 건의하고, 스키장사업의 각종 금융, 세제 및 환경관리제도 개선을 위한 연구 · 용역을 시행하는 등 스키장사업의 지속적 발전을 위한 다양한 사업을 추진하고 있다.

또한 협회는 스키장 설치 및 운영에 관한 조사연구 및 정보교환, 스키장종사자에 대한 교육훈련 및 연수사업, 스키장사업에 관한 지도 · 감독 · 홍보 등 회원사의 권익증진과 발전을 위해 노력하고 있다.

12) 한국공예문화진흥원

한국공예문화진흥원은 「민법」 제32조에 의거 2000년 4월 1일 설립된 재단법인으로 공예문화에 대한 기초자료 조사·연구, 우수공예문화상품 디자인 개발 및 효율적 유통구조 창출 등 공예기술 저변확대를 통한 공예산업진흥에 기여함을 목적으로 하고 있다.

한국공예문화진흥원은 2002년 한·일월드컵대회 기념 우수공예품 미국순회전 등 전시사업을 비롯하여 디자인 및 포장개발 지원과 국내외 공예관련 각종 자료 DB化 및 정보제공 등을 수행하는 공예문화종합센터를 설립·운영하고 있고, 2003년도부터는 예산 및 각종 프로그램을 대폭 보강하여 공예산업을 21세기 고부가가치 국가핵심 전략산업의 하나로 집중 육성하기 위한 구심기구로서의 역할을 수행해 나갈 것으로 본다.

06 국제관광기구

관광산업의 진흥을 효과적으로 달성하기 위해선 국가 간 협력 또는 국제관광기구에의 참여와 이를 통한 적극적인 활동이 절실히 요청되고 있다. 더욱이 오늘날과 같이 개방화 및 국제화된 시대에 있어서 국제협력의 중요성은 아무리 강조해도 지나치지 않을 것이다. 특히 관광분야에서의 국제적인 협력은 국가 간의 상호이해를 증진하고 국제친선을 도모함으로써 관광교류를 촉진하는 계기가 되므로 각국은 이를 위해 많은 경비와 인력을 투입하고 있다.

우리나라는 세계관광의 흐름을 파악하고 이에 능동적으로 대처하고자 각종 국제기구에 가입하여 활발한 활동을 전개해 오고 있는데, 그중에서 대표적인 것으로 세계관광기구(UNWTO), 경제협력개발기구(OECD), 아시아·태평양경제협력체(APEC), 아세안+3(ASEAN+3), 아시아·태평양관광협회(PATA), 미주여행업협회(ASTA), 아시아컨벤션뷰로협회(AACVB), 국제회의전문가협회(ICCA), 세계여행관광협의회(WTTC) 등이 있다.[9]

9) 문화체육관광부, 2011년 기준 관광동향에 관한 연차보고서, pp.81~89.

1) UNWTO(세계관광기구)

세계 각국의 정부기관이 회원으로 가입되어 있는 정부 간 관광기구인 세계관광기구(UN World Tourism Organization: UNWTO)[10)]는 국제관광연맹(IUOTO: International Union of Official Travel Organization)이 1975년에 정부 간 관광협력기구로 개편되어 설립된 기구이다. 현재 세계 154개국 정부기관이 정회원으로, 350개 관광유관기관이 찬조회원으로 가입되어 있으며, 격년제로 개최되는 총회와 6개 지역위원회를 비롯하여 각종 회의 및 세미나를 개최하고 있다. 본부는 스페인의 마드리드에 두고 있다.

UNWTO는 공신력을 가진 각종 통계자료 발간을 비롯하여 교육, 조사, 연구, 관광편의 촉진, 관광지 개발, 관광자료 제공 등에 역점을 두고 활동하고 있으며, 관광분야에서 UN 및 전문기구와 협력하는 중심역할을 수행하고 있다.

우리나라는 IUOTO의 회원이었던 교통부(현재는 문화체육관광부)가 1975년 자동적으로 정회원으로 가입하였고, 한국관광공사는 1977년 찬조회원으로 가입했다. 북한은 1987년 9월 제7차 총회에서 정회원으로 가입하였다.

우리나라는 1980~1983년 기간 중 집행이사국으로 처음 선임되었고, 1991~1983년 기간 중에는 집행이사국을 역임하였으며, 1995~1999년 기간 중 사업계획조정위원회(Technical Committee for Program and Coordination)의 위원국이 되었다. 또 2004년부터 2007년까지 집행위원회 상임이사국으로서 활동하였으며, 2005년에는 처음으로 집행이사회 의장국으로 선임되어 남아시아 지진・해일 피해 당시 긴급 집행이사회를 소집, 주재하여 UNWTO 푸켓액션플랜을 채택하여 실천하였고, 6월 집행이사회에서는 차기 사무총장 선출, ST-EP재단 설립 정관안 확정 등의 성과를 거두는 등 국제관광계의 새로운 리더로서 역할을 수행하였다.

한편, 2007년 11월 콜롬비아에서 개최된 제17차 총회에서 2008~2011 상임이사국으로 연임이 확정되었으며, 2008년 6월 제주도에서 제83차 집행이사회를 개

10) 세계관광기구(World Tourism Organization: WTO)는 1975년 설립된 이래 줄곧 WTO라는 명칭을 사용하고 있었으나, 1975년 1월 세계무역기구(World Trade Organization: WTO)가 출범함에 따라 두 기구 간에 혼란이 빈번하게 발생하게 되었다. 이에 따라 유엔총회는 이러한 혼란을 피하고 유엔전문기구로서 세계관광기구의 위상을 높이기 위해 2006년 1월부터 WTO라는 명칭을 UNWTO라는 명칭으로 변경하게 되었다.

최함으로써 관광외교역량을 강화하고 우리나라 관광의 국제적 인지도를 드높이는 데 기여하였다. 또 2009년 5월에는 제3차 한-UNWTO 협력사업의 일환으로 '아태지역 관광정책에 관한 고위공무원 연수'를 몰디브에서 개최하였다.

2) OECD(경제협력개발기구)

OECD(Organization of Economic Cooperation and Development; 경제협력개발기구)는 유럽경제협력기구를 모체로 하여 1961년 선진 20개국을 회원국으로 설립되었다. 회원국의 경제성장 도모, 자유무역 확대, 개발도상국 원조 등을 주요 임무로 하고 있으며, 현재 30개 회원국으로 구성되어 있고, 프랑스 파리에 본부를 두고 있다.

조직구성은 의사결정기구인 이사회, 보좌기구인 집행위원회 및 특별집행위원회를 두고 있으며, 실질적 활동을 수행하는 26개의 분야별 위원회가 있다. 이 중에서 관광위원회는 관광분야에 대한 각국의 정책연구 및 관광진흥정책연구 등을 주요 기능으로 하고 있으며, 위원회 산하에 통계작업반을 두고 있다.

우리나라는 1994년 6월 관광위원회에 대한 옵서버 참가자격이 부여되어 1995년부터 관광위원회 회의 및 통계실무작업반회의에 참가하여 주요 선진국의 관광정책 및 통계기법 등을 습득하고 있으며, 1996년도부터는 정회원으로 활동 중이며, 1998년에는 OECD 관광회의를 서울에서 개최한 바 있고, OECD 권고사업의 하나인 관광위성계정(TSA) 개발을 세계 5번째로 완료하였다. 또한 2003년 9월에는 스위스에서 개최된 OECD 관광회의에 참가하여 관광산업의 구조개혁 프로젝트 조종위원회에 선정되었고, 2005년 9월에는 광주에서 'OECD-Korea 국제관광회의'를 개최하여, '세계관광의 성장 : 중소기업의 기회'라는 주제로 급변하는 산업구조 속에서 관광중소기업들의 새로운 역할 및 협력방안을 모색한 바 있다.

2007년 11월에는 프랑스에서 개최된 제80차 OECD 관광회의에 참가하여 'Culture, Tourism and Attractiveness of the Location' 프로젝트의 일환으로 추진한 남이섬 한류관광 사례를 발표하였으며, 2008년 4월에는 제81차 관광회의에 참가하여 한국의 템플스테이 사례를 발표하였다. 또한 2008년 10월에는 OECD 관광위원회 최초로 이탈리아 리바델가르다에서 개최된 장관급 회의에 참석하여, '문화자원을 통한 관광목적지의 독특성 증진' 방안에 대한 발제에서 템플스테이, 한식 등을 소개하였다.

한편, 2009년에는 OECD 회원국 간 문화와 관광 접목의 성공사례 공유를 위해 제작된 '관광에 있어서의 문화의 영향력(The Impact of Culture on Tourism)' 간행물에 한국 문화관광 우수사례인 '템플스테이'를 수록하였다. 가장 주목할 만한 성과 중의 하나는 2009년 4월에 발표된 '한식 세계화 추진계획'의 전략 중 '우리 식문화 홍보'를 통해 관광자원으로서의 한식의 중요성을 인식시킨다는 목표를 세우고, 우리 관광의 견인차 역할을 한식에 부여하기 위한 한식 세계화(Globalization of Korean Cuisine) 사업을 OECD 차원에서 진행시킨 것이다.

3) APEC(아시아・태평양경제협력체)

APEC(Asia Pacific Economic Cooperation; 아시아・태평양경제협력체)은 1989년 호주의 캔버라에서 제1차 각료회의를 개최함으로써 발족하였으며, 정상회의를 개최하는 등 역내 경제협력관계 강화의 구심점이 되고 있다.

APEC은 11개 실무그룹(Working Group)을 두고 있는데, 관광실무그룹회의는 1991년 하와이에서 회의를 가진 이후 역내 관광발전을 저해하는 각종 제한조치의 완화, 환경적으로 지속가능한 관광개발 등의 주제를 수행하고 있다.

우리나라는 1998년 11월 말레이시아 쿠알라룸푸르에서 개최된 APEC 정상회의에서 김대중 전 대통령이 APEC 국가 간 관광활성화를 제창한 바 있으며, 이에 대한 후속사업으로 1999년 5월 멕시코에서 개최된 제14차 관광실무그룹회의에서 APEC 관광장관회의 창설이 합의되어 2000년 7월 서울에서 제1차 APEC 관광장관회의가 개최되었다.

우리나라는 2000년 제7차 APEC TWG(관광실무그룹)에서 제안, 2001년 5월 APEC BMC(예산운영위원회)에서 최종 승인된 3개 사업인 "APEC 회원국들의 중소관광기업에 대한 전자상거래 전략의 적용에 관한 연구", "지속가능한 개발을 위한 정책개발자의 교육훈련", "지속가능한 관광을 위한 민・관 협력방안 연구"를 수행한 바 있으며, 2004년도에는 제22차, 23차에서 제안, 2003년 7월 APEC BMC에서 최종 승인된 "관광투자촉진을 위한 민관 파트너십", "중소관광기업의 전자상거래 적용 모범사례연구" 등 2건의 사업을 추진하였다.

우리나라는 1998년 제주도에서 제12차 APEC 관광실무그룹회의를, 2004년 5월 경남 진주에서 제24차 APEC 관광실무회의를 개최하였으며, 2005년 5월에는 부산에서 제4차 관광포럼 및 제26차 APEC 관광실무그룹회의를 성공적으로 치렀으며 한국관광홍보 및 APEC 내 관광외교 강화에 기여했다. 제26차 회의에서는 2005 APEC 정상회의 국가로서 수임하게 된 TWG 의장직을 성공적으로 수행했으며, 정상회의 개최국으로서 주도적으로 추진 중인 '재난관리대응(Emergency Preparedness) 관련' 이슈를 회원국에 주지시키고 APEC 차원의 결속과 협력방안을 도출해 내는 등 역내 관광분야 리더십을 발휘하는 계기가 되었다.

4) PATA(아시아 · 태평양관광협회)

PATA(Pacific Asia Travel Association; 아시아 · 태평양관광협회)는 아시아 · 태평양지역의 관광진흥활동, 지역발전 도모 및 구미관광객 유치를 위한 마케팅 활동을 목적으로 1951년에 설립되었다. 태국 방콕에 본부를 두고 있으며 북미, 태평양, 유럽, 중국, 중동에 각각 지역본부가 있다.

주요 활동으로는 연차총회 및 관광교역전 개최, 관광자원 보호활동, 회원들을 위한 마케팅 개발 및 교육사업, 각종 정보자료 발간사업 등이 있다. 현재 73개국 1,000여 개 관광기관 및 업체가 회원으로 가입되어 있으며, 전 세계에 39개 지부가 결성되어 있다.

우리나라에서는 문화체육관광부, 한국관광공사 등 총 34개 관광관련 기관 및 업체가 PATA 본부회원으로 가입되어 있으며, 매년 연차총회 및 교역전에 참가하여 세계여행업계의 동향을 파악하고 한국관광 홍보 및 판촉상담활동을 전개하고 있다. PATA 한국지부에는 총 120개 기관 및 업체가 회원으로 가입되어 있으며, 지부총회 개최, 관광전 참여, 관광정보 제공 등의 활동을 하고 있다.

우리나라는 PATA 관련 국제행사로 1965년, 1979년, 1994년, 2004년 PATA총회 및 이사회, 1987년 PATA 관광교역전, 1998년 PATA 이사회를 개최한 바 있다. 특히 2004년 제주 PATA총회에서는 제주도를 세계적인 관광지로 부각시키고자 적극적으로 국내외 홍보를 추진하였으며, 그 결과 PATA 총회 사상 최대인 48개국 2,145명이 참가한 성공적인 행사로 평가받았다. 그리고 2005년도에는 우리나라가 관광포스터와 마케팅 부문에서, 2007년도에는 마케팅미디어 비디오 부문에서, 2009년에는 마케팅 캠페인 부문과 가이드북 부문에서 PATA Gold Awards를 수상했다.

5) ASEAN(동남아연합)

아세안은 1966년 8월 제3차 ASA(Association of Southeast Asia : 동남아연합) 외무장관회의에서 ASA의 재편 필요성이 제기되어, 1967년 말리크 인도네시아 외무장관이 태국 측과 아세안 창립선언 초안을 마련하였다. 1967년 8월 인도네시아, 태국, 말레이시아, 필리핀, 싱가포르 5개국 외무장관회담을 개최, 아세안 창립선언을 통하여 결성되었다.

아세안은 창립 당시 5개국으로 구성되었으나, 1975년 월남전 종결을 계기로 동남아 평화 및 자유・중립지대 구상과 '동남아 우호협력조약'의 대상범위를 인도차이나반도 3개국(베트남, 캄보디아, 라오스) 및 미얀마를 포함한 지역으로 확대하는 구상이 대두되었고, 이후 브루나이(1984), 베트남(1995), 라오스와 미얀마(1997), 캄보디아(1998)가 차례로 가입하여 현재는 총 10개국의 회원국으로 구성되어 있다.

아세안은 1993년 아세안 자유무역지대(AFTA: ASEAN Free Trade Area)를 결성함으로써 국제적인 교섭력이 한층 강화되기 시작했다. 역내 무역활성화와 공동산업 프로젝트 등을 통해 산업경쟁력 역시 커질 것으로 예상되어 세계시장에서 차지하는 비중이 점점 커질 전망이다.

또한 21세기 세계 관광목적지로 아시아・태평양 지역의 중요성이 커지면서 한・중・일과 아세안의 관광협력을 논의하는 '한・중・일+아세안' 회의가 개최되었고, 이를 통해 우리나라 및 주변국과 아세안 지역의 관광협력 방안 논의가 활발히 진행 중이기도 하다. 특히 2005년 5월 26일에는 강원도 속초에서 제7차 ASEAN+3NTO(한・중・일+아세안)회의가 개최되어, 우리나라와 아세안 국가와의 관광협력 체계를 한층 더 공고히 하였고, 아세안에서 한국의 위상을 제고한 것으로 평가받았다. 연 2회 정기적으로 관광장관회의 및 NTO회의를 개최하여 아세안 및 한・중・일 간 관광부문 공동마케팅 방안모색 및 각국의 관광현안과 관련한 의견교류 등 활발한 교류・협력을 구축해 가고 있다. 한-아세안 행동계획(Korea-ASEAN Action Plan)의 후속조치로 2006년 필리핀에서 개최된 제5차 ASEAN+3 관광장관회의에서 아세안 지도의 한국어판을 2만 부 제작하여 배포하였으며, 아세안 측의 공동요청사항인 아세안 관광가이드에 대한 한국문화・한국어 교육을 2006년부터 지속적으로 시행함으로써 아세안 지역에 있어 우리나라의 관광 외교역량을 확대하고 우리나라 관광객의 편의 제고를 위해 노력하고 있다.

6) ASTA(미주여행업협회)

미주지역 여행업자의 권익보호와 전문성 제고를 목적으로 1931년에 설립된 ASTA(American Society of Travel Agents; 미주여행업협회)는 미주지역이라는 거대한 시장을 배경으로 세계 140개국 2만여 회원을 거느린 세계 최대의 여행업 협회이다.

회원들의 전문성 제고와 판촉기회를 확대하기 위하여 연례행사로 연차총회 및 트레이드쇼, 크루즈페스트 등을 실시하여 각국 NTO와 관광업계의 판촉활동의 장을 마련하고 업계동향에 대한 세미나 개최 등 유익한 교육프로그램을 제공한다.

1973년 한국관광공사가 준회원으로 가입되었으며, 1979년 ASTA 한국지부가 설립되어 운영되고 있다. 우리나라는 미주시장 개척의 기반을 다지기 위하여 동 기구 내 홍보활동을 지속적으로 추진해 오고 있으며, 매년 연차총회 및 트레이드쇼에 업계와 공동으로 한국대표단을 파견하여 판촉 및 정보수집활동을 전개하고 있다. 1983년에는 총회 및 교역전을 서울에 유치하여 대형 국제회의 개최능력을 전 세계에 홍보한 바 있다. 또한 2007년 ASTA 제주 총회(3.25~29, ICC제주)를 성공적으로 개최하면서 미주 관광시장에 대한 동북아 관광거점 확보 기틀을 마련하였고, 회의 개최지인 제주도의 국제관광 이미지가 제고되었다는 평가를 받고 있다.

7) WTTC(세계여행관광협의회)

WTTC(World Travel and Tourism Council)는 전 세계 관광관련하여 가장 유명한 100여 개 업계 리더들이 회원으로 가입되어 있는 대표적인 관광관련 민간기구이다. 1990년에 설립되었으며 영국 런던에 본부를 두고 있다. 주요 활동은 관광 잠재력이 큰 지역에 대한 관광자문 제공 및 협력사업 전개, "Tourism For Tomorrow Awards" 주관, 세계관광정상회의(Global Travel and Tourism Council) 개최 등이다. 특히 매년 5월 개최되는 관광정상회의는 개최국의 대통령, 국무총리를 비롯 각국의 관광장관, 호텔 및 항공사 CEO 등이 대거 참석하여 관광현안을 논의하는 권위 있는 회의로 정평이 나 있다. 세계 관광산업과 관련된 모든 이슈를 다루며, 고용인원 2.4억 명, 세계 GNP의 9.2%를 차지하는 관광산업에 대한 인식을 높이기 위한 활동을 하고 있다. 한국관광공사는 지난 2006년부터 정상회의에 참가하여 세계관광 인사와의 네트워킹 및 최신 관광 트렌드 습득을 위해 힘쓰고 있다.

제13장

관광정보

제1절 컴퓨터 예약시스템

제2절 인쇄관광정보

제3절 구전 및 직접적 경험

제4절 인터넷 정보의 유형

제5절 온라인 관광정보의 유형

제6절 관광산업과 IT기술의 결합

제7절 관광정보업무에 사용되는 첨단기기

제8절 관광정보분야에 있어서 직업적 성공기회

제 1 절

컴퓨터 예약시스템

지난 30여 년 동안 관광산업에서 자동화의 사용이 급격히 증가해 왔다. 자동화는 여러 항공사가 예약을 처리하기 위하여 컴퓨터 시스템을 개발하면서 적용되기 시작하여, 그 후 자동화시스템의 사용이 갑작스럽게 늘어나게 되었다. 오늘날 여행사의 프런트 오피스에서는 예약 및 티케팅을, 사무실(back-office)에서는 회계 및 경영관리에서 강화된 자동화시스템을 사용하고 있다.

01 컴퓨터 예약시스템의 기능

고객의 욕구에 부합되는 상품을 개발하기 위해서 관광기업은 광범위한 관광상품을 상세히 설명해 주는 정보에 접근할 수 있어야 한다. 관광기업은 목적지, 숙박시설, 교통수단에 관한 기본적인 정보원(情報源)에 의존한다. 이러한 정보원은 관광상품의 가격과 종류 및 내용에 관하여 알려준다. 일부 정보의 경우에는 선택된 관광상품의 상대적 질(質)에 대한 주관적인 평가를 제공한다. 관광상품을 평가하는 데는 이와 같이 모든 정보에 대한 총괄적인 지식이 필요하다. 관광기업은 고객의 욕구, 즉 어느 곳에 어떻게 가기를 원하는지, 단순히 '나는 따뜻한 고장에서 한 일주일 정도를 보내고 싶어'라고 말하는 고객이 목적지에 도착해서 과연 무엇을 하고 싶어 하는가 등에 대하여 효과적이고 창조적으로 반응하여야 한다.

컴퓨터 예약시스템(Computer Reservation System: CRS)은 두 가지의 주요한 기능을 한다.

첫째, CRS는 이미 구식이 되어 참고사항에 불과한 내용들을 정리하고 여행사가 시간표, 운임 및 좌석 이용에 대한 즉각적인 정보에 접근할 수 있도록 한다.

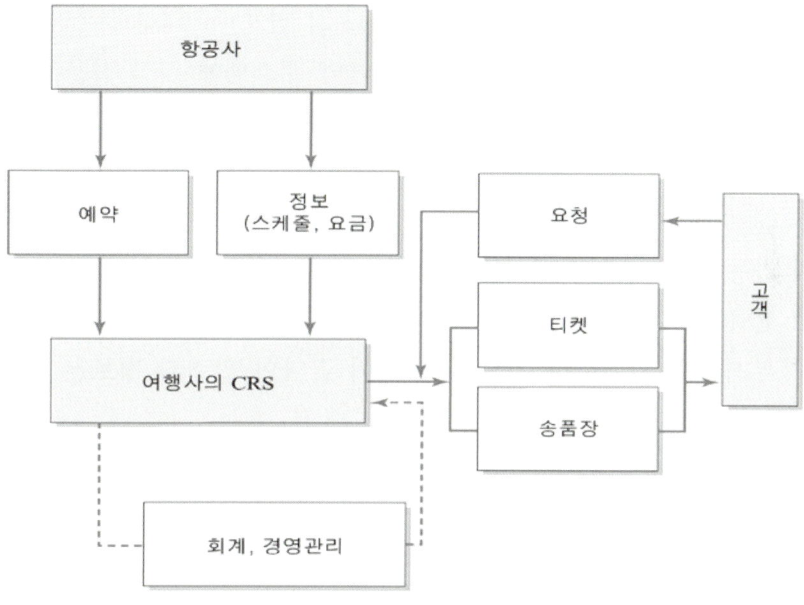

그림 13-1 컴퓨터 예약시스템

둘째, CRS는 여행사가 예약을 받고 티켓과 여정을 인쇄하고 송품장을 만드는 데 정보를 사용할 수 있게 한다. 이러한 전 과정은 자동화되지 않은 사무실에서 걸리는 시간의 극히 일부분밖에 걸리지 않는다.

02 컴퓨터 예약시스템의 이점

CRS 주공급자의 종류가 다양하기 때문에 여행사는 그들이 사용할 특정 시스템에 익숙해져야 한다. 주공급자는 방대한 사용자 매뉴얼과 무료전화안내 프로그램뿐만 아니라 각 지역의 여행사를 위한 훈련 프로그램을 마련해 두고 있다.

세이버(Sabre)나 아폴로(Apollo)와 같은 대형 주공급자의 경우, 여행사가 CRS를 경유하여 직접적으로 주공급자의 안내부서에 연결할 수 있도록 하고 있다.

CRS를 경유하여 자동 처리된 업무는 CRS가 없는 경우에는 여행사가 직접 이를 수행해야 한다. 예를 들면 CRS 없이 항공예약을 할 경우, 이용가능한 항공시간을 확인하기 위해 모든 항공사와 연락하여 예약을 해야 하고 덧붙일 내용이 있을 경우 다시 연락을 해야만 한다([그림 13-2] 참조).

반면에 CRS를 사용하면 여행사는 항공예약 시스템에 직접 접근이 가능하다. CRS는 여러 항공사의 이용가능성, 요금, 스케줄, 여정 등에 관한 필요한 모든 정보를 단말기에 나타내준다. 뿐만 아니라 복잡한 요금, 스케줄 및 여정 등을 서로 비교할 수 있다. 여행사가 고객에게 적합한 비행기를 선택했다면 이것의 예약까지 가능하다. 이를 위해서는 고객의 이름을 고객기록카드(Passenger Name Record: PNR)에 기입하기만 하면 된다. 여행사는 이 카드에 고객의 여행계획에 관한 세부사항을 입력한다. 이러한 작업이 끝나면 입력된 정보는 단말기에서 중앙컴퓨터 시스템으로 보내진다.

관광상품이 티켓을 필요로 하는 것일 때 컴퓨터는 승객에 관한 정보를 바탕으로 일련의 명령을 여행사에 있는 티켓 프린터로 보낸다. 이 프린터를 통하여 탑승권(boarding pass) 및 이에 상당하는 티켓이 제공된다. 여행사의 시스템에 따라 이 프린터는 동일한 정보로부터 여행일정을 제공하기도 한다.

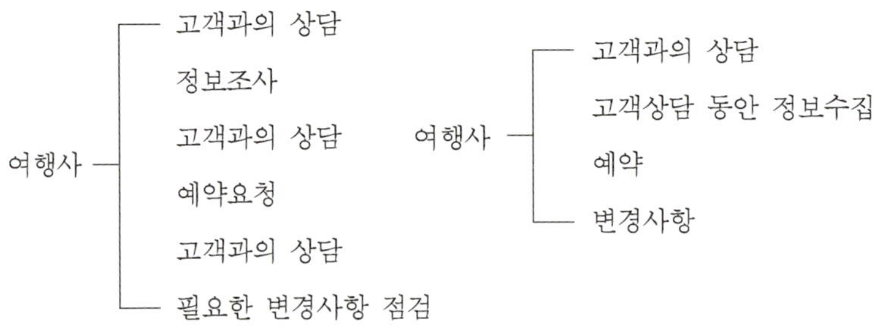

〈CRS 없는 경우〉 〈CRS 활용 시〉

그림 13-2 컴퓨터 정보시스템의 이점

CRS는 특히 동일한 거래가 많은 여행사에 적합한 정보원이다. 즉 CRS는 집단대상의 판매에 매우 효과적이다. CRS를 이용하여 여행사는 함께 여행하는 모든 사람에게 예약, 티켓제공, 여행일정, 송품장 발부가 가능하다. 변경, 추가 및 예약취소가 발생한 경우 CRS를 통하여 비교적 쉽게 처리할 수 있다.

03 항공사계 컴퓨터 예약시스템

1) 항공사계 CRS의 업무기능

일부 항공사에서 CRS를 개발하기 시작하였다. 대부분의 여행사는 모든 항공사가 하나의 통합된 예약시스템을 사용하기를 원하였지만 그것은 불가능하였다. 반면에 주공급자(Host Vender)로 알려진 일부 대형항공사들은 그들 자신의 예약시스템을 개발하였고 그것을 이용하여 자사상품 및 타사상품, 기타 상품에 여행사가 접근할 수 있도록 만들었다.

모든 컴퓨터 시스템은 여행사가 기본적인 정보유형을 얻거나 특별한 서류처리 기능을 실행할 수 있게 해준다. 그러한 시스템의 능력은 항공상품과 비항공상품에 따라 다르다.

항공사와 여행사가 사용할 수 있는 CRS의 업무기능은 다음과 같다.

1. 국내항공사와 외국항공사의 비행시간 점검
2. 주요 도시 간의 연결서비스와 스케줄 확인
3. 일 년 전에 주요 비행기의 서비스 등급별 좌석 이용가능 여부 결정
4. 요금확인(제한요소 포함)
5. 정시운항 결정
6. 예약
7. 티켓, 여행일정, 송품장(invoice) 제시

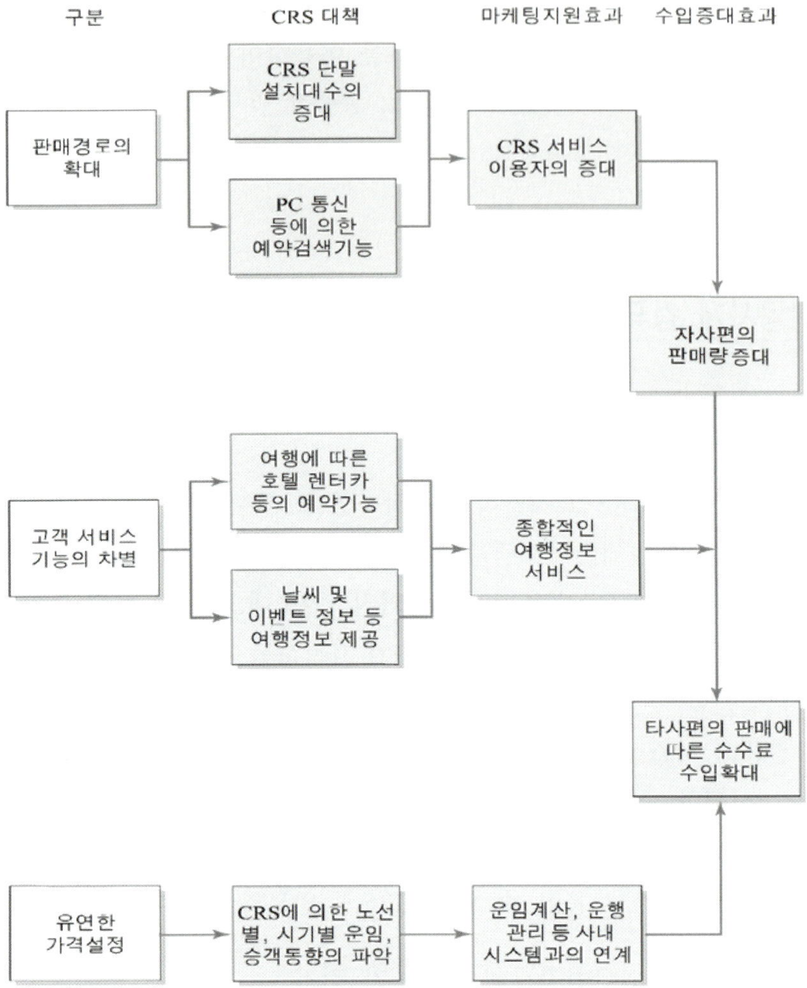

그림 13-3 CRS의 영향

2) 항공사계 CRS의 정보 능력

항공사계 CRS에는 미국의 경우 세이버, 아폴로, 월드스펜, 시스템 원 등이 있다. 유럽에는 갈릴레오, 아마데우스가 있다. 일본에는 악세스, 에이블, 인피니가 있고, 호주에는 환타시아와 사우던, 중동에는 팔콘, 아시아에는 아바쿠스와 제미니 등이 있다. 한국에는 대한항공의 토파스와 아시아나항공의 아바쿠스가 있다.

세이버(Semi-Automated Business Research Environment: SABRE)컴퓨터 시스

템은 오클라호마(Oklahoma)의 툴사(Tulsa)에 본부를 두고 있다. 세이버는 세계에서 가장 큰 민간컴퓨터 조직망이다. 세이버 시스템을 이용하는 여행사는 다음과 같은 서비스를 제공할 수 있다.

1. 세계 640개의 항공사 체크
2. 338개 항공사의 예약
3. 전 세계 165개 호텔기업의 22,000개 호텔객실 예약 및 정보 제공
4. 60개 렌터카 대리점의 자동차 예약
5. 암트랙과 유레일의 티켓 판매
6. 관광 예약
7. 선박여행 예약
8. 브로드웨이 쇼의 티켓 판매

04 비항공사계 컴퓨터 예약시스템

1) 비항공사계 CRS의 업무 기능

여행사에 대한 경쟁이 CRS의 주공급자 간에서 심화되었기 때문에 주공급자(매각인)는 그들의 시스템에 호텔, 렌터카와 같은 비항공상품을 포함시키고자 한다. 비항공상품의 공급자는 이와 같은 경향에 대해 대찬성이다.

관광산업이 자동화되어가기 때문에 CRS에 접근할 수 없는 상품을 지닌 공급자는 경쟁력을 상실하게 된다. 앞으로 관광산업정보는 계속적으로 자동화될 전망이다. 여행사는 장차 모든 관광상품을 CRS를 경유하여 직접 접근이 가능하게 될 것이다.

현재 여행사는 CRS를 통하여 비항공상품 공급원의 여러 유형에 관한 정보를 얻을 수 있다. 이러한 정보에는 상품의 기본적인 내용과 요금이 포함되어 있다. 여행사는 대부분의 비항공상품의 유용성을 점검할 수 있다. 그러나 여행사는 CRS를 경유하여 단지 대형유람선이나 관광회사의 일정 상품만을 예약할 수 있다. 기타 여행상품을 예약하기 위해서는 공급자와 직접 전화를 통화하거나

e-mail을 사용해야만 한다. 또한 서류, 여행일정 및 티켓 등을 우편이나 팩스로 여행사로 보내야만 한다.

2) 비항공사계 CRS의 정보 능력

모든 컴퓨터 예약시스템이 대형항공사에 속해 있는 것은 아니다. 몇몇 호텔 체인, 렌터카대리점, 기타 관광공급자들은 그들 자신의 시스템을 개발해 왔다. 그러나 항공사의 시스템과는 달리 이들 시스템은 대개 특정공급자를 위한 것이다. 그들은 한 공급자의 상품을 위한 예약만을 허락하고 정보를 제공한다. 이러한 CRS는 여행사분야에서는 거의 찾아보기 힘들다. 비항공사의 CRS로는 다음과 같은 것이 있다.

① Holides(홀리데이 인)
② Wizard Direct Input Reservation System(렌터카회사 에이비스)
③ Arrow(철도회사 암트랙)

05 컴퓨터 예약시스템의 한계

1) 컴퓨터 예약시스템의 대안

예약 및 티켓 판매시스템과 관련하여 항공사의 CRS 및 기타 소프트웨어 공급자들은 여행사가 사용하도록 디자인된 회계 및 경영관리 패키지를 제공한다. 대부분의 이러한 사무지원 시스템(back-office system)은 직접적으로 CRS와 연결되어 있다. 따라서 중개인이 예약을 하고 티켓이 발매될 때 정보는 회계상 자동적으로 경영업무와 연결된다. 또한 회계기능의 자동화는 상용관광을 전문으로 하는 여행사가 그들의 기업고객이 요구하는 상세한 여정 및 비용보고서 작성을 더욱 용이하게 한다.

소규모 여행사의 경우는 텔레티케팅(Teleticketing : 전화상의 티켓 판매)이 더 간단하고 비용이 덜 드는 것으로 CRS에 대한 대안이다. 텔레티케팅 기계를 소유하고 있는 여행사는 전화상으로 주요 항공사의 CRS와 연결되어 있다. 여행업자는 CRS 대리점에 전화를 걸어 정보를 입수하고 예약한다. 그러면 티케팅 정보는 여행사 내에 설치된 텔레티케팅 기계를 통해 연결되어 프린트된다.

2) 컴퓨터 예약시스템의 한계

컴퓨터 예약시스템의 개발은 여행사의 운영방법에 있어 커다란 변화를 가져왔다. 그러나 여행사는 그들의 정보원으로 CRS에만 의존할 수 없다. 예를 들어 이러한 시스템은 유람선과 같은 비항공상품을 선택하는 데 필요한 광범위하고 가치 있는 정보를 제공할 수 없다. 그리고 일부 관광상품의 경우에는 CRS를 통하여 접근할 수 없는 것도 있다.

컴퓨터 예약시스템은 처음에 항공산업의 필요에 부응하여 개발되었다. 결국 CRS의 주요 기능은 항공권 판매의 자동화 시스템인 것이다. 이는 CRS가 정보원으로보다는 거래에 필요한 도구임을 말해준다. CRS의 정보기능은 항공권을 판매하는 데 필요한 정보를 제공하기 위해 설정된 것이다. 비록 CRS가 비항공상품 공급자를 위해서 새롭게 개발되었다고 할지라도 그들의 특별한 욕구는 항공산업의 주공급자에게는 여전히 이차적인 것이다. 이러한 불합리한 점을 극복하기 위해서 일부 비항공공급자들은 그들만의 자동예약 시스템 개발을 계획하고 있다.

제 2 절 인쇄관광정보

CRS의 출현 이전에는 인쇄자료가 관광산업에 있어서 가장 중요한 표준적 정보원이었다. 이것들은 현재에도 여행상품에 관한 정보를 제공하기 위해서 여행사에 의해 이용되고 있다. 특히 비항공상품의 경우나 자동화가 되지 않은 여행사가 주로 인쇄정보원을 이용하고 있다.

01 관광산업 관련 참고문헌

관광기업이 CRS에 입력되지 않은 상품에 관한 정보를 필요로 할 때, 또는 상품에 관해 보다 자세한 정보를 필요로 할 때, 관광산업의 관련 참고문헌을 이용한다. 대부분의 여행사는 이러한 목적을 위하여 여러 개의 표준여행 참고서적을 보유하고 있다. 이에는 매뉴얼, 철도운임표, 교통수단의 시간표, 숙박요금표(fare sheets), 지도 등이 있다.

여행사가 소유하고 있는 인쇄정보원은 참고문헌을 구입하는 데 책정된 예산 및 자동화의 단계에 따라 다르다. 자동화가 이루어지지 않은 여행사의 경우 보다 광범위한 참고문헌의 수집이 필요하다. 그들은 CRS 대신 항공 참고도서로부터 유용한 정보를 얻는다.

여행사는 그들이 판매할 상품에 관한 정보를 수집할 때 이러한 자료를 참고한다. 이러한 참고자료는 상품의 내용이나 현재의 가격 등에 관한 정보를 제공해 준다. 뿐만 아니라 여행상품의 등급별로 품질을 비교하여 평가해 준다. 예를 들면 참고자료에는 호텔을 디럭스(deluxe), 1등급(first-class), 보통(standard), 염가(budget)로 구분하고 있다.

많은 여행사에서 사용하고 있는 일반적인 참고자료와 그들이 보유하고 있는 인쇄정보의 유형은 다음과 같다.

1) 항공사

OAG(Official Airline Guide) 2권

북미판 발행(미국 내 스케줄, 요금, 기타 정보)

세계판(World Wide) 발행(국제선 스케줄, 요금, 기타 정보)

항공 운임표(Air Tariff) 2권

국내 : 미국내선 요금

국제 : 국제선 요금

잭스 팩스(JAX FAX) : 정기항공과 전세기의 스케줄

2) 지상교통

ORG(Official Railway Guide) : 암트랙과 VIA 스케줄 및 요금 게재

토마스 쿡 해외시간표 : 월드와이드 철도 시간표

러셀의 오피셜 내셔널 모터 코치 안내(Russell's Official National Motorcoach Guide) : 국내 장거리 버스 스케줄

3) 유람선

OSGI(Official Steamship Guide International)

월드와이드사 발행(유람선의 스케줄과 요금기록)

WCSG(Worldwide Cruise and Shipline Guide)

월드와이드사 발행(유람선의 스케줄과 요금기록)

CLIA 크루즈 매뉴얼(유람선의 외형, 목적지, 메뉴 등)

4) 호텔과 리조트

호텔과 여행 부록(Hotel and Travel Index) : 월드와이드의 호텔목록

공공호텔과 리조트(Official Hotel and Resort) : 월드와이드의 호텔목록 및 평가

OAG 호텔과 모텔 안내(OAG Travel Planner Hotel and Motel Red Book)

3권 : 숙박시설에 대한 목록 및 부가적인 정보제공

제1권은『북미』

제2권은『유럽』

제3권은『아시아－태평양』

정보서적(The Sourcebook) : 컨벤션시설

공공 회의시설 안내(Official Meeting Facilities Guide)

5) 관광

통합된 항공관광 매뉴얼(Consolidated Air Tour Manual) : 주요 투어 오퍼레이터가 제공하는 투어의 설명

각각의 참고자료는 많은 정보를 관리하기 위해 자체적인 형식과 규정을 갖고 있다. 이들은 특별히 여행사가 정보에 용이하게 빨리 접근할 수 있도록 구성되어 있다.

여행사가 이러한 참고자료를 효과적으로 이용하려고 한다면 이들 자료에 정통해야 한다. 예를 들면 ‘OAG 호텔과 모텔 안내’는 3권의 책에 북미, 유럽, 아시아－태평양에 관한 모든 정보를 망라하고 있다.

‘북미’편이 제공하는 정보에 대해 살펴보면 다음과 같다.

❶ 각 구역 내의 지상교통 서비스
❷ 도착지에서 가장 가까운 공항의 위치
❸ 공항과 도시 지도
❹ 장애인을 위한 특별 서비스
❺ 각 주별로 특별한 이벤트 표시(날짜, 장소)
❻ (각 주의) 여행사
❼ 13,500여 개의 호텔 및 모텔에 관한 정보, 요금, 시설 평가

02 브로슈어

브로슈어(Brochures)는 여행사가 이용할 수 있는 유용한 정보원이다. 많은 관광기업은 관광, 유람선, 목적지, 숙박시설 등에 관해 자세한 정보를 담은 브로슈어를 여행사에 제공한다. 이러한 브로슈어는 고객이 호감을 느낄 수 있도록 디자인되어 있어서 여행사의 판매에 도움이 된다. 훌륭한 브로슈어는 관광상품에 대한 고객의 질문을 상정하여 그에 대한 답을 게재하고 있다.

브로슈어의 특정한 형식은 보다 일반적인 방법으로 다양한 관광상품을 설명하고 있다. 도나 주(state), 시관광국, 여행안내소 등에서 발행된 소위 루어 북(lure book)이 있다. 이들은 여행지에 대한 유용한 정보원의 하나이다. 루어 북은 관광객을 어떤 지역이나, 주 또는 국가로 끌어들이기 위해 계획된 다양한 판촉자료를 실은 소책자를 말한다.

그러나 여행사는 그들의 직무를 수행함에 있어 브로슈어에만 의존하지 말아야 한다. 그들은 브로슈어에 설명된 상품이 고객에게 어떤 이익을 제공하며 고객이 보다 즐거운 여행을 할 수 있도록 어떻게 도울 수 있는가에 대해 설명해야만 한다. 여행사는 브로슈어에 사용된 관광산업의 전문용어에 대해서도 설명해야 한다. 예를 들면 '왕복교통수단 제공(round-trip transfers)'의 의미는 여행자에게 공항에서 호텔까지 그리고 돌아올 때 호텔에서 공항까지의 교통수단을 제공한다는 뜻이라는 것을 설명해 주어야 한다.

브로슈어는 중요한 정보원이기는 하지만 주의해서 사용해야 한다. 브로슈어는 상품이 지닌 장점만을 제시하고자 하는 투어 오퍼레이터와 관광상품 공급업자에 의해서 만들어졌기 때문이다. 책임 있는 여행회사는 브로슈어에 자신의 상품이 잘못 기재되지 않도록 주의를 기울여야 한다.

03 안내책자

대부분의 관광안내책자(Guide Book)는 여행자에 의해 써진다. 많은 여행사에서 이를 여행지에 대한 가치 있는 정보로 사용한다. 대부분의 여행사에서 사용하고 있는 잘 알려진 안내책자는 다음과 같다.

1. 프롬머 가이드(Frommer Guides) : 숙박시설, 식당에 관한 정보 및 관광정보 제공
2. 베데커 가이드(Baedeker Guides) : 목적지까지의 교통수단과 관광대상에 관한 정보 제공
3. 포더 가이드(Fodor Guides) : 지도와 일반적인 정보, 즉 숙박시설, 식당, 박물관 등에 관한 정보 및 여행상품에 관한 평가 제공
4. 겟업 앤 고(Get up and Go) : 관광객 서비스와 정보원에 관한 서술 및 경치 설명
5. 미슐랭 가이드(Michelin Guides) : 빨간 책자에는 주로 서유럽의 호텔 및 식당 요금을 게재하고, 녹색 책자에는 지역의 역사·문화·관광매력물에 관한 정보 제공

04 업계 간행물

관광산업에 있어서 전문집단(ASTA, PATA)은 전문지와 가이드 북 등을 발간한다. 이러한 업계 간행물(Trade Publications)은 여행지에 대한 최신의 전문적인 관광정보를 제공한다. 주요 간행물은 다음과 같다.

1. ASTA Agency Management
2. Travel Weekly
3. Travel Agent
4. Travel Trade
5. Travel Age(동부판과 서부판)
6. Tour and Travel News

이러한 발행물은 관광상품에 관한 정보와 목적지에 대한 설명을 포함하고 있어 여행사에서 이용하기가 편리하다.

이러한 발행물에는 관광산업의 발전과 변화상황이 게재되고 있다. 한두 개의

전문지를 구독함으로써 여행사는 관광산업의 일반적인 경향에 보조를 맞출 수가 있다. 예를 들면 그들은 새롭게 개발된 목적지에 있어서 관광성장률을 관찰할 수가 있다.

05 관광전시회

관광전시회(Trade Shows)나 컨벤션 개최 등은 여행사로 하여금 짧은 시간에 많은 정보를 얻을 수 있는 기회를 제공한다. 관광전시회는 공급자의 디스플레이나 부스(매장 : booth)로 홍보활동을 하는 일종의 전시회이다. 관광전시회는 개인회사에 의해서 운영되기도 하지만 대부분은 전문 연합회나 여행상품 공급자 컨소시엄(협회)이 후원하고 있다. 공급자 컨소시엄은 독립적인 관광상품 공급자연맹과 특정기업과 협력관계에 있는 중개인으로 구성된다.

관광전시회는 관광산업의 특정 부분을 강조하지만 일반적으로 다양한 공급자와 중개인이 참가한다. 이러한 전시회에 참가하는 여행사는 관광상품에 대한 새로운 정보를 접할 수 있다. 그들은 공급자나 중개인의 대표자들과 직접 대화할 수 있다. 이러한 직접적인 접촉은 여행사가 자사고객의 흥미를 끌 수 있을 것이라고 예상되는 새로운 관광상품에 관한 정보를 수집하고 평가하는 데 도움이 된다.

06 관광기사

관광에 관한 기사는 관광산업관련 발행물에서만 독점적으로 기재되는 것은 아니다. 타임지(TIME)나 뉴욕 타임스(The New York Times)와 같이 일반에게 인기 있는 잡지나 신문 등에도 여행을 주제로 한 글들이 게재되고 있다. 일간신문이나 스포츠신문에서도 마찬가지이다. 이러한 여행과 관련된 글에는 각 목적지의 역사·문화·정치적 상황에 대해 다루고 있다. 여기에는 현재 호텔요금에 대한 정보, 이상적인 여행지, 피해야 할 지역 등에 관한 정보를 포함하고 있다.

제3절 구전 및 직접적 경험

01 구전

관광상품에 가장 영향력 있는 정보원의 하나는 구전(Worth of Mouth)이다. 구전은 매우 중요한 요소임에도 불구하고 여행사에 의해서 흔히 무시되고 있다. 특정 지역을 방문한 사람에게서 듣는 정보는 다른 어떤 정보원보다 믿을 수 있고 선택가능한 것이다.

1) 동료로부터의 구전

관광전문가의 직접적인 체험에 의한 평가는 관광상품에 대한 다양한 정보를 구성한다. 대부분의 경우에 있어 이러한 정보의 중요성은 정보의 객관성에 있지 않고 주관적인 평가에 있다. 예를 들면 어떤 여행사는 캐스트어웨이 섬(Castaway Island)에 있는 해변호텔에 대한 일반적인 정보나 요금에 관한 것만을 조사한다. 그러나 잘 조직된 여행사의 경우에는 관광상품에 대한 주관적인 평가도 제공한다.

휴가에서 돌아온 동료가 해변호텔이 주유소 옆에 위치하고 있다고 보고한다면 호텔에 대해 지니고 있던 고무적인 생각이 크게 바뀌게 될 것이다. 업계동료는 또한 관광상품이 지닌 특별한 매력물, 예를 들면 어떤 호텔이 훌륭하며 호텔의 가장 좋은 방은 서쪽에 위치하고 있다는 것을 조언해 줄 것이다.

2) 고객으로부터의 구전

때때로 고객은 여행사에 지난번 여행에 관해 조언을 준다. 어떤 여행사에서는 고객이 여행에서 돌아오면 전화를 걸어 만족도를 측정하기도 한다. 고객은 관광상품을 평가하는 데 있어 훌륭한 정보원이다. 이는 여행사의 직원 중 어느 누구도 그곳을 방문한 적이 없을 때 특히 중요하다.

고객 대부분의 조언은 말로써 이루어지기 때문에 여행사는 이를 유용한 정보로 만들기 위한 방법을 개발해야 한다.

① 구두로 정보를 입수
② 조언파일 사용(기록)
③ 고객의 보고를 듣기 위한 정기적인 시간 설정
④ 전화 또는 사무실 내 메모를 사용하여 고객의 조언이 즉시 도움이 되도록 한다.

3) 온라인 구전

온라인 구전은 인기 있는 제품 및 서비스의 특성 및 이용방법 혹은 판매자에 대한 것 등과 관련하여 인터넷 기술을 매개로 한 소비자들 간의 의사소통으로서 온라인 구전은 소비자 의견 등의 Review, 고객이나 독자의 코멘트에 의한 Mailbag, 토론을 위한 게시판 등을 통해서 활발하게 이루지고 있다.

이러한 온라인 구전은 오프라인 구전에 비해 훨씬 강력하게 소비자의 정보탐색이나 구매결정, 기업이미지 형성 등에 영향을 미치고 있는 것으로 알려져 있다.

특히 인터넷의 익명성, 비대면 접촉성, 통신비용의 저렴성으로 인해 소비자들은 그들의 의견이나 불만을 오프라인에서보다 훨씬 더 적극적이고 과감하게 올리고 있으며 이러한 정보는 인터넷을 통해 빠르게 전파된다.

온라인 구전을 통한 관광정보는 인터넷 이용자들에게 관광목적지나 관광지 내 제반활동에 관한 상세정보 등을 제공하여 그들의 의사결정이나 행동에 도움을 주게 된다.

실례로 모 여행사의 웹사이트에 올라온 동남아시아 지역 관광상품의 불평과 불만은 이를 공감하는 인터넷 이용자들에게 공감대를 형성하게 하고 잠재고객들에게 해당 여행기업의 이미지를 악화시키는 데 일조하게 된다.

02 직접적 경험

개인적인 휴가여행은 여행사 직원에게 고객의 입장에서 여행목적지를 판단할 수 있는 기회를 제공한다. 카리브의 새로운 리조트시설이 얼마나 훌륭하기에 그처럼 크게 광고를 하는지, 주요 유람선에 의해 제공되는 크루즈여행이 얼마나 편안한지 등 여행지, 숙박시설, 편의시설 등을 평가하는 데 있어 직접적 경험(first hand experience) 이상의 것은 없다.

관광상품에 대한 직접적인 체험지식을 얻는 데 유용한 수단으로는 시찰초대여행(familiarization trip 또는 fam trip)이 있다. 시찰초대여행은 호텔, 유람선, 항공사, 관광목적지 등 관광공급자가 여행업자, 보도관계자 등을 초청해서 루트나 관광지, 관광시설, 관광대상 등을 시찰시키는 여행이다.

관광공급자는 특정여행지를 전문으로 판매하는 여행업자에게 시찰초대여행(팸 트립)을 빈번히 제공한다. 관광공급자는 여행업자로 하여금 자사의 상품을 보다 많이 판매하기 위하여 이러한 여행을 기획한다. 여행업자는 이 여행상품을 어떻게 고객의 욕구에 부합시킬 수 있는가를 결정하기 위해 이러한 여행을 이용한다. 그들은 고객에게 조언을 하기 위해 특정한 식당, 호텔, 매력물 등에 주목한다.

관광공급자는 시찰초대여행에 소요되는 경비일체 또는 일부를 부담한다. 반면에 거기에 참가한 여행사 직원은 공급자에 의해서 기획된 곳을 시찰하고 행사에 참가하여 여행지에 대한 기록을 작성하고 동료들과 함께 새롭게 느낀 점에 관해 의견을 나누도록 요구되어진다.

제4절 인터넷 정보의 유형

오늘날 많은 관광객들은 인터넷을 통해 각종 정보를 얻고 있다. 인터넷을 통해 관광지, 숙박, 교통과 관련된 모든 정보를 얻을 수 있으며, 이를 통해 예약에서 구매까지 가능하게 되었다. 특히, 관광객들이 상품구매 후 올려놓은 구매후기는 많은 관광객들의 구매의사결정에 영향을 끼치며 그 영향력이 점차 커지고 있다.

01 관광기업의 자체 홈페이지 정보

여행사를 비롯하여 호텔, 외식업 등 관광과 관련된 기업들은 자체적인 홈페이지를 개설해서 제품이나 서비스에 대한 정보를 상세히 전달하고 있다. 여기에는 관광관련 상품을 직접 소개하는 것에서부터 특별한 관심거리나 오락적 요소 등을 강조하여 간접적으로 정보를 제공하는 등 다양한 형태가 있다.

02 카페나 동호회를 통한 구전 정보

카페나 동호회를 통한 구전 정보는 회사에서 제공하는 정보가 아닌 이용객들 사이에서 실제 구매 후 구매경험을 통해 이용객들에 의해 정보가 제공되는 형태이다. 인터넷의 발달로 카페나 동호회가 활성화되면서 많은 이용객들이 직접 경험한 여행 정보를 사이트에 올리며 온라인 구전 활동이 펼쳐지게 된다. 이에 따라 직접 경험해 보지 않고 상품을 결정해야 하는 이용객들은 자신의 여행상품을 결정하는 데 있어 실제 경험자들의 구매후기를 참고하고 있다.

03 전자우편을 통한 정보

관광관련 기업의 광고주는 전자우편을 통해 광고메시지를 전달한다. 이것은 다이렉트 메일과 같은 방법으로, 선정된 목표고객에게 여행관련 상품에 대한 설명이나 구매정보를 제공하는 방법이다. 그러나 이러한 전자우편을 통한 정보는 사용자들의 강한 저항에 직면할 가능성이 있다.

04 검색 정보

이용자들이 인터넷 검색창에 원하는 키워드로 검색했을 때 획득할 수 있는 정보를 말한다. 이 검색 정보는 직접적으로 관심 있는 이용객들에 의해 사용되므로 구매로 이어질 가능성이 가장 높다.

제 5 절

온라인 관광정보의 유형

오늘날 인터넷 및 모바일을 활용한 정보시스템의 발달은 관광산업의 메커니즘을 크게 변화시키고 있다. 이로 인해 관광정보의 수집이나 여행계획을 수립하는 일이 매우 용이해지게 되었으며, 기존의 단방향적인 정보의 제공에서 벗어나 정보시스템의 발달은 상호작용성의 수준을 높이고, 개인의 기호에 맞는 맞춤형 콘텐츠의 기능을 높이고 있다.

세계 주요 국가 소비자대상 온라인 여행실태조사 결과에서는 전 세계적으로 평균 55%가 여행정보 수집을 위해 인터넷을 이용하는 것으로 나타났다. 인터넷을 활용한 관광정보 활동유형은 다음과 같이 크게 3가지로 구분할 수 있다.

01 정보검색 활동

관광객들은 가고자 하는 관광목적지 선택을 위해서 그리고 관광목적지에 대한 숙박, 교통, 그리고 관광활동 등 관광상품에 대한 콘텐츠를 탐색하고자 하며 관광기업 및 지자체 등 제공자가 제공하는 관광시설, 서비스 및 상품을 다양한 조건으로 손쉽게 검색하여 소비자의 의사결정을 지원할 수 있다.

관광시설의 종류, 관광상품, 관광목적지 정보, 교통편, 이용 요금 등을 검색할 수 있다.

관광정보는 그 양이 너무나 방대하고 고객의 기호 및 성향에 따라 그 가치가 매우 달라져 온라인상에서 관광정보를 검색하고자 할 때 서로 다른 여러 개의 사이트를 자유롭게 들락날락하게 된다. 예를 들어 가족과 함께 주말여행으로 안면도의 펜션을 방문하고자 할 때 관광객은 맨 처음 관광목적지인 안면도에 대한 전반적인 정보를 검색하게 되며, 추후 안면도에서 펜션업을 하고 있는 여러 개의 사이트 중 본인의 기호에 맞는 펜션사이트를 방문하게 되며, 교통편 및 지리를 알아보기 위하여 또 다른 사이트에서 이에 대한 정보를 검색하게 된다.

온라인을 통한 관광정보 원천으로는 포털사이트, 온라인 동호회, 지방자치단체 홈페이지, 관광산업과 관련한 전문기업의 홈페이지 등으로 크게 나눌 수 있다.

1) 포털사이트

관광정보를 찾고자 하는 많은 관광객들은 우선적으로 포털사이트에서 필요로 하는 정보를 탐색하고자 하며, 이에 세부적으로 여행사 및 항공사와 같은 관광기업의 홈페이지를 방문하거나 지방자체단체의 웹사이트를 방문하는 등 포털사이트는 가장 대중적인 관광정보원천으로써 활용되고 있다.

특히 포털사이트의 개인 블로그를 활용한 개인의 여행후기, 사진 및 동영상 등의 관광 콘텐츠는 온라인상에서 불특정 다수에게 관광목적지 및 상품에 대해 긍정적인 인식 및 행동의사를 유발하게 된다.

2) 온라인 동호회

인터넷을 통한 네티즌들의 동호회 활동은 매우 적극적이고 능동적이다. 500만 개 이상의 온라인 동호회를 중심으로 한 디지털 인맥은 세대와 지역의 제약이 없을 뿐 아니라 실제로 레저 및 관광과 관련된 활동이 온라인상에서 동호회의 형태를 조직하여 운영되고 있으며, 오프라인 활동으로도 활성화되고 있다.

사람들은 새로운 관광목적지로서의 여행이나 바이크, 수상스키, 산악활동 등의 새로운 레저 및 관광활동에 대한 정보를 얻기 위하여 온라인에서 개설된 카페 및 동호회 모임에 가입하게 된다.

3) 지방자치단체 홈페이지

중앙정부 및 지방자치단체에서는 관광객들의 의견을 수렴하고 그들의 욕구에 빠르고 효과적으로 대응하고자 온라인상에서 홈페이지를 구축하고 관광객과 지방자치단체 간의 쌍방향 커뮤니케이션 수단으로 온라인에서의 홈페이지를 운영하고 있다.

특히, 지역경제의 활성화 및 소득창출의 효과가 매우 큰 관광산업의 중요성을 인식한 지방자치단체들은 관광객을 끌어들이기 위하여 지방자치단체가 직접 운영하고 있다.

제주특별자치도에서는 도청 홈페이지 내에 관광정보를 통합한 포털사이트를 운영하여 제주지역의 볼거리, 느낄거리, 놀거리, 잘거리, 먹거리 등의 다양한 정보 및 관광객과의 커뮤니케이션을 촉진시키기 위하여 인터넷 참여마당을 실시하고 있다.

4) 관광산업 관련 전문기업

1990년부터 급격하게 발전하기 시작한 정보기술 및 인터넷 기술의 발전은 기업들에게 새로운 e-business적인 환경을 제공하였다. 이에 기업들은 그들과 관련된 다양한 정보 인프라 공유 및 제공을 위하여 온라인상에서 기업 홈페이지를 개설하게 되었다.

호텔, 여행사, 항공사와 같은 관광기업에서도 전문적인 기업 홈페이지를 구축하여 관광정보 제공, 상품의 예약 및 구매 그리고 고객과의 커뮤니티 활동을 강화하고 있다.

호텔의 경우 숙박상품의 종류, 요금, 기타 부대시설 및 예약 등의 온라인 기능을 갖추어 실시간으로 신규고객을 창출하고자 하며, 여행사의 경우 새로이 개발된 여행상품의 업데이트와 온라인에서의 고객들의 여행후기 등을 집중적으로 부각하고 있다.

특히 국내의 항공사에서는 항공사 웹사이트를 통한 항공상품의 정확한 스케줄(출발 및 도착) 안내, 항공상품구매에 있어서 요일 및 시간대별 할인정책, 회원고객 개별의 페이지를 구축하여 할인쿠폰제도 참여와 누적 마일리지 정보 확인 등을 실시함으로써 고객의 적극적이고 자발적인 참여를 유도하고 있다.

02 예약 및 상거래 활동

온라인을 활용하여 통합적으로 네트워크상에서 예약이 가능한 시스템을 구축함으로써 과거 관광기업의 오프라인 점포를 직접 방문하거나 전화상담 및 불필요한 시간적/경제적 추가비용 없이 시간적/공간적 제약에 구애받지 않고 원하는 관광상품에 대해 예약 및 상거래를 실시할 수 있다.

특히 호텔, 여행사, 항공사 등 대부분의 관광기업에서는 실시간으로 정보를 제공하고 있으며, 상거래 결재 시 온라인에서의 보안장치 등을 실시하고 있다.

일반적으로 국내에서는 항공사 상품에 대한 전자상거래의 개념이 보편화됨으로써 실제로 기존의 항공상품을 구입하기 위한 발권대행업체가 거의 사라졌으며, 인터넷을 통한 시간대별 할인정책을 실시하고 있다.

또한 지방자치단체의 홈페이지에서도 단체관광객에 대한 인터넷 예약시스템을 활용하고 있으며, 사이버쇼핑몰을 통해서도 여행상품, 숙박상품, 레저상품 등의 다양한 관광상품을 온라인상에서 판매하고 있다.

03 커뮤니케이션 활동

기존의 관광정보는 관광산업에서 제공자의 측면에서 수요자에 대한 일방적인 커뮤니케이션이 이루어졌다. 그러나 인터넷을 활용한 온라인상에서는 관광관련 당사자(정부, 지방자치단체, 한국관광공사, 관광기업, 관광객)의 각종 의견을 표현하고 교환하는 사이트가 운영되고 있으며, 관광산업 제공자 입장에서는 커뮤니케이션 기능을 활성화하기 위해서 사이트를 운영하는 전담인력을 배치하고 있으며, 수요자가 원하는 사항에 대해 신속하고 시의적절하게 대응하고 있다.

이와 같은 커뮤니케이션 활동으로는 고객에 대한 참여마당, Q&A, FAQ 등이 있으며 이를 통해 기업들은 고객의 관심과 요구에 귀를 기울이고자 한다.

제6절 관광산업과 IT기술의 결합

01 e-Tourism

인터넷 및 정보 네트워크의 급격한 발달로 인해 관광객의 입장에서 수많은 관광상품과 관광목적지를 자신이 원하는 여행 코스 및 스케줄 등을 조율할 수 있도록 e-Tourism web site의 시대가 되었다.

e-Tourism은 electronic Tourism의 약자로서 전자기술을 사용하여, 관광 전반에서 일어나는 관광활동의 편리성을 추구하는 것을 말한다. 즉 여행정보의 획득, 예약, 결재, 사후관리 등을 뉴미디어(인터넷, DMB, 모바일 장치 등)를 통해 관광산업 분야에 적용함으로써 관광의 편리성을 증대시키고 즐거움을 배가시킬 뿐만 아니라, 무한한 부가가치를 향상시키는 전략적 정보관리 방식이다. 각국의 중앙 혹은 지방정부(관광청, 관광국 또는 지방 사무소), 항공사, 여행사, 호텔, 렌터카 등 관광산업에 참여하는 모든 부문이 연계되어, 하나의 관광상품으로 구현되는 종합적인 시스템을 의미한다. 항공사와 여행사의 경우는 주로 운송수단과 여행에 관한 정보를 고객에게 제공하는 상호연관성이 크고, 정보시스템도 상호의존적이기 때문에 대부분의 경우 e-Aviation과 e-Travel을 하나의 연결된 분야로 보고 있다.

02 u-Tourism

유비쿼터스(ubiquitous)는 사용자가 네트워크나 컴퓨터를 의식하지 않고, 시간과 장소에 구애받지 않고 자유롭게 네트워크에 접속할 수 있는 정보통신환경이다.

u-tourism은 ubiquitous tourism을 줄인 것으로서 관광산업에 정보기술을 응용하는 것을 말한다.

인터넷 기술과 이동통신 기술의 결합에 의해 새롭게 등장한 모바일 서비스는 시간과 공간제약을 극복할 수 있는 도구로서 휴대용 단말기를 이용하는 많은 사람들에게 업무처리의 용이성과 신속성, 다양한 정보의 조회, 시간과 공간에 제약을 받지 않는 온라인 거래처리 등의 서비스 지원을 통해 이용자 수는 계속적으로 증가하고 있는 실정이다.

이와 같은 유비쿼터스의 발달은 정보집약적 산업이 관광분야에서도 가시화되고 있는데, 유비쿼터스 시티의 일환으로 u-관광 컨벤션 구축사업을 2006년 8월에 시작한 부산시 등을 들 수 있으며, 충남 보령시는 인터넷, 모바일, 유비쿼터스 등 정보기술을 응용해 관광지, 숙박, 음식, 지리정보 등 다양한 관광정보를 실시간으로 쉽고 빠르게 제공하는 선진형 관광안내정보서비스를 제공하고 있다.

선진형 관광안내정보서비스 사업내용으로는 모바일 RFID 관광안내 서비스 구축, 석탄박물관의 전시물을 모바일 RFID를 이용하며 이를 관람객의 휴대폰을 통해 제공하고 있다.

또한 공간적 특성상 지갑의 소지가 힘든 해수욕장에 팔찌형 RFID Tag를 전자지갑으로 활용해 현금을 충전, 물건을 구매하거나 이용요금을 지불할 수 있는 RFID 전자지갑 서비스가 구축되어 있다.

제 7 절
관광정보업무에 사용되는 첨단기기

01 사무실 내에서

관광상품의 판매업무는 점차로 자동화되어 왔다. 이제까지 보아왔듯이 여행사 업무의 대부분을 컴퓨터 예약시스템에 의존하고 있다. 여러분은 보다 새로운 기술개발에 관한 자동티켓판매기계, PC를 통한 예약, 인공위성을 이용한 티켓 프린터 등에 대한 글을 읽었을 것이다.

첨단기기의 발전분야는 냉혹하다. 어제의 새로운 방법조차 오늘은 낡은 것이 된다. 관광전문가는 모든 산업부문에 있어서 이러한 기술의 발전에 따라가야 한다. 그 이유는 단순하다. 이러한 기술발전이 상품의 판매방법에 영향을 미치기 때문이다. 재판매의 가능성을 증가시키고자 할 때 판매자는 그들의 서비스 수준을 향상시킬 수 있는 새로운 기술을 도입해야만 한다.

앞에서 언급한 웹사이트, 포털 등에 대해서는 중복을 피하기 위해 생략하기로 한다.

1) 팩시밀리

팩시밀리는 기술적으로 진보했으며 일반화되고 있다. 관광상품 판매자는 항공스케줄 확인, 전화를 이용한 송장 발부, 고객에게 편지를 보내기 위하여 팩시밀리(줄여서 팩스)를 사용한다. 항공 티켓은 e-mail로 보내져서 e-ticket이 일상화되었다.

오버나이트 우편(overnight mail) 또는 다른 전달 시스템과 비교해 볼 때 팩스는 상거래에 있어 서류전달 시 보다 빠르고 저렴한 방법이다. 팩스를 이용한 통신은 전화통신만큼 빠르고 편리할 뿐만 아니라 서면서류 작성 시 발생하는 오해를 감소시켜 준다. 팩스로 보내질 문서 등이 e-mail로 송부되거나 스캔을 떠 첨부파일로 보내지기도 한다.

2) 비디오카세트 녹음기

비디오카세트 녹음기(VCR)는 스태프진을 교육시키는 데 사용될 뿐만 아니라 고객에게 여행목적지에 대한 정보를 제공하는 데 이용된다. 때때로 비디오는 판매의 수단으로서 브로슈어를 대신한다. 고객은 비디오를 통해 관람한 후에야 비로소 여행지에 대해 많은 정보를 알게 되었다고 느낀다. 비디오는 판매자가 정보를 전달해 주는 시간을 절약해 준다. 고객은 비디오를 집으로 가져가서 가족 또는 친구와 함께 본 후에 여행을 결정하기도 한다.

3) 기타 이용되는 기기

팩스나 VCR 등 많은 기기가 여행사에서 실제 사용되고 있음에도 불구하고 그 밖의 기기들은 여전히 개발단계에 있거나 사용하기에 부적합한 상태에 있다. 대부분의 새로운 기기는 고객에게 정보를 제공하거나 내부에서 정보를 처리하는 방법에 영향을 준다.

(1) 디지털 비디오 시스템

특정한 단말기와 비디오 디스크를 사용하여 판매자는 고객에게 호텔의 객실, 유람선의 선실, 관광 내용 등을 담은 비디오를 보여줄 수 있다.

그들은 고객의 요구에 따라 관광상품에 관한 여러 정보를 프린트해 줄 수 있다.

(2) ISDN 전화시스템(Integrated Services Digital Network)

이 컴퓨터 시스템은 판매자가 전화를 받기 전에 누구로부터 걸려온 전화인지를 알려주며 여행사 직원이 시간을 절약할 수 있도록 고객의 명부가 자동적으로 컴퓨터 단말기에 나타난다.

02 사무실 외에서

새로운 기술의 개발은 사무실 내에서뿐만 아니라 사무실 외의 여러 장소에서 관광상품을 판매하는 데 효과적이다. 비디오 키오스크(video kiosks), 비디오텍스트(videotext) 및 관광상품을 고객이 직접 구매할 수 있는 기타 기기에 의해 고객은 직접 예약을 할 수 있다. 그러나 경쟁이 격심하고 복잡한 관광상품 시장의 경우 정도의 차이는 있지만 관광객은 여전히 판매자의 조언에 의존하는 경향은 변하지 않을 것이다.

1) 비디오 키오스크

비디오 키오스크는 비디오 단말기가 설치되어 있으며 작은 뉴스 스탠드와 모양이 비슷하다. 고객은 다양한 휴가, 여행지, 패키지를 보여주는 총천연색이고 빠르게 움직이는 기행영화를 보기 위하여 키오스크 앞으로 접근한다. 그들에게 특별히 관심 있는 어떤 것을 보았을 경우, 그들은 예약부분에 표시된 스크린의 키를 선택하여 누를 수 있다. 스크린상의 내레이터 또는 안내문은 고객에게 관광상품의 전 과정을 알려준다.

비디오 키오스크는 전화기를 설치하여 이용자가 제공하는 회사에 전화를 걸어 보다 상세한 정보를 얻을 수 있게 하고 있다. 대부분의 키오스크에는 원하는 스케줄, 예약확인 및 기타 정보를 인쇄해 주는 프린터기가 있다.

2) 비디오 텍스트

비디오 텍스트는 너무 바빠서 관광상품을 구매하려고 여행사에 들르는 것이 힘든 사람을 위하여 PC를 통해 가정에서 직접 상품을 구매하는 방법이다.

비디오 텍스트의 작동은 어떤 점에서 유선TV와 유사하다. 고객은 먼저 비디오 텍스트회사가 제공하는 홈쇼핑 서비스를 신청하여야 한다. 이 서비스는 전화선을 통해 가정의 컴퓨터에 연결된다. 신청자는 '메뉴 선택'으로부터 관광상품을 포함한 다양한 상품을 선택할 수 있다. 그들은 뉴스와 기후에 대한 정보, 최신 주식가격의 평균, 저녁식사 주문 등의 다양한 서비스를 제공받을 수 있다.

그들은 개인적인 메시지를 제공받을 수 있으며 수표의 잔액을 알아보거나 가격을 지불할 수 있다. 쇼핑을 원하는 사람은 가정에서 주문을 하고 신용카드로 지불이 가능하다. 티켓과 기타 서류는 공항으로 운송된다.

제 8 절

관광정보분야에 있어서 직업적 성공기회

대형공급자는 수많은 예약직원들을 고용한다. 현재 공급자의 예약시스템은 대부분 컴퓨터화되어 있다. 이 업무에 종사하려면 컴퓨터의 이용과 컴퓨터 용어를 숙지해야 한다. 대형공급업자의 일부는 신입 예약담당자가 CRS를 익숙하게 사용할 수 있도록 교육훈련을 실시하고 있다. 일부 업무에는 전문대졸 학력이 필요하고 일부 업무는 고졸 이상의 학력이 필요하다.

01 항공예약 담당자

항공예약 담당자는 대형센터 사무실의 컴퓨터 화면 앞에서 대부분의 업무를 수행한다. 항공권을 예약하려는 여행사나 고객으로부터의 전화를 처리하는데 컴퓨터를 사용하여 탑승스케줄, 탑승여부, 요금, 좌석예약 등을 체크한다.

02 호텔예약 담당자

호텔예약 담당자는 예약센터에서 일하면서 여행사, 항공사 및 객실을 예약하는 고객들로부터의 전화에 대답한다. 컴퓨터 화면에 나타난 이용가능한 객실을 체크하고 그에 따라 숙박예약을 입력한다.

03 자동차 렌털 예약담당자

이 담당자 또한 여행사, 항공사, 일반고객과 전화상으로 예약한다. 그는 고객이 요청하는 입지에 이용가능한 차의 여부를 체크한다. 예약 시 대여일시 및 대여기간, 차의 반환장소(렌터카는 반드시 빌려간 장소에 반환할 필요는 없다)를 컴퓨터에 입력한다. 그리고 관련정보를 함께 기록해 둔다.

대부분의 자동차 렌털 시스템은 중앙집중식이다. 예를 들어 에이비스 예약담당자는 오클라호마의 툴사에 있는 센트럴 에이비스 예약센터 사무소에서 일한다.

04 투어 오퍼레이터 예약담당자

투어 오퍼레이터로부터 고용된 이 예약담당자는 다른 예약담당자와 유사한 일을 한다. 그들은 투어의 가능성을 체크하고 전화나 e-mail로 예약을 확인한다.

05 유람선 예약담당자

유람선회사에서 일하는 예약담당자는 유람선의 상품내용과 출발시기를 고객에게 설명한다. 또한 그들은 예약과 일상적인 질문을 처리한다.

06 컴퓨터 전산담당자

예약담당자를 필요로 하는 자리는 오토메이션화로 인하여 점점 줄어들고 있다. 컴퓨터를 운영하는 데는 약간의 인원만이 필요하다. 그러나 그와 동시에 오토메이션은 관광산업에서 컴퓨터 관련 경력이 필요한 새로운 직종을 창조하고 있다. CRS 벤더(주공급자)는 자사 시스템의 잠재고객을 훈련시키기 위해 직원을 고용하고 있다. 또한 프로그래머, 장비 인스톨러, 서비스 프로페셔널, 판매 및 마케팅 담당자를 고용하고 있다. 일반적으로 이러한 모든 직무에는 항공사 예약시스템을 운영하던 얼마간의 경험이 필요하다.

07 기타 관련전문가

관광산업은 매우 광범위해서 수많은 전문직종이 밑받침되어야 한다. 예를 들어 여행브로슈어와 포스터 작성업무만을 전담하는 그래픽 아티스트가 있다. 광고분야에는 여행관련자료의 문안을 작성하는 카피라이터가 있고 여행간행물에 특수전문가인 레이아웃 아티스트가 있다. 또한 수많은 전문 작가나 편집인들이 특수잡지사와 신문사에 취직하고 있다.

참 고 문 헌

Reference

■ 국내문헌

고택운(2011), 카지노산업관리론, 백산출판사.

김광근 외 4인 공저(2011), 관광학의 이해, 백산출판사.

김덕윤 외 2인 공저(2012), 현대관광학개론, 백산출판사.

김미경 외 3인 공저(2011), 신관광학, 백산출판사.

김사헌(2011), 관광경제학, 백산출판사.

김상무 외 5인 공저(2011), 관광사업경영론, 백산출판사.

김성혁(2010), 신판 관광학원론, 형설출판사.

김성혁 · 임윤정(2010), 관광서비스, 백산출판사.

김성혁 · 오재경(2013), 관광사업론 개정판, 백산출판사.

김성혁(2000), 여행사경영관리론, 형설출판사.

김성혁 · 오익근(2007), 관광서비스관리론, 형설출판사.

김성혁 · 오재경(2011), MICE산업론, 백산출판사.

김성혁 · 황수영(2011), 신판 관광마케팅, 백산출판사.

김성혁 역(1996), 일본의 관광사업, 일신사.

김태영 · 김창식(2001), 현대관광사업론, 백산출판사.

문화체육관광부, 관광동향에 관한 연차보고서(2001~2012).

박경호 · 한혜숙(2012), 관광사업론, 백산출판사.

사행산업통합감독위원회(2009), 사행산업백서.

성기룡(2005), 관광법규론, 일신사.

오수철 외 3인 공저(2012), 카지노경영론, 백산출판사.

위정주 외 3인 공저(2010), 호텔경영관리론, 백산출판사.

유도재(2013), 리조트경영론, 백산출판사.

정희천(2012), 관광법규론, 대왕사.

조진호 외 3인 공저(2013), 관광법규론, 현학사.

■ 국외문헌

Albrecht, K., & L. J. Bradford(1990), *The Service Advantage*, Homewood, Ill: Dow Jones-Irwin.

Bateson, J.(1989), *Managing Service Marketing : Text and Readings*, Hinsdale, Ill : Dryden Press.

Berry, L. L., et al., eds.(1983), *Emerging Perspectives of Services Marketing*, Chicago, Ill : AMA.

Burke, J. E., and B. P. Resnick(1991), *Marketing & Selling the Travel Product*, Ohio : South-Western Publishing Co.

Carlzon, J.(1987), *Moments of Truth*, Cambridge, Mass : Ballinger.

Carlzon, J., & U. Hubedendinck(1984), *The Cultural Revolution in SAS*, Bromma, Sweden : Scandinavian Airline System.

Christopher W. L. Hart, and A. David(1986), *Strategic Hotel / Motel Marketing*, MIEast : Lansing.

Coffman, C. D.(1980), *Hospitality Management for sale*, MI : East Lansing.

Collier, D. A.(1987), *Service Management-Operating Decisions*, Englewood Cliffs, NJ : Prentice-Hall.

Coltman, M. M.(1989), *Tourism Marketing*, NY : Van Nostrand Reinhold.

Congram, C. A., & M. L. Friedman, eds.(1990), *Handbook of Services Marketing*, NY : AMACON.

Czepiel, J. A., C. A. Congram, & J. Shanahan, eds.(1987), *The Service Challenge : Integrating for Competitive Advantage*, Chicago, Ill : AMA.

Davis, S. M.(1985), *Managing Corporate Culture*, Cambridge, Mass : Ballinger.

Donnelly, J. H. jr, and W. R. George, eds.(1981), *Marketing of Services*, Orlando : FL. AMA.

Dotson, P. C.(1988), *Introduction to Meeting Management*, Professional Convention Management Association.

George, W. R., & C. E. Marshall, eds.(1984), *Developing New Services*, Chicago, Ill : AMA.

Goodal, B., and G. Ashworth(1988), *Marketing in the Tourism Industry : The*

Promotion of Destination Regions, eds., London : Routledge.

Gronroos, C.(1983), *Strategic Management and Marketing in the Service Sector*, MSI, No. 83-104.

Gronroos, C.(1990), *Service Management and Marketing-Managing the Moments of Truth in the Service Competition*, Lexington Books.

Heskett, J. L.(1986), *Managing in the Service Economy*, Boston Harvard : Business School Press.

Horovitz, J.(1987), *La Qualite De Service*, Paris : InterEditions.

Howell, D. W.(1989), *Passport : An Introduction to the Travel and Tourism Industry*, Cincinnati : South-Western Publishing Co.

Jefferson, A. and L. Lickorish(1988), *Marketing Tourism : A Practical Guide*, Longman Group UK Limited.

Johnson, E. M., E. E. Scheuing, & K. A. Gaida(1986), *Profitable Service Marketing*, Homewood, Ill : Dow Johns-Irwin.

Johnston, R., ed.(1988), *The Management of Service Operations*, Kempston, England : IFS Publications.

Kotler, P.(2000), *Principles of Marketing*, 6th ed., Prentice-Hall Inc.

Lovelock, C. H.(2010), *Service Marketing, Englewood Cliffs*, NJ : Prentice-Hall.

Lovelock, C. H.(1988), *Managing Services Marketing, Operations, and Human Resources*, Englewood Cliffs, NJ : Prentice-Hall.

Mathieson, A., & G. W. Wall(1982), *Tourism : Economic, Physical and Social Impacts*, London : Longman.

McIntosh, R. W., and C. R. Goeldner(1984), *Tourism : Principles, Practices, Philosophies*, NY : Wiley.

Middleton, V. T. C.(1988), *Marketing in Travel & Tourism*, Heinemann Professional Publishing.

Mill, R. C.(1990), *Tourism : The International Business*, Prentice-Hall International.

Nykiel, R. A.(1989), *Marketing in the Hospitality Industry*, NY : Van Nostrand Reinhold.

Reilly, Robert A(1988), *Marketing in the Hospitality Industry*, NY : Van Nostrand.

Zeithaml, V. A.(1987), *Defining and Relating Price, Perceived Quality, and Perceived Value*, Cambridge, Mass. : Marketing Science Institute.

■ 일본문헌

淺井慶三郎(2000), サービスの演出戰略, 日本 東京 : 同文館.
淺井慶三郎(2000), サービスのマーケティング管理, 日本 東京 : 同文館.
淺井・淸水 編著(1985), サービス業のマーケティング, 日本 東京 : 同文館.
淺井・澤田 共著(1988), 外食産業の競爭戰略, 日本 東京 : ビジネス社.
井上万壽藏(1973), 觀光と觀光事業.
今井省吾外(1969), 觀光の心理分析, 日本 : 交通公社.
金聖奕(1988), サービス・マーケティング研究, 日本 : 慶應義塾 博士學位論文.
金聖奕(1987), サービス・マーケティングにおける人間的相互作用に關するわくぐみ, 慶應義塾 三田商學研究, 第30卷 3号, pp. 137-152.
金聖奕(1988), サービス品質に關する理論的 考察, 日本商業學會年報, pp. 113~118.
金聖奕(1986), サービス企業の內部志向的マーケティング戰略, 新韓學報, 第22卷, pp. 199~217.
金聖奕(1988. 11), サービスの品質管理, Franchise Age, 日本 : Franchise協會.
小池洋一・足羽洋保編著 觀光學槪論(1988), 東京 : ミネルウァ書房.
鹽田正志(1982), 觀光學ノート, 學術選書.
鈴木忠義編(1974), 現代觀光論(新版), 有斐閣雙書.
末武直義(1984), 觀光事業論, 法律文化社.
トラベルジャーナル編(1992), 海外旅行の業務知識(第2版), トラベル・ジャーナル.
田中喜一(1970), 觀光事業論, 觀光事業研究會, 日本 東京.
前田勇(1978), 觀光槪論, 學文社.
日本交通公社編(1986), 觀光ビジネスの手引き, 東洋經濟新聞社.

저자소개

김성혁

제주대학교 관광경영학과 학사
일본 게이오대학교(경응의숙) 상학석사 및 상학박사
한국관광학회 부회장 및 편집위원장 역임
대한관광학회 부회장 역임
관광통역안내원 자격시험위원
관광지배인 자격시험위원
문화체육관광부 관광자문위원
서울시, 한국관광공사 관광자문위원 등
세종대학교 호텔관광경영학과 교수

〈저서〉

최신 관광경영론(2013, 백산출판사)
관광사업개론(개정판, 2013, 백산출판사)
신판 관광마케팅(2011, 백산출판사)
관광서비스(개정 5판, 2010, 백산출판사)
MICE산업론(2010, 백산출판사)
외식마케팅(2판, 2009, 백산출판사)
기타 저역서, 업계서적 및 논문 다수

관광산업의 이해

2014년 3월 5일 초판 1쇄 인쇄
2014년 3월 10일 초판 1쇄 발행

저 자 김 성 혁
발행인 진 욱 상 · 진 성 원

발행처 백산출판사
서울시 성북구 정릉로 157(백산빌딩 4층)
등록 : 1974. 1. 9. 제 1-72호
전화 : 914-1621, 917-6240
FAX : 912-4438
http://www.ibaeksan.kr
editbsp@naver.com

이 책의 무단복사 및 전재는
저작권법에 저촉됩니다.

값 25,000원
ISBN 978-89-6183-883-2